在日の地図

新装改訂版

コリアタウン探訪記

（兵庫県神戸市長田区源平町）

兵庫県伊丹市中村

強制執行反対
決死反対
許さぬ！
不審者の侵入
ウトロの子ども
も明日をくださ
ここで生きたい
私達は屈しない
ウトロを守

京都府宇治市 ウトロ

ウトロを守るたたかいは
これから
がんばろ

神奈川県川崎市幸区 **戸手**

神奈川県川崎市川崎区 **池上町**

神奈川県 小田原市

大阪府大阪市生野区

桃谷

大阪府大阪市
東成区・天王寺区・生野区
鶴橋

『神戸電鉄敷設工事朝鮮人労働者の像』（兵庫県神戸市兵庫区 会下山公園）

撮影＝山野車輪

コリアタウン探訪

在日の地図

さいにちのちず

新装改訂版
コリアタウン探訪記

目次

東日本のコリアタウン 008

採訪 第壱札所
古き佳き関東在日韓国・朝鮮人の集住地区（二〇〇六年五月）
三河島（東京都） 012

採訪 第弐札所
焼き肉の金網を生んだキューポラのある街（二〇一五年三月）
川口市（埼玉県） 022

採訪 第参札所
JR千葉駅移転の謎解くキーストーン（二〇〇六年五月）
千葉市栄町（千葉県） 032

採訪 第四札所
在日VS東京都　朝鮮学校訴訟に揺れた街（二〇〇六年五月）
枝川（東京都） 040

採訪 第五札所
日本人を脇へ追いやる強烈コリアパワー（二〇〇六年五月）
歌舞伎町&大久保（東京都） 050

探訪 第六札所
赤坂&麻布十番（東京都）
民団本部と韓国大使館の城下町（二〇〇六年五月）……060

探訪 第七札所
浅草（東京都）
江戸の粋を今に受け継ぐオールドカマー（二〇〇六年五月）……068

探訪 第八札所
錦糸町&亀戸&小岩（東京都）
韓流の進出続く新興コリアタウン（二〇〇六年五月）……076

探訪 第九札所
上野（東京都）
アメ横と袂を分かち我が道を行くキムチ横丁（二〇〇六年五月）……084

探訪 第十札所
川崎市（神奈川県）
重工業と共に歩んだ大規模コリアタウン（二〇〇六年五月）……092

探訪 第十壱札所
小田原市（神奈川県）
河野一郎の高速道路を塞いだ川っぷちの小集落（二〇一五年三月）……102

探訪 第十弐札所
名古屋市（愛知県）
駅裏再開発の陰に民団と総連の共闘あり（二〇〇九年五月）……112

在日韓国・朝鮮人の特殊な在留資格……124

西日本のコリアタウン 128

探訪第十参札所
鶴橋（大阪府）……132
闇市起源の底無し巨大コリアマーケット（二〇〇六年五月）

探訪第十四札所
桃谷（大阪府）……142
在日韓国・朝鮮人の聖地、全ての道は猪飼野に通ず（二〇〇六年五月）

探訪第十五札所
神戸市長田区（兵庫県）……152
大震災から蘇った驚異の生命力（二〇〇六年五月）

探訪第十六札所
相生市・三木市（兵庫県）……162
傷跡残る民団総連の共同危険行為（二〇〇六年五月）

探訪第十七札所
京都市東九条（京都府）……172
憩いの清流　高瀬川のせせらぎが子守唄（二〇〇六年五月）

探訪第十八札所
宇治市ウトロ（京都府）……182
不法占拠から半世紀、土地所有権は誰のもの？（二〇〇六年五月）

探訪第十九札所
下関市（山口県）……192
愛国政治家アベ先生も取り込んだ在日パワー（二〇〇六年五月）

探訪第弐十札所
福岡市（福岡県）……200
炭坑労働者哀歌〜玄界灘の波は高く（二〇〇六年五月）

探訪第弐十壱札所
熊本市（熊本県）……210
市長と在日系廃品回収業者の不思議な関係（二〇〇九年五月）

コリアタウン形成史—彼らは何処から来て何処へ行くのか—……220
在日韓国・朝鮮人の生活保護事情……224
在日韓国・朝鮮人　統計資料集（在日韓国・朝鮮人数／都道府県別／都市別／出身地別）……226
あとがき……236
出典リスト……238

登場人物

みづほ

OL。韓国人男性との出会いから、在日韓国・朝鮮人に異常な関心を持つようになる。代わりに他の分野へは基本的に関心が薄く、周囲との協調も苦手。言いたいことは全て言い尽くす、男性顔負けの気の強さも相まって、異性関係はかなり控えめ。というかゼロ。

沙菜

みづほの同僚。押し出しが弱く、常に受け身の人生観。みづほの旺盛な行動力に振り回されることもしばしば。ただし、空気を読むのが苦手な天然頭脳のため、結果的に相手をえぐる攻撃的突っ込みを放つことも。破綻した論理で彼女を押し切ろうとすると痛い目に遭う。

山野さん

朝鮮半島をこよなく愛するマンガ家。とりわけキムチとソルロンタンを好む。うまい韓国料理店を常に探しているため、沙菜&みづほの行き先に現れることもある。サトコの彼氏。

サトコ

週末は残業を全て拒否してオトコ探しに精を出す、恋に生きるOL。確認されているだけでも四人の男と恋人関係にあり、日常的にみづほと沙菜の反感を買っている。

松本光二

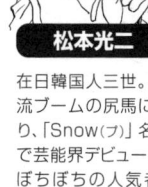

在日韓国人三世。韓流ブームの尻馬に乗り、「Snow(ブ)」名義で芸能界デビューし、ぼちぼちの人気者。大阪・猪飼野出身。サトコの三番目か四番目の彼氏。

岡田さん

みづほ&沙菜の勤務部署における、最高齢OL。いわゆる「お局」。プロ市民顔負けの激しい権利主張に眉をひそめる者も多いが、本人には自覚無し。結婚願望強めの活動的労働組合員。

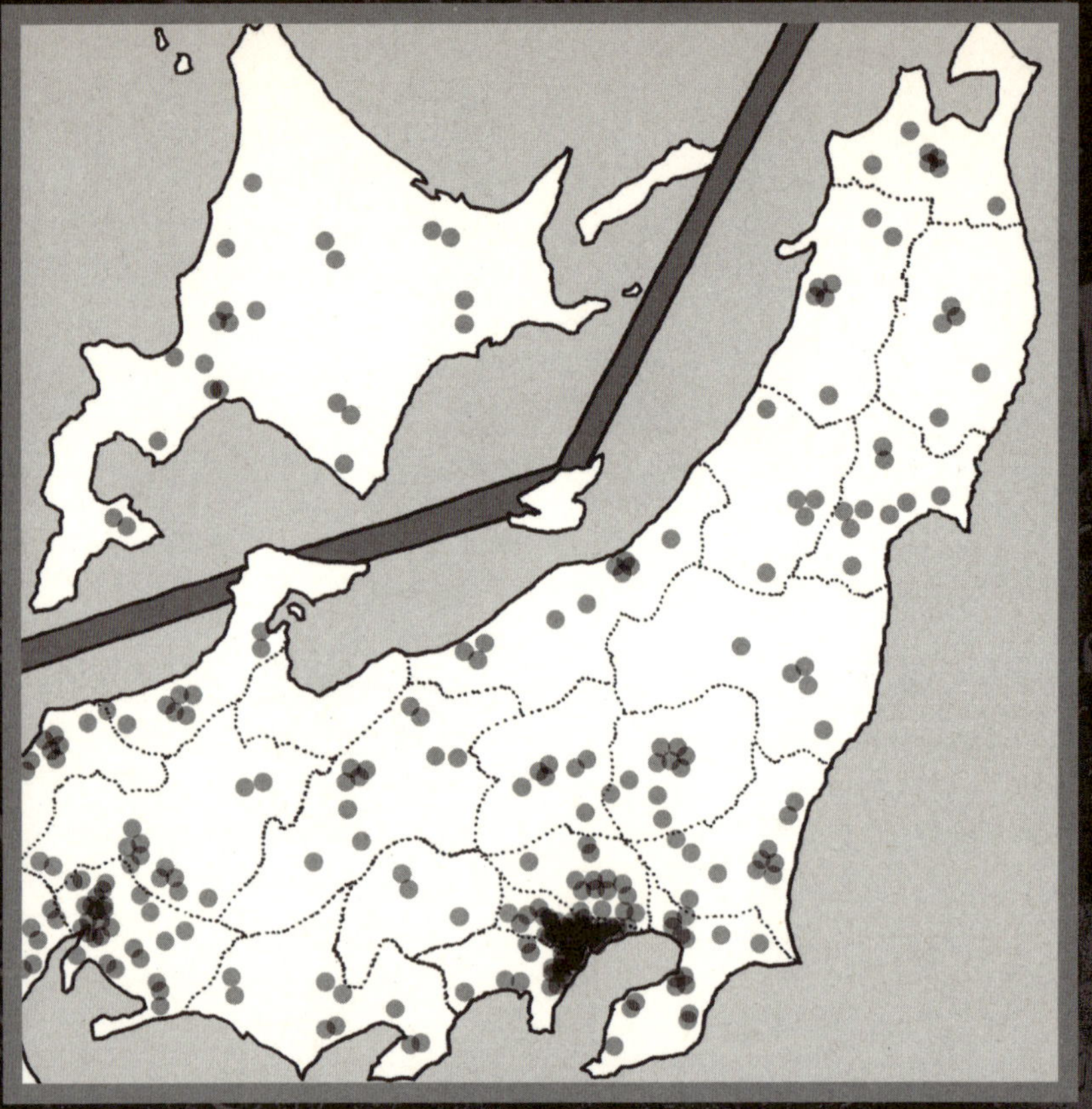

在日の地図

[東日本編]

概説 ★コリアタウン探訪

本書では、集落の大小はあまり意味を持たない。重要なのは、日本人ではなく異邦人の彼らが「今そこにいる」ということ。その背景には、全て何らかの事情があるに違いない。コリアタウンに足を運び、彼らが独自に築いた文化、刻んできた歴史について我々日本人はもっと知らねばならない。

さて、馴れない土地でコリアタウンを探す際に、有力なランドマークとなるのが在日本朝鮮人総連合会（以下、「総連」）及び在日本大韓民国民団（以下、「民団」）の施設である。左に示した一覧は、両組織が擁する本部・支部施設について、所在地をリスト化したものだ。右の日本地図中では「灰色の点」で示している。

両団体ともに基本的には在日韓国・朝鮮人の「相互扶助」をモットーとしている以上、コリアタウンの内部や周辺にはほぼ間違いなく総連・民団の施設がある。よって、コリアタウン探訪は、ここから始めると良いだろう。

ただし、リストが膨大な数に上ったため本書では紙幅の関係で詳細な地番まで掲載することが出来なかった。また、地方支部のさらに下の構成単位として、総連には「分会」、民団には「分団」が存在するのだが、これについてはまだ調査が及んでいない。予め、ご了承を頂きたい。

では、右の地図によって総連・民団支部の分布状況を確認しよう。大都市・中都市・田舎都市、日本全国

民族団体施設所在地一覧表

在日本朝鮮人総連合会（中央本部：東京都千代田区）	在日本大韓民国民団（中央本部：東京都港区）
【北海道】	
道本部……札幌市中央区	道本部……札幌市中央区
札幌支部……札幌市中央区	旭川支部……旭川市
旭川支部……旭川市	釧路支部……釧路市
釧路支部……釧路市	函館支部……函館市
函館支部……函館市	十勝支部……帯広市
十勝支部……帯広市	苫小牧支部……苫小牧市
胆振日高支部……苫小牧市	北見支部……北見市
北見支部……北見市	小樽支部……小樽市
	千歳支部……千歳市
	室蘭支部……室蘭市
	留萌支部……留萌市
	空知支部……岩見沢市
	日高支部……浦河郡浦河町
【青森県】	
県本部……青森市	県本部／青森支部……青森市
青森支部……青森市	弘前支部……弘前市
南部支部……非公開	八戸支部……八戸市
	三沢支部……三沢市
	西北支部……五所川原市
【秋田県】	
県本部……秋田市	県本部／中央支部……秋田市
秋田支部……秋田市	県南支部……非公開
県南支部……非公開	鹿角支部……非公開
ほくろく支部……非公開	北秋支部……非公開
【岩手県】	
県本部……盛岡市	県本部……盛岡市
盛岡支部……非公開	県南支部……一関市
県南支部／東部支部……非公開	東部支部……遠野市
【山形県】	
県本部……山形市	県本部……山形市
山形支部……非公開	庄内支部……酒田市
庄内支部……非公開	
米沢支部……非公開	
【宮城県】	
県本部……仙台市太白区	県本部……仙台市青葉区
仙台支部……仙台市太白区	仙北支部……大崎市
仙北支部……大崎市	塩釜支部……塩竈市
仙石支部……塩竈市	仙南支部……柴田郡柴田町
	石巻支部……桃生郡矢本町
【福島県】	
県本部／仲通支部……郡山市	県本部……郡山市
会津支部……会津若松市	
浜通支部……いわき市	
【新潟県】	
県本部……新潟市	県本部／新潟支部……新潟市
上越支部……上越市	上越支部……上越市
新潟下越支部……新潟市	中越支部……新潟市
	下越支部……新発田市
	新津支部……新潟市
【富山県】	
県本部……富山市	県本部／富山支部……富山市
	下奥井支部……富山市
	新湊支部……射水市
【群馬県】	
県本部／中北支部……前橋市	県本部……桐生市
東毛支部……桐生市	桐生出張所……桐生市
西毛支部……高崎市	東部出張所……邑楽郡大泉町
【栃木県】	
県本部……宇都宮市	県本部……宇都宮市
中部・北部支部……宇都宮市	宇都宮連合……宇都宮市
両毛支部……宇都宮市	県北支部……宇都宮市
	佐野支部……佐野市
	足利支部……足利市
	小山支部……小山市
	栃木支部……下都賀郡都賀町
【茨城県】	
県本部……水戸市	県本部……水戸市
中部支部……水戸市	中央支部……水戸市
県北支部……日立市	県北支部……日立市
つくば支部……下妻市	県南支部……土浦市
	県西支部……筑西市
	鹿行支部……鹿島郡神栖町
	竜ケ崎支部……北相馬郡藤代町
【千葉県】	
県本部……千葉市中央区	県本部……千葉市中央区
千葉支部……千葉市中央区	千葉支部……千葉市中央区
東葛支部……松戸市	東葛支部……柏市
西部支部……船橋市	船橋支部……船橋市
南部支部……木更津市	君津支部……木更津市
長夷支部……茂原市	長夷支部……茂原市
	市川支部……市川市
	安房支部……館山市
	成田支部……成田市
	旭支部……旭市
【埼玉県】	
県本部……さいたま市浦和区	県本部……さいたま市浦和区

在日本朝鮮人総連合会	在日本大韓民国民団
【埼玉県】	
中部支部 ....さいたま市浦和区	中央支部.......さいたま市浦和区
東部支部 ....越谷市	東部支部 ....草加市
西部支部 ....川越市	西部支部 ....川越市
南部支部 ....蕨市	県北支部 ....熊谷市
北部支部 ....熊谷市	川口支部 ....川口市
	秩父支部..........秩父郡横瀬町
【東京都】	
中央本部.................千代田区	中央本部／都本部..........港区
都本部/荒川支部........荒川区	荒川支部 ....荒川区
足立支部 ....足立区	足立支部 ....足立区
板橋支部 ....板橋区	板橋支部 ....板橋区
江戸川支部.............江戸川区	江戸川支部.............江戸川区
大田支部 ....大田区	大田支部 ....大田区
葛飾支部 ....葛飾区	葛飾支部 ....葛飾区
北支部 ....北区	北支部 ....北区
城南支部 ....品川区	品川支部 ....品川区
新宿支部 ....新宿区	新宿支部 ....新宿区
渋谷・世田谷支部....世田谷区	渋谷支部 ....渋谷区
墨田支部 ....墨田区	世田谷支部.............世田谷区
中央江東支部.............江東区	墨田支部 ....墨田区
中野・杉並支部...........杉並区	江東支部 ....江東区
台東支部 ....台東区	中野支部 ....中野区
文京・千代田支部........文京区	杉並支部 ....杉並区
豊島支部 ....豊島区	台東支部 ....台東区
練馬支部 ....練馬区	文京支部 ....文京区
西東京本部.................昭島市	豊島支部 ....豊島区
中部支部 ....昭島市	練馬支部 ....練馬区
東部支部.................東村山市	港支部 ....港区
南部支部 ....昭島市	目黒支部 ....目黒区
西部支部 ....昭島市	西東京本部.................立川市
八王子支部.............八王子市	武蔵野支部.............小金井市
町田支部 ....非公開	調布支部 ....調布市
	八王子支部.............八王子市
	西多摩支部.................福生市
【神奈川県】	
県本部..........横浜市神奈川区	県本部 ....横浜市神奈川区
横浜支部.............横浜市南区	横浜支部.............横浜市中区
西横浜支部..........横浜市西区	鶴見支部..........横浜市鶴見区
鶴見支部..........横浜市鶴見区	川崎支部..........川崎市川崎区
神港支部......横浜市神奈川区	南武支部..........川崎市中原区
川崎支部..........川崎市川崎区	横須賀支部.............横須賀市
南武支部..........川崎市中原区	県央大和支部.............大和市
横須賀支部.............横須賀市	湘南中部支部.............藤沢市
中北支部 ....大和市	湘南西部支部..........小田原市
湘南・西湘支部 ....藤沢市	相模原支部.............相模原市
【山梨県】	
県本部 ....甲府市	県本部 ....甲府市
中央支部 ....非公開	南北都留支部.............非公開
【長野県】	
県本部 ....松本市	県本部／松本支部......松本市
中信支部 ....松本市	長野支部 ....長野市
北信支部 ....長野市	諏訪支部 ....岡谷市
東信支部 ....上田市	伊那支部.................駒ヶ根市
南信支部 ....諏訪市	東信支部 ....東御市
【静岡県】	
県本部.............静岡市駿河区	県本部.................静岡市葵区
中部支部.........静岡市駿河区	清水支部.........静岡市清水区
西部支部 ....浜松市	浜松支部.............浜松市中区
東部支部 ....沼津市	東部支部 ....沼津市
富士支部.............事務所なし	富士支部 ....富士市
【岐阜県】	
県本部 ....岐阜市	県本部 ....岐阜市
岐阜支部 ....岐阜市	各務原支部.............各務原市
各務原支部.............各務原市	大垣支部 ....大垣市
西濃支部 ....大垣市	土岐支部 ....土岐市
東濃支部 ....土岐市	飛騨支部 ....高山市
飛騨支部 ....高山市	多治見支部.............多治見市
中濃支部.............美濃加茂市	恵那支部 ....恵那市
	中濃支部..........可児郡御嵩町
【愛知県】	
県本部.............名古屋市西区	県本部..........名古屋市中村区
名駅・名西支部 ....名古屋市中村区	中村支部......名古屋市中村区
中川支部......名古屋市中川区	名中支部......名古屋市中川区
守山支部......名古屋市守山区	東中支部..........名古屋市東区
名中支部......名古屋市千種区	名南支部..........名古屋市南区
南支部.............名古屋市南区	新西支部..........名古屋市西区
名東支部..........名古屋市北区	豊橋支部 ....豊橋市
名港支部..........名古屋市港区	岡崎支部 ....岡崎市
豊橋支部 ....豊橋市	西碧支部 ....西尾市
岡崎支部 ....岡崎市	豊田支部 ....豊田市
三河支部 ....西尾市	春日井支部.............春日井市
豊田支部 ....豊田市	一宮支部 ....一宮市
東春支部.................春日井市	瀬戸支部 ....瀬戸市
尾張支部 ....一宮市	豊川支部 ....豊川市
瀬戸支部 ....瀬戸市	
東海・知多支部 ....東海市	
【石川県】	
県本部 ....金沢市	県本部 ....金沢市
小松加賀支部.............金沢市	金沢支部 ....金沢市
金沢支部 ....金沢市	小松支部 ....小松市
七尾支部 ....非公開	加賀支部..........江沼郡山中町
	能登支部 ....七尾市

津々浦々に在日韓国・朝鮮人の街は幅広く展開していることがわかる。総連・民団施設の周りに川は無いだろうか？　大きな工場は無いだろうか？　切り立った崖は無いだろうか？　鉱山の跡は無いだろうか？　電車の線路は無いだろうか？　焼肉店は無いだろうか？

近年は公営住宅への入居者が増えているが、彼らはそうした場所に集落を形成していることが多い。炭鉱、工場地帯、土木工事現場周辺の低湿地、河川敷などにバラックを建てて集まり住んだのがそもそもの原型であるから、地図で丁寧に地形を読み取り、さらに地域の歴史を調べておけば大方の位置は確定できる。あとはフィールドワークあるのみ。

もっとも、小さなコリアタウンは当然ながら見つけにくい。まずは有名どころで、彼らの街独特の空気感を知っておくとよいだろう。余りにも支部が多いために、前ページの地図上では黒々と塗られてしまった川崎、横浜、名古屋は、在日韓国・朝鮮人の集住地区としてすでに抜群の知名度を持っている。初心者にはこの辺りがお勧めであろう。

これらの地区の起源については、戦時中に近くの軍需工場で働いていた朝鮮人の集落が、徐々に大きくなって出来たとの説が有力だ。当時の川崎では、日本鋼管が三つの工場で朝鮮人を雇用していたし、三菱重工業、日本冶金、いすゞ自動車、昭和電工などでも朝鮮人の姿を見ることが出来た。また、名古屋市南区にも軍需工場の密集地帯があり、三菱重工業や浅野セメントなどで朝鮮人が働いていたという。

　これらの都市への朝鮮人集中の理由は至極簡単。工場の人手不足、これに尽きる。大都市に設けられた重厚長大産業がその生産能力を発揮するためには、多くの労働力を必要とする。だが、一九三七年七月に勃発した盧溝橋事件が日中間の全面戦争に発展すると、労働力の確保は急速に難しくなっていく。平時の陸軍兵力は約二五万人にとどまっていたが、戦時動員によって膨れあがり、終戦時には五五〇万人にも達していたのである。

　良質の日本人労働者が続々と戦地へ赴いてしまう一方で、しかも軍部からは増産を要求されるという二律背反。そこで穴埋めとして工場労働に従事したのが朝鮮人であった。

　戦争中の日本政府は、逼迫する労働力需要を充たすため、朝鮮人を役立たせようと腐心している。一九三九年七月四日には「昭和一四年度労務動員実施計画綱領」を閣議決定し、朝鮮人労働者の「募集」を開始。一九四二年二月二〇日に「官斡旋」、一九四四年九月には「国民徴用令」の適用範囲を朝鮮人にも拡大している。国家総力戦に際して「日本人」である朝鮮人にも応分の負担を求めた措置である。

　朝鮮人労働者の逃亡や徴用拒否が相次いだことで、必ずしも政府の施策は十分に所期の目的を果たせてはいなかったが、人によっては日本人の義務としての労働を「強制連行」と言い換えることもある。

　我々日本人が在日韓国・朝鮮人を語るとき、脳裏をよぎるのがこの一点だ。彼らは不幸な強制連行の被害者なのか……？　一方で、現代の定説では彼らは基本的に単なる出稼ぎ労働者で、工場や土木工事現場を転々とするのが常だったとされる。

　コリアタウン探訪で、生の在日韓国・朝鮮人に真相を直撃しよう。

【朝鮮学校】	
北海道朝鮮初中高級学校	札幌市清田区
東北朝鮮初中高級学校	仙台市太白区
福島朝鮮初中級学校	福島県郡山市
新潟朝鮮初中級学校	新潟県新潟市
群馬朝鮮初中級学校	群馬県前橋市
栃木朝鮮初中級学校	栃木県小山市
茨城朝鮮初中高級学校	茨城県水戸市
千葉朝鮮初中級学校	千葉市花見川区
埼玉朝鮮初中級学校	さいたま市大宮区
朝鮮大学校	東京都小平市
東京朝鮮中高級学校	東京都北区
東京朝鮮第一初中級学校	東京都荒川区
東京朝鮮第二初級学校	東京都江東区
東京朝鮮第三初級学校	東京都板橋区
東京朝鮮第四初中級学校	東京都足立区
東京朝鮮第五初中級学校	東京都墨田区
東京朝鮮第六初級学校	東京都大田区
東京朝鮮第九初級学校	東京都杉並区
西東京朝鮮第一初中級学校	東京都立川市
西東京朝鮮第二初級学校	東京都町田市
神奈川朝鮮中高級学校	横浜市神奈川区
横浜朝鮮初級学校	横浜市神奈川区
川崎朝鮮初級学校	川崎市川崎区
南武朝鮮初級学校	川崎市高津区
鶴見朝鮮初級学校附属幼稚園	横浜市鶴見区
長野朝鮮初中級学校	長野県松本市
静岡朝鮮初中級学校	静岡県静岡市
岐阜朝鮮初中級学校	岐阜県羽島郡柳津町
名古屋朝鮮初級学校	名古屋市中村区
愛知朝鮮中高級学校	愛知県豊明市
東春朝鮮初中級学校	愛知県春日井市
豊橋朝鮮初級学校	愛知県豊橋市
愛知朝鮮第七初級学校	愛知県瀬戸市
【韓国学校】	
東京韓国学園初中高等部	東京都新宿区

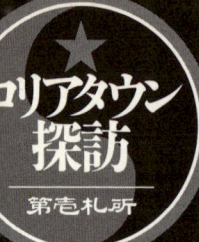

コリアタウン探訪
第壱札所

荒川区三河島

ARAKAWAKU MIKAWASHIMA [TOKYO]

東京都

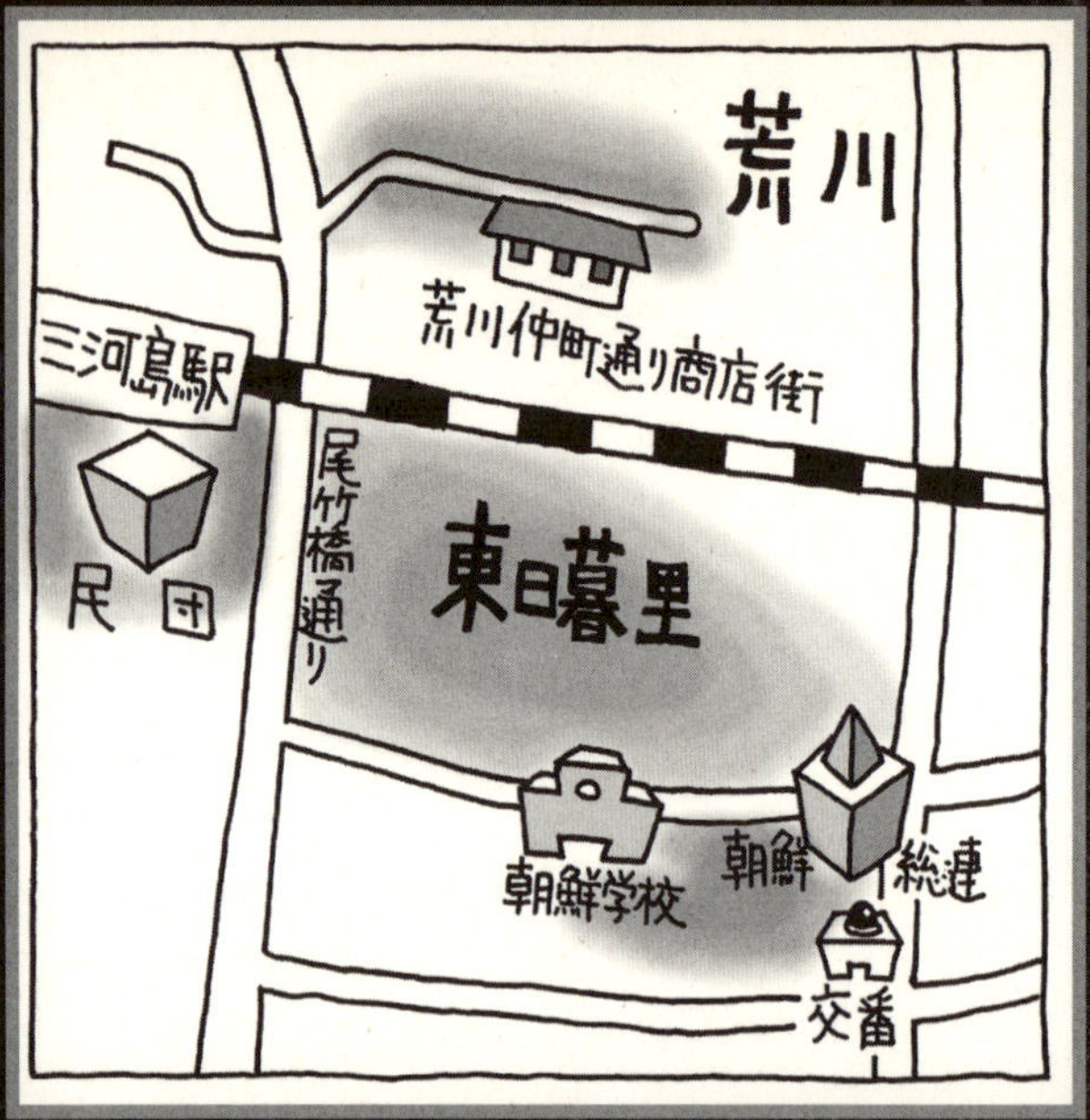

JR常磐線に乗り、三河島駅へ到着。高架式ホームを改札に向かいながら周囲を見回すとハングルの看板群…。さらに見回すと民団の建物。茶色のビルに「荒川韓国会館」と大きく書かれている。…一目瞭然のコリアタウンである。

改札を抜けて尾竹橋通りを北に向かえば、荒川仲町通り商店街を中心に本格的な在日朝鮮人街が広がっている。

軒先にトタンを掛けただけの三河島朝鮮マーケット。そして、在日直営のカバン工場。なかでも焼肉店は三河島の周辺地域だけで五〇店以上が存在する密集ぶりだ。

夕食時ともなれば、個人経営の小さな店舗からは、ジュージューという音が溢れ、辺りは香ばしい匂いと煙で包まれる。

年季を感じさせる店構えながら、焼肉通をも唸らせる隠れた名店揃い。古くからのファンも多く、近県からも人が訪れるほどだ。

東京下町、三河島。ここには懐かしい記憶を呼び起こす、昭和の風景が残されている。

古き佳き関東
在日韓国・朝鮮人の
集住地区
今回は東京都荒川区三河島に行ってきます
で、三河島って何があるの?
セイ セイ セイ
おお〜ッと まず誤解を解いておかなければならないわね
三河島っていうのは今や駅名としては残っているけど地名としては存在しないのよ
地名由来
1 1590年徳川家康の関東入部の折、三河国から家康に従って来た人が当地を知行したため「三河島」と呼ぶようになった
2 後北条氏家臣細谷三河守の領地となったことから「三河島」と称した
で、何があるかというと……
もちろんコリアタウンよ!!
ドーン!
荒川区って足立区に次いで二番目に在日が多い区で
……
しかも戦前からの歴史があるところなの
そしてこの街の在日韓国・朝鮮人は済州島出身者がなんと全体の九〇%を占めるのよ!!
済州島
ドドーン!
在日韓国・朝鮮人全体の中で済州島出身者の割合は約二〇%
しかし韓国における済州島人の人口割合はわずか一・二%弱!!
知らなくったっていいもん
あひゃひゃひゃ ほーらやっぱり知りたいんだ
順序立てて説明するね
……な、何か激しくいびつな数字だわね…
その理由を知りたい?
ううう……
まずこのあたりの土地には地域的な特質があって……
風水の原理
江戸時代の風水の原理が関係してくる話よ

風水？
そう…この辺りは江戸城の鬼門の方角に位置していた関係で明治時代以降になると東京市にまつわる各種処理施設が出来たの例えば皮革工場などね…
特に荒川区の場合荒川の豊富な水流から水運や動力を得られ工業用水の使用や排水も可能で工場建設には好条件だったの
荒川
尾久町
三河島町
日暮里町
南千住町
しかも水害が多く田畑に適さないから
工場用の広い土地の確保も容易だったのよ
あれ？この荒川って隅田川のまちがいじゃないの？
フフフ引っかかったわね
現在の隅田川はかつては荒川だったのよ!!
本来の荒川は水害に備えて明治の終わり頃に荒川放水路として掘削されて二つに分かれ…
荒川放水路
荒川
やがて一九六五年になると荒川放水路が一級河川の荒川となって
一方で元の荒川は隅田川となったの
荒川
隅田川
荒川区という区名も荒川の水を使っての産業が多かったから一九三二年に荒川区って名付けられたのよ
荒川区って荒川に全く接していないから変だとは思ってたけど…
荒川
荒川区
隅田川
なるほどね
んで…工場には職を求めた朝鮮人が出稼ぎや移住に大勢で集まってくるわけ
高内里出身の朝鮮人
そしてこの三河島地域には一人の済州島「高内里」出身の朝鮮人が住み始めた
その人物は当局に顔がきいたために
多くの親族や友人たちを呼び寄せたらしいのね
さらに一九二二年には済州島と大阪間で汽船が就航されこれによって済州島人が増大するの
ああそれで大阪にも済州島人が多いのね

特に済州島の場合半島以上に貧困に喘いでいたようだから出稼ぎは多かったの
また戦後に済州島四・三事件という同民族による虐殺事件があってそれで島から離れた人も多いみたいね
貧困だったり
同民族による虐殺だったり
同民族による戦争だったり酷い民族ね
また朝鮮本土では済州島人を差別していたから
差別
故郷に帰らない済州島出身の人は多かったのよ
差別もなの……
う～ん…差別については
済州島に受け継がれている話によると……
済州島では海女の仕事が盛んだったらしくて住民は男女ともに裸同然の生活を送っていたようだから…
儒教道徳では差別されるのも仕方ないかもね…
二〇世紀の近代ではだか同然の生活って……
あぜん
でも朝鮮本土だって子を産んだ女性はチマチョゴリから乳房を出していたっていうしね
少なくとも一九五一年あたりまでは写真でそれが確認出来るわ
……とまあ荒川区には済州島とのこのような歴史的経緯があるから
友好都市の提携関係を結んでいるのよ
荒川区
済州島
うはぁ…ハングルが多い街だわね…
この街は駅の北側も南側も
在日韓国・朝鮮人だらけなのよ

在日本朝鮮人総聯合会 東京都荒川支部
東京朝鮮第一初中級学校
うはぁ……
何か お腹すいて きちゃった
じゃあ お食事 しましょう
…………
コレって 犬鍋じゃ ないの……？
そうよ せっかく コリアタウンに 来たんだからね
ぱく
どう？ おいしい？
…………
私も
ぱく
何というか… ビミョーな 味だったわね…
食感と臭いが かなり ツライわね……
きっとさ トンケじゃ なかったのよ
トンケ？

「糞犬」という
意味で
韓国では
人糞を食べさせて
育てた犬が
最高級みたいね
ハフハフ
んで
犬を吊し上げて
体中を殴り
内出血させ
犬に恐怖と痛みを
与えることで
アドレナリンを
分泌させ
生きながら
殴ることで肉が
柔らかくなるとの
ことだし
生きながら
犬を火で炙ると
美味しいってコトで
そのような方法で
食べてるみたい
……
うげェ…
どうしたの？
沙菜
そんなモノを
食べさせないでよ!!
痛痛痛っ!!
だ、大丈夫よ
多分……
いてーよ
いてーよ
機嫌
直して
お願い…
警察庁長官
狙撃事件って
覚えてる？
國松警察庁長官が
一九九五年に銃撃され
重傷を負った事件よ
この事件は
荒川区で
起きたのよね
現場から
朝鮮人民軍の
バッジや
韓国の一〇ウォン硬貨が
見つかったんだって
うげげ……
まぁ犯人は
誰だか分から
ないんだけどね…
東京都荒川区
三河島——
確か阿部定事件も
この辺りで起こった
事件よね
阿部定って
女中が
男性の局部を
切り取った事件だっけ
この人って
一九七一年
以降は
姿を消して
消息不明の
ままなの……
ひょっとしたら
現在もどこかで
ご存命かもね…
酷い目に遭ったけど
今日は東京の
近代史の勉強に
なりました

荒川仲町通り商店街にて。

第壱札所

東京都

荒川区三河島

MIKAWASHIMA

さらば差別と貧困の半島　済州島民が求めた希望の光は東方の国にあった

現在の地名で言う荒川区西日暮里一、二丁目と東日暮里三丁目、それに荒川三丁目を加えた地域が、いわゆる「三河島コリアタウン」である。日本でも有数の集住規模を誇り、歴史も古い。住民の約九割が、戦前に渡ってきた済州島出身の朝鮮人もしくはその子孫たちであり、JR三河島駅周辺に多数存在する朝鮮料理店や物産店、パチンコ店を営んでいる。

済州島出身者は在日韓国・朝鮮人の中で約二割。韓国総人口と済州島人口の比率から見れば著しく多い数字である。

その来歴を国家間のマクロ的な人口移動の視点から辿れば、韓国併合が行われた一九一〇年にまで遡ることが出来る。日本の植民地支配以前から朝鮮半島は貧困の底にあったが、とりわけ済州島は絶望的な貧困のどん底で喘いでいた。彼らは窮状の打開策として積極的に島外への出稼ぎを目指しており、その動きは韓国併合によって名実ともに一体となった新興工業国日本へ向けて加速されていく。三河島地域においても、早い時期から朝鮮人労働者が現れており、荒川放水路工事（一九一〇年の大水害の翌年から、二〇年の歳月を費やした荒川の治水事業）にその姿を見ることが出来る。また、この地域では明治期から伝統的に皮革産業が盛んであり、労働者として朝鮮人を雇用していたという。

彼らの流入は年々増え続け、一九三四年には済州島全人口の二五%にあたる約五万人が日本に在住していた（『荒川（三河島）の民俗』荒川区教育委員会）。

もちろんこうした出稼ぎ志向は朝鮮人総体についても存在しており、法務省入国管理局は一九五九年に刊行した『出入国管理とその実態』の中で、「大正十三年の渡航数は約十二万であったが、帰還数は約七万五〇〇〇」「昭和十三年の渡航数は約十六万であったが、帰還数は約十四万」と、戦前における朝鮮人の出稼ぎ状況を振り返っている。朝鮮人労働者は、日本への出稼ぎと祖国への帰郷を繰り返し、才覚ある者はやがて成功を掴み日本へ定住していくのである。

では、三河島の済州島出身者たちは、どのような過程を経て朝鮮人集住地域を形成していったのだろうか。

半島出身者一般の職業観と異なり、済州島出身者は、土木などの単純労働を避け職工としての労働を好んだ。日本が好景気と聞けば海を渡って何らかの工場に勤め、金を稼ぎ、不景気になれば帰郷し、また日本へ渡る。そうした生活サイクルが済州島の朝鮮人の一般的な形であった。

一方で三河島には、前述したように彼らを受け入れる地域的な特色があった。明治以来、荒川の豊富な水利に目をつけた皮革工場の進出が相次いでいたのである。例えば一八八三年に笠原皮革製造工場、一八八七年に大野製革工場などが設立され、一九七九年の最盛期には四五六軒に上ったという。済州島の朝鮮人が引き寄せられたのは、

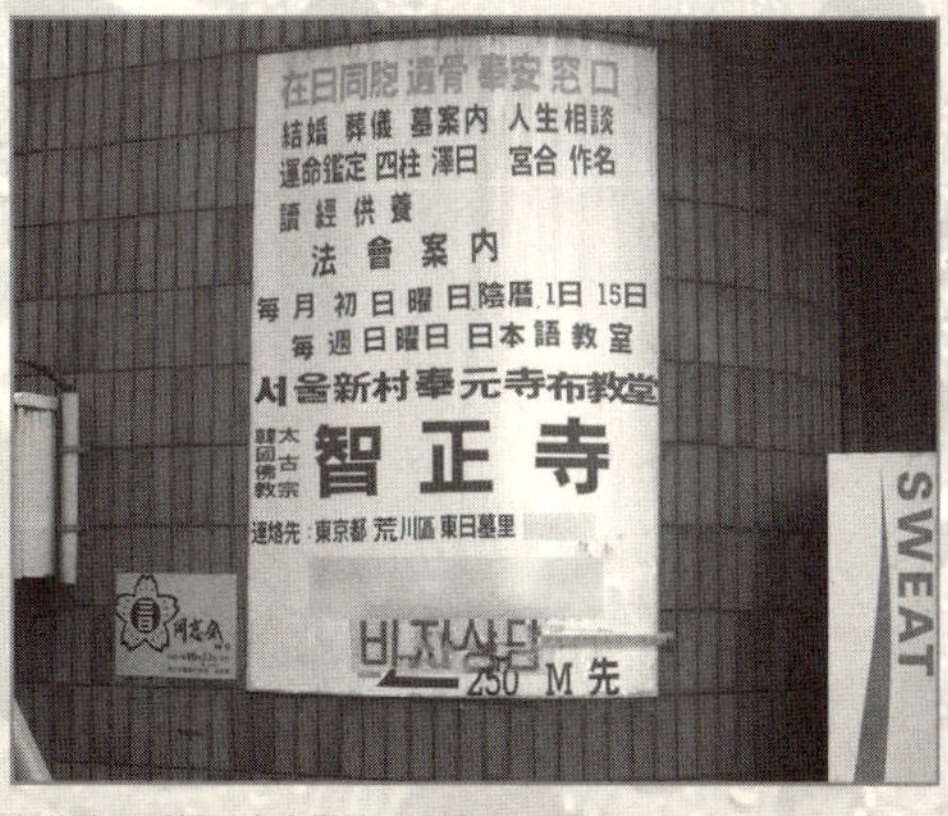

朝鮮寺の看板。人生相談にも乗ってくれる。

自然な成り行きであった。日本各地への出稼ぎと帰郷を繰り返す中で、生活と労働に適した場所を見つけ出したのである。彼らは三河島に根を張り、貧しい故郷の村落から次々と親族や縁者を呼び寄せ、済州島と三河島にまたがる人的ネットワークを膨張させていった。こうした「ムラ」の代表格が「高内里」であり、現在でも三河島において、済州島の他地域出身者を圧倒している。

「高内里」とは、済州道北済州郡涯月面（現在は邑）の貧しいムラであり、済州島他地域出身者からも「漢拏山が見えないムラ」と揶揄されることもあるという（『荒川（三河島）の民俗』）。標高一九五〇メートルを誇る島内最高峰にすら見捨てられたムラの意味だ。朝鮮半島本土から蔑まれる済州島の中でも、さらに一段下の地域として認識されていたのである。自然、島からの脱出志向は強いものだったのだろう。

　三河島で成功を収め、高内里コミュニティ形成の先駆けとなった人物が、高遠衡である。彼の名については「加藤栄一」など諸説あるが、「成功を収め、故郷から人々を呼び寄せた高内里出身の朝鮮人がいた」という部分に関しては、半ば伝説的な形ではあるが共通している。

　高遠衡と高内里について『荒川（三河島）の民俗』が詳述するところによれば、彼は三河島で朝日商会という大規模なカバン工場を経営しており、高内里出身の労働者を大量に雇用していたという。

　当時、兵士の装備などのために軍は大量かつ良質な革を求めており、皮革産業と密接なつながりを持っていた。朝日商会も軍から発注を受けていたために、高内里の人々が日本への渡航証明書を求める際に、日本当局から便宜を引き出すのは容易なことだった。朝鮮人の中でも済州島出身者はとりわけ同郷意識が強く、同じムラの人間が同じ職業に就くケースがまま見られる。三河島における高内里は、まさしく典型と言えるだろう。

　戦前の東京にやって来る朝鮮人労働者の増加のピークは、一九四一年〜一九四三年頃で、当時来日した労働者た

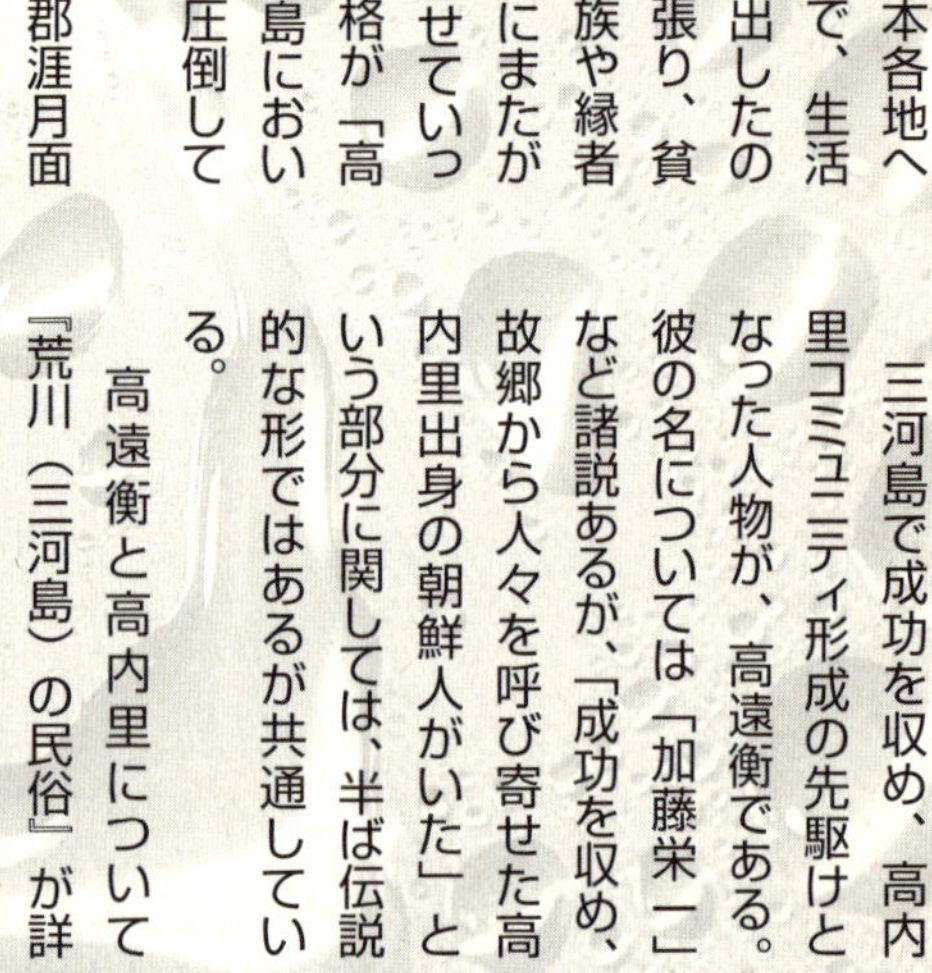

キムチ工場の工員を募集する求人広告。

ちは、そのまま日本に定住する。この頃になると、高内里出身者の就業先は、カバン工場のみならず、紡績工場、ゴム工場、製油工場、精煉工場、土木作業現場、ミシン加工工場、製鞄工場、下宿屋など多岐に渡っていた。

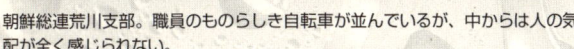

朝鮮総連荒川支部。職員のものらしき自転車が並んでいるが、中からは人の気配が全く感じられない。

民団荒川支部。ＪＲ三河島駅のホームより。

済州島出身者の日本移住の波は、戦後も続く。最大のものが一九四八年の「済州島四・三蜂起事件」を契機とした難民たちである。

東西冷戦体制の萌芽として、米ソの対立が深まっていた当時、朝鮮半島南部ではアメリカ軍政当局が自国占領地における単独選挙を一九四八年五月一〇日に実施すると主張。済州島民は、一九四八年四月三日武装蜂起し、選挙を無効へと追い込んでしまう。

南半部では済州島からの議席を欠いたまま憲法が制定され、李承晩を初代大統領として一九四八年八月一三日に大韓民国が成立。

そして同年一一月一七日。済州島全域に戒厳令が布かれる。殺到した警察・軍・右翼青年団などは、「焦土化作戦」によって済州島を舞台に大虐殺を引き起こしてしまったのである。男性は皆殺し、女性は性的陵辱の限りを尽くされ、子供や老人までも殺害され、村落は丸ごと焼き払われた。韓国人は済州島の徹底的な殲滅を行ったのだ。

祖国の銃に追われた哀れな難民が向かう先は、隣国の同郷者集住地域の他、もうどこにも無かった。

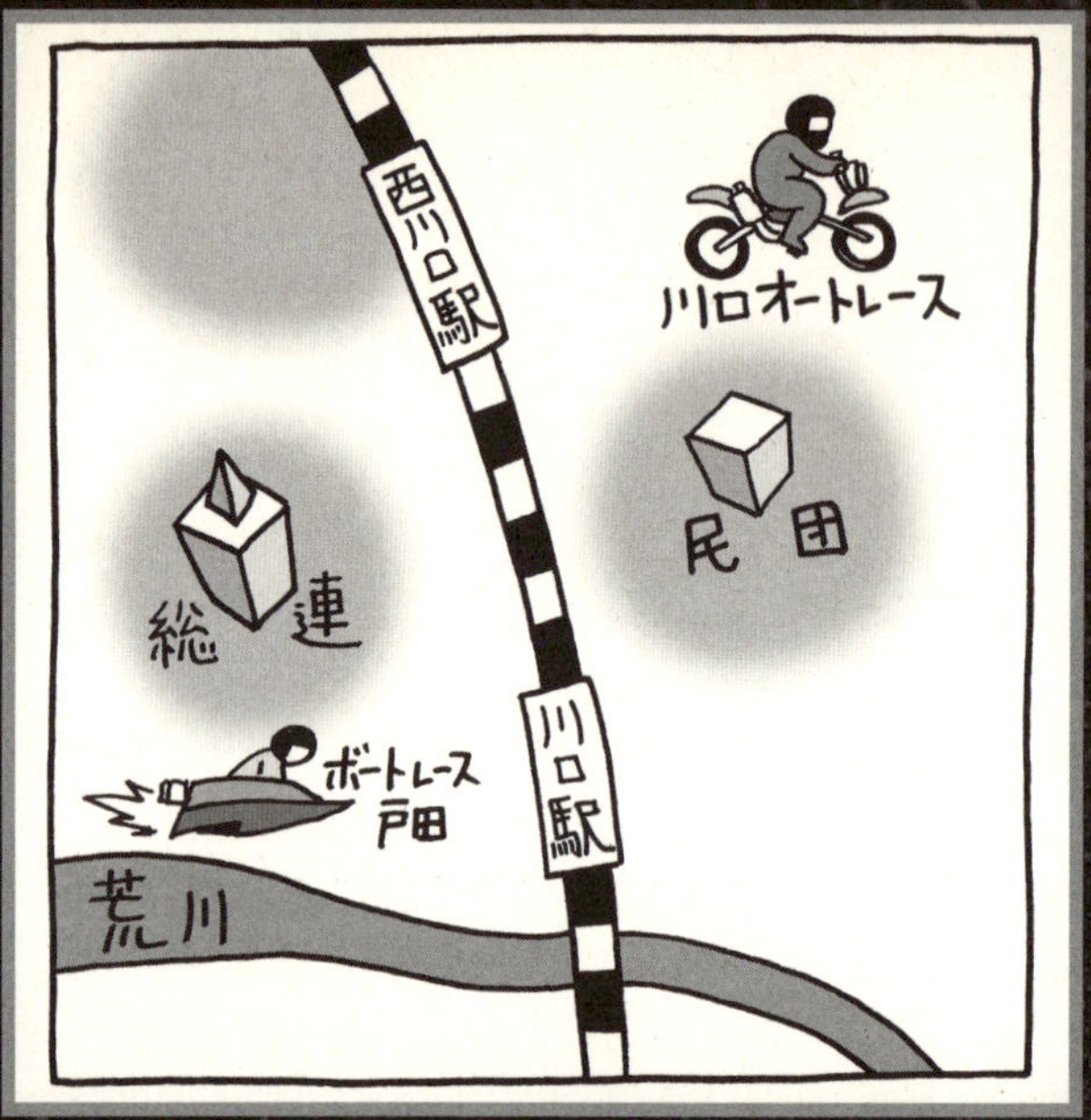

コリアタウン探訪
第弐札所

川口市

KAWAGUCHI [SAITAMA]

埼玉県

明治以降、工業の街として急発展する川口市を支えたのは、吉永小百合主演の映画『キューポラのある街』（一九六二年）で有名な鋳物産業だ。都市化の進展とともに川口駅周辺の鋳物工場は操業を停止し、跡地は高層マンションに変貌した。同駅西口に掲げられた荘重な鋳物の看板だけが往時を偲ばせている。

映画の中では、主人公の友達が希望を胸に北朝鮮へ帰還していくシーンがあり、エキストラとして川口市の在日朝鮮人一〇〇名程度が北朝鮮の旗を振り、「金日成将軍の歌」を合唱している。高度経済成長期にオールドカマーの在日韓国・朝鮮人が川口で懸命に生きていた姿の一端に触れることが出来る。

在日韓国・朝鮮人の街として知られていた川口に異変が起きるのは一九九〇年代末からだ。西川口の風俗街が爆発的な繁栄を謳歌する中で、主に不法残留のニューカマーの姿が増え、韓流飲食店も急増した。だが、街が浄化された昨今では、彼らの多くはどこともなく消えてしまった。

川口駅西口の看板は、堂々たる鋳物づくり。

焼き肉の金網を生んだ
キューポラのある街
ブロロロロロ
つーか私高級な鍋じゃなくてもいいんだけど…
せっかく料理に凝り始めたのなら良い鍋を買うべきよ！
三日坊主にならないためにも！
確かに高い鍋買ったら使わないと勿体ないからね
だから鋳物の街川口に行くのよ！
鋳物？鋳物の街？
川口駅
Kawaguchi Station
JR
川口駅のプレートや駅前デッキの柵は鋳物なのよ
鋳物とはマンホールや街頭 門などに使われる素材よ
つーか鍋って鋳物だっけ…？
ジャーン！
わぁ……おしゃれ♥
KAWAGUCHI i-mono
みづほのくせに良いモノ知ってるじゃないの♥
オイ…！

用事は済んだわ 帰りましょう
せっかくだから 食事しようよ
川口の 名物って 何？
ジュ〜
ジュ〜
川口といえば 焼肉屋でしょ！
……
ジュ〜
ジュ〜
…で、コリアタウンが ある街ってわけね
ジュ〜
ジュ〜
肉を焼く際に 金アミを使うのは 川口発祥なのよ
なんせ 鋳物の街 だからね
もぎゅ
もぎゅ
なるほど わかったわ！
この地に 在日韓国・朝鮮人が 多いのは 彼らがかつて 鋳物産業に携わった からなんでしょ？
その答えは 五〇点ね
川口に住む 在日って実は 済州島出身が 多いのよ
済州島
どうして？
それは……
いまだ韓国の 歴史教科書から 抹殺されている事件 「済州島四・三事件」 が原因なの
一九四八年四月 韓国政府は 済州島島民の 武装蜂起に対して 武力で鎮圧し 数万人の自国民を 虐殺した事件よ
恐ろしい国ね
その虐殺から 逃げてきた わけね

韓国・朝鮮人が特別永住資格の許可を受けて日本に永住するためには
一九四五年九月二日以前から日本の内地に継続して在留していた者とその子孫でなければならないわ
戦後に済州島から逃げてきた在日はただの密入国者であり特別永住者の資格に該当していない
密入国者
…にもかかわらず…
その多くがなぜか永住しているのよ
イリーガルな存在なのね
でも密入国者の在日ってわずかでしょ？
いーやかなり多かったのよ
どれくらいいたの？
当時の報道によると
在日朝鮮人八〇万人のうちの「半分を占めている」とか
敗戦国の悲しさ
1950年6月28日『産業経済新聞』
半分が密入国者!?
つまり半分が犯罪者ってこと!?
在日を擁護する人たちはこのような歴史に目を向けようとせず在日を「被害者」として扱おうとする
日本が全部悪いという前提に凝り固まっているから客観的な事実なんてどうでもいいのでしょう
……というわけで
在日の各施設を見て回りましょう！

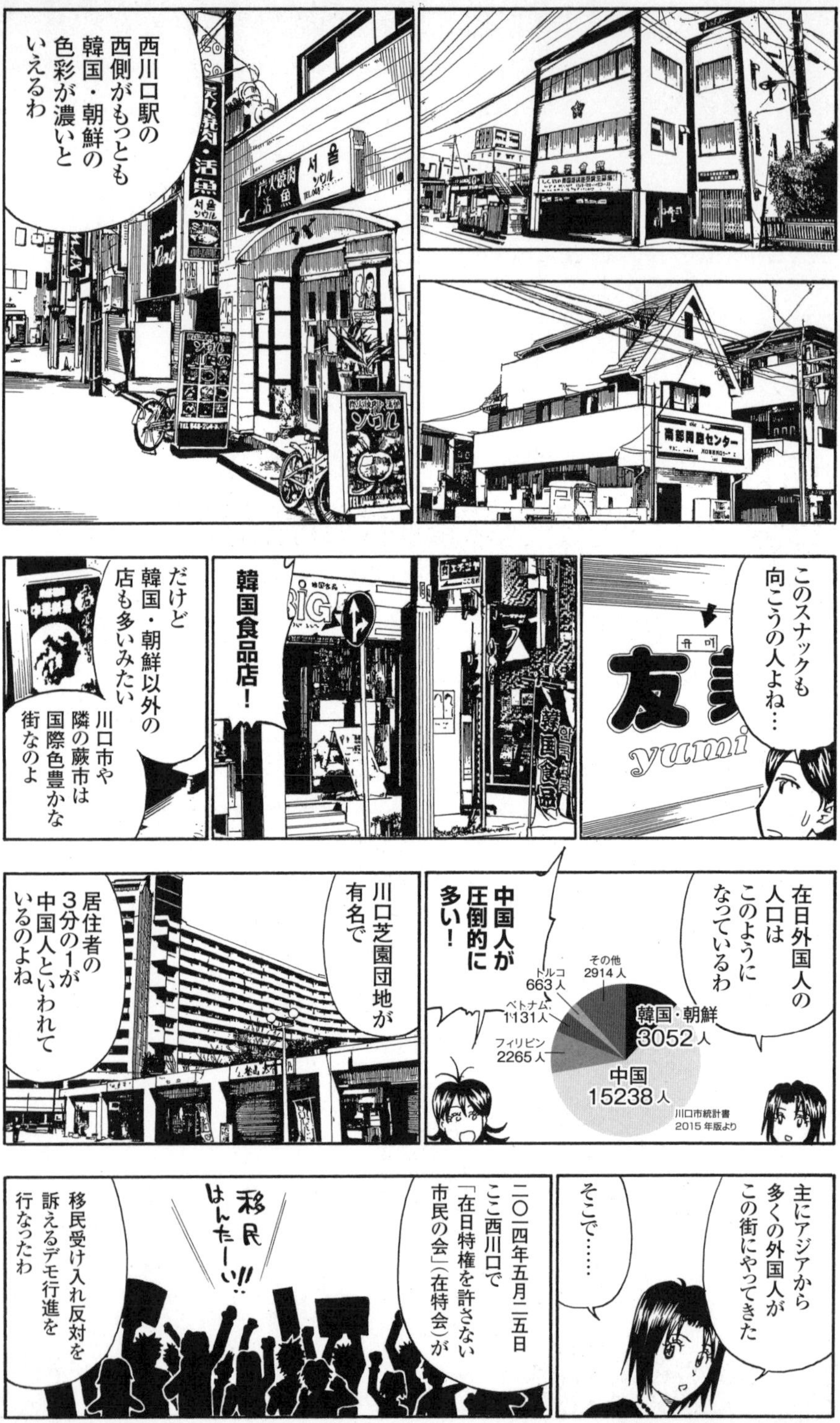
西川口駅の西側がもっとも韓国・朝鮮の色彩が濃いといえるわ
このスナックも向こうの人よね…
友美
yumi
韓国食品店！
だけど韓国・朝鮮以外の店も多いみたい
川口市や隣の蕨市は国際色豊かな街なのよ
在日外国人の人口はこのようになっているわ
中国人が圧倒的に多い！
韓国・朝鮮 3052人
中国 15238人
フィリピン 2265人
ベトナム 1131人
トルコ 663人
その他 2914人
川口市統計書 2015年版より
川口芝園団地が有名で
居住者の3分の1が中国人といわれているのよね
主にアジアから多くの外国人がこの街にやってきた
そこで……
二〇一四年五月二五日ここ西川口で「在日特権を許さない市民の会」（在特会）が
移民はんたーい!!
移民受け入れ反対を訴えるデモ行進を行なったわ

ウワサの差別団体でしょ？
日本政府が毎年二〇万人の移民受け入れを本格検討開始したことに対しての反対デモなんだけどね
反対デモは日本政府に向けてやるのがスジだわね
彼らの差別デモを止めようとした団体もいたんでしょ？
反差別団体!!
いやいや……そんな正義の味方じゃないのよ
違うの……？
？
同デモの終了後デモに参加した「在特会」会員の一人が
デモ反対の連中から集団暴行を受けて重傷を負わされたのよ
集団暴行!?
重傷!?
一人に対して一〇人が集団で暴行したのよ
反在特会の集団は「反差別団体」どころか「在日韓国・朝鮮人の暴力集団」で
事実彼らはすでに何人もの逮捕者を出していて凶暴さにかけては在特会の比じゃないわ
うわぁ……
反在特会のリーダーは二〇一五年三月二四日ツイッターで
相手を殺したり半殺しにしてないんだから十分すぎるほど十分に抑制が効いていると言える
……とつぶやいているわ
うわ……
しかも反在特会集団の支援者たちの倫理観も普通じゃないわよ
この集団暴行で重傷を負わせたことに対して福祉問題を専門とするジャーナリストの安田浩一氏はツイッターで……
ケンカ弱すぎじゃん
とつぶやいたわ

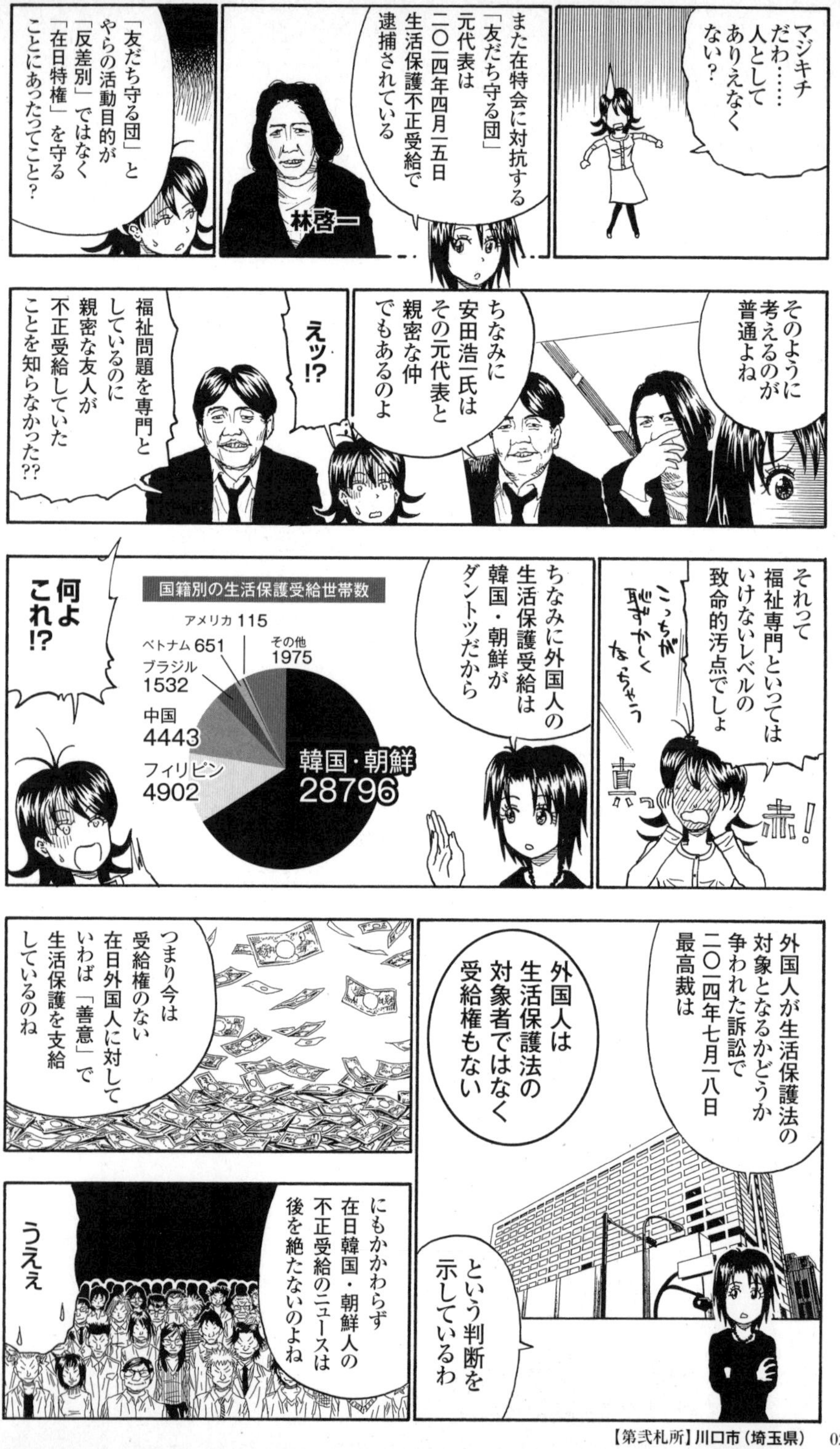
マジキチだわ……人としてありえなくない？
また在特会に対抗する「友だち守る団」元代表は二〇一四年四月一五日生活保護不正受給で逮捕されている
林啓一
「友だち守る団」とやらの活動目的が「反差別」ではなく「在日特権」を守ることにあったってこと？
そのように考えるのが普通よね
ちなみに安田浩一氏はその元代表と親密な仲でもあるのよ
えッ!?
福祉問題を専門としているのに親密な友人が不正受給していたことを知らなかった??
それって福祉専門といってはいけないレベルの致命的汚点でしょ
こっちが恥ずかしくなっちゃう
真っ
赤!
ちなみに外国人の生活保護受給は韓国・朝鮮がダントツだから
国籍別の生活保護受給世帯数
アメリカ 115
ベトナム 651
その他 1975
ブラジル 1532
中国 4443
フィリピン 4902
韓国・朝鮮 28796
何よこれ!?
外国人が生活保護法の対象となるかどうか争われた訴訟で二〇一四年七月一八日最高裁は
外国人は生活保護法の対象者ではなく受給権もない
という判断を示しているわ
つまり今は受給権のない在日外国人に対していわば「善意」で生活保護を支給しているのね
にもかかわらず在日韓国・朝鮮人の不正受給のニュースは後を絶たないのよね
うえぇ

うわ～ソープランドだらけ……
かつてはこんなもんじゃなかったわ
二〇〇六年に摘発されるまで西川口には違法風俗店が約二〇〇軒もあったのよ
韓国の議員金玉伊は
海外で売春をする韓国人女性の数は日本に約五万人全世界では一〇万人余りに達する
と述べているわ
トーゼンこの川口にもかなりの数の韓国人売春婦がいたんでしょうね
在日社会には同胞の不法就労を助長する闇ビジネスが根付いているのよ
在日韓国・朝鮮人の問題てホントに山積みなのね……
戦後七〇年の歪みと新たに流入し移住する韓国人……二つの問題があるのよ
それなのにメディアも知識人も在日に対してはおよび腰だわ
在日を「聖なる被害者」とする偏向した「物語」が定着しているからね
日本政府は移民受け入れについて本格的に検討し始めた
この地は外国人移民を推進した場合のモデルケースよ
グローバル化社会の成れの果てってわけか……
埼玉県川口市……外国人移民を進める前に在日韓国・朝鮮人の問題を解決すべきだと思いました……

2012年6月15日付『朝鮮日報』

西川口駅西口。韓国食材を探すなら、韓国スーパーBIG5が便利だ。

埼玉県

川口市

第弐札所

KAWAGUCHI [SAITAMA]

キューポラの赤い火は消えても在日たちの義理人情は変わらない

川口市内に住む韓国・朝鮮人はおよそ三〇〇〇人（二〇一五年）。二〇〇九年のピーク時には三六一六人だったが、徐々にその数を減らしている。戦前もしくは朝鮮戦争前後から日本に住んでいるオールドカマー住民と、一九八〇年代以降日本にやってきたニューカマーの割合はほぼ半々だ。

『キューポラのある街』での北朝鮮への帰還者の描写を見れば、川口市がオールドカマーの在日朝鮮人の一大拠点だったことはわかる。また、埼玉民医連川口診療所に一九五四年から務めていた寺島萬里子医師は、川口の鋳物工場の男たちを撮った写真集『キューポラの火は消えず』のあとがきで、こう書いている。

「この診療所は、健康保険ではよい治

療が受けられないといわれていた時代、地域の医療に恵まれない貧しい人達や、国民健康保険にも入れなかった在日朝鮮人の人達が話し合い、みんなで必死になって仲間をふやし、出資金を集め、やっとバラックのような建物を買って設立した」

民医連とは、小池晃参議院議員が理事を務めていることで明らかなように、共産党系の医療機関である。労働者や在日韓国・朝鮮人をオルグするために共産党は盛んな活動を行なっていたようだ。

朝鮮総連埼玉県南部支部。2006年にお隣の蕨市内から移転してきた。

西川口の在日社会にスポットを当てた論考としては、「ヒョンミの美味しい焼肉・韓国食堂・居酒屋100軒」というサイトが興味深い。市内に在住する韓国人の手による、川口市内で一番の老舗焼肉店店主への貴重なインタビューが掲載されている。

「四七年前、おばあさんが始めたんだよ。（中略）肉を焼くアミも鋳物の街・川口ならではの発明、特注品だったのさ」（二〇〇一年十二月の記事）

なんと、アミを使った焼肉のスタイルは、ここ川口から始まったというのだ。しかも、東証二部上場の大規模焼肉チェーンである「安楽亭」も川口と関係が深いという。

「『安楽亭』の会長のおばあさんが、うちのおばあさんのところで修行していたの。最初は西川口の駅前の小さいところで始まった」（同）

まさに川口の在日社会の生き証人と言える同店だが、取材は原則としてNG。「ヒョンミ」の記事が実現したのは、同店のおばあさんが世話になった、前出の寺島萬里子医師からの紹介ゆえの取材対応だと断り書きがある。

全国的な知名度を誇ったご当地の風俗産業が壊滅したいま、地に足をつけた韓国・朝鮮人コミュニティの再建を願ってやまない。

韓国民団川口支部。川口市の大動脈である産業道路の一本裏は意外に閑静だった。

コリアタウン探訪
第参札所

千葉市栄町

CHIBASHI SAKAECHO [CHIBA]

千葉県

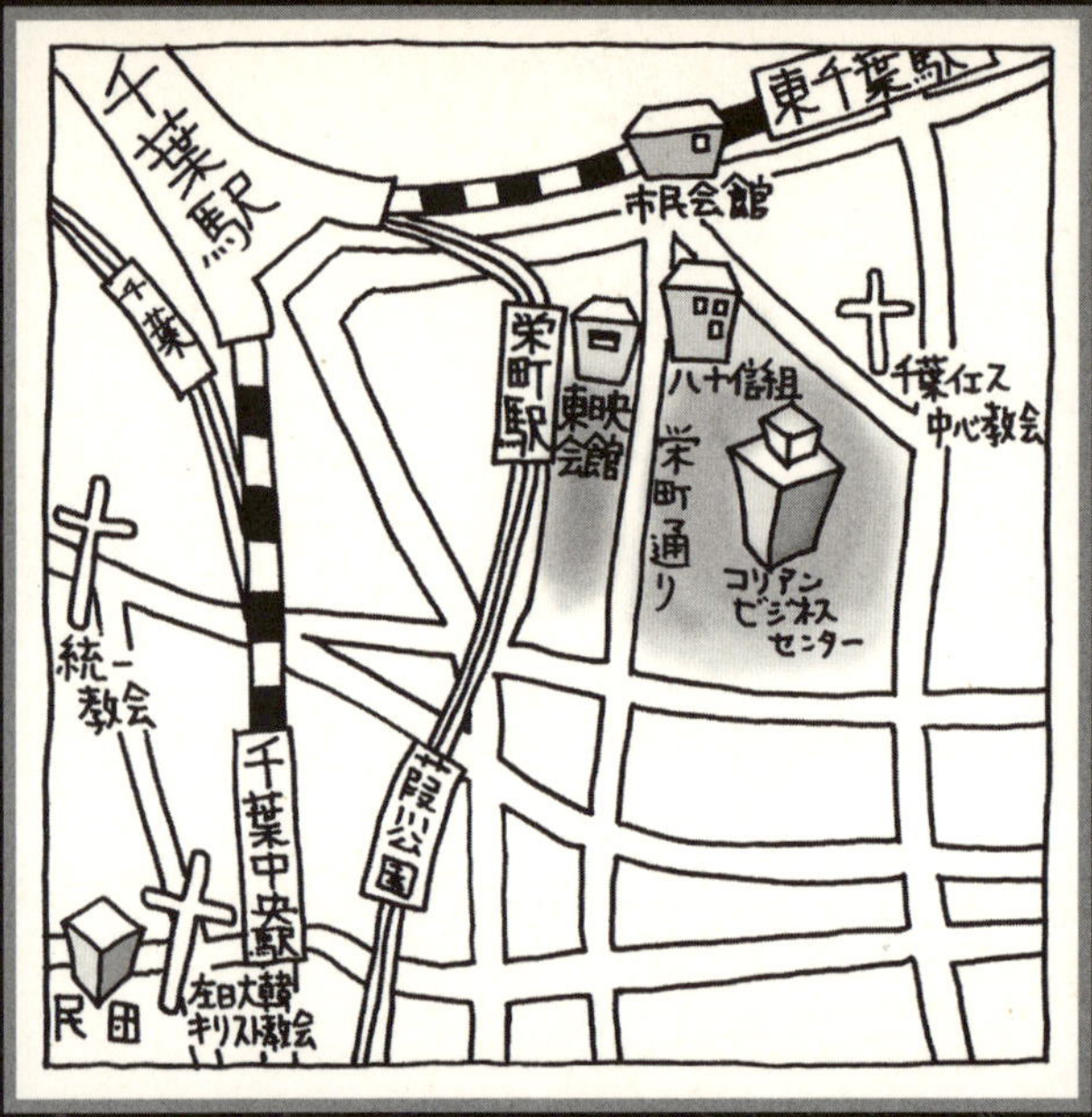

成田空港を擁し日本の玄関口として海外からの旅行客を迎える千葉県。

その中心である千葉駅からわずかに一駅の距離に東千葉駅はひっそりと存在する。その立地にも関わらず、日中の利用者は少なく駅前に広がる光景も地味そのものという印象。

しかし、この街には、表面上は隠されたもう一つの顔がある。日が沈みかけた頃、国道一六号から通りを一本渡れば、そこにはネオン輝く栄町が目の前に広がる。

東京の吉原、川崎の堀之内と並ぶ、関東三大ソープ街の一つである。

路地の両脇にビッシリと店舗が軒を連ねる中、とりわけ異彩を放つのはハングルと街行く韓国人の多さ。

街には、韓国スナックからヘルス、デリヘル、韓国キリスト教会はもとより、韓国食材を扱うスーパーまで揃っている。中には看板もメニューもハングル表記のみという料理店も少なくない。

ここは在日同胞を相手にしたニューカマーによるコリアタウンなのだ。

JR千葉駅移転の謎解くキーストーン
千葉県千葉市千葉駅までショッピングに来ました
千葉駅ってものすごくお店が充実してるわよね
JR千葉駅と京成千葉駅がとなり同士で人出が集中してるのよね
さらに千葉駅から千葉中央駅の間はJRと京成が併走していて
ガード下には五百メートルに渡ってショッピングモールが続いているわ
千葉駅
京成千葉駅
葭川公園駅
千葉中央駅
その代わり千葉市の中央部では空洞化が起きているんだけどね…
空洞化
せっかくだから千葉駅の歴史を簡単に説明しましょう
またいつものウンチク……
そんなイヤな顔しないでも…
沙菜の大好きな朝鮮民族が多少絡んだ話なのよ
好きなのはみづほの方でしょ…
まず千葉駅というのは千葉県の玄関口の駅で
一八九四年に地元有力者の運動により私鉄の総武鉄道が市川～佐倉間で開業しているの
市川駅
佐倉駅
千葉駅
んでまぁいろいろと路線が伸びていく中で
千葉県では農産物の出荷や軍事輸送の需要が高まり鉄道の役割が大きくなっていくのね
総武線沿線は軍事施設が多くその為に県都千葉は格好の標的となり
終戦真近に大規模な空襲を受ける
6月10日
日立航空機
千葉工場
7月7日
椿森・作草部・穴川
小仲台などの軍事施設
及び市街中心部の七割
市街地は壊滅的な打撃を受け千葉市の都市建設は一からやらなければならなくなったの
千葉市の戦災
・罹災人口38000人
(総人口78000人)
・罹災戸数8900戸
(総戸数14700戸)
スゴイ被害……
そこで復興都市計画が一九四六年から五年計画で着工されるも一九四九年には財政問題で打ち切られる

んで今度は
ポイントをしぼって
施行するために
千葉市都市計画の
新五ヶ年計画が
一九五〇年～一九五四年の
期間で実施されたのよ
ただし
この計画の中には
「千葉駅」移転が
含まれていたけど
このときは
実現まで至らず
えっ!?
千葉駅ってココじゃ
なかったの!?
もともとは
現在の市民会館の
場所にあったのよ
ココ
東千葉駅
千葉駅
栄町
京成千葉駅
葭川公園駅
うん
石碑を今から
見に行きましょう
東千葉駅
移動
千葉駅
京成千葉駅
東千葉駅
これよ
当時の
千葉鉄道
管理局長が
書いたものよ
ここに千葉駅ありき
で…どうして
駅を移転
させたの?
……
それは……
大まかには
二つの説が
あるの……
？
まずは
駅移転する前の
繁華街だった
「栄町」を
これから見て
みましょう
かつては
国鉄千葉駅と京成千葉駅を
結んで関東有数の
繁華街だったところよ
千葉駅
栄町
京成千葉駅
本千葉駅
千葉県庁
さらにその先は
県庁舎にも
延びる通りだったの
ちなみに
こっちが
現在の地図よ
東千葉駅
千葉駅
栄町
京成千葉駅
葭川公園駅
千葉中央駅
千葉県庁
県庁前駅
本千葉駅
この辺りは
埋め立て地
なのね
当時は駅前の
メインストリート
だったから
一日に三万人以上が
通行していたようね
！

焼肉レストラン金龍
ソウル駅
ソウル物産
えええ!? コリアタウン!?
ど…どういうこと みづほ!?
とりあえず 歩いて みましょう
千葉県における外国人登録者数は二〇〇六年のデータで八万八四七三人
そのうち朝鮮民族は一万七三一七人で外国人登録者のうちの一九・五%を占めているのね
で、千葉市の場合は「ニューカマー」と呼ばれる比較的新しく来日した朝鮮民族が多く住むところみたいなのよ
八十信用組合
あ～これは朝鮮系の信用組合ね
ああッ! 風俗店に!?
シャレード
あれは山野さんでは!?
ピースボートの地球一周の船旅ポスター!
地球一周の船旅
金剛山歌劇団
これもスゴイわよ……
うわっ キリスト教会!
千葉教会
この周辺で五つの教会があるみたいね
日曜礼拝は朝鮮語で行われることが多いそうよ
みづほ どうして朝鮮民族はここに住みついたの?
一九二三年の関東大震災の際に千葉だけで三〇〇〇人以上の朝鮮人が軍部によって保護されているわ
もともと千葉には朝鮮民族が多少住んでいたようね

そこへもって軍事都市であった千葉県はその後も続々来る朝鮮民族の受け皿になって…
千葉駅前のメインストリートにコミュニティをつくるのは無理だけど
県内各地に朝鮮コミュニティが成立したと考えられるわね
旧千葉駅付近には軍事施設が多かったしね
陸軍戦車学校
歩兵学校
陸軍兵器支廠
千葉海岸駅
鉄道第一連隊
千葉駅
新千葉駅
京成千葉駅
しかしこの繁華街だった栄町も空襲で壊滅!!
そしてその後は見てわかるように
メインストリートであった栄町はコリアタウンとなった………
え……?
それって駅前一等地を占拠……?
で、千葉駅移転の理由だけど……
国鉄千葉駅は1963年に現在地へ移転完了
一つは沙菜の思ったように朝鮮民族に街を占拠されたから移転させたという説…
HOTEL
それともう一つは
スイッチバックの解消という説があるのよ
スイッチバック？
東京方面から外房(内房)線方面への直通電車は千葉駅でスイッチバックしなければならなかったの
至佐倉
千葉駅
至東京
外房（内房）線
至蘇我
でもね……
千葉駅というのは昔からターミナルとしての駅であってスイッチバックの解消はあまり意味のないことなのよ
直通電車なんてほとんどないんだから

じゃあ何のために移転したの？
一応国鉄の資料ではスイッチバック解消のためってことに……
もう一つの路線京成線も一九五八年国鉄より先に移転完了
京成千葉駅
京成線が移転したのはどうして？
繁華街の南側の入り口でしょ？終点駅の立地としては最高じゃないの？
千葉駅
京成千葉駅
はあ…？
もともとは現パルコ前の中央公園の場所に終点があったのよ
さあ……
さあってアナタ……
京成千原線の前身である千葉急行電鉄の千葉中央～大森台間が開業したのも一九九二年のことだから
路線延長のため移転したわけじゃないし
千葉中央駅
ココの区間
平成四年開業
大森台駅
蘇我駅
かつての京成線の終点だったところを千葉都市モノレールが運行してるわね
そうなのよね……
様々な状況はわかってきているんだけど決定的な証拠がみつからないわけで……
資料では移転の目的部分が鮮明とは思えないのよね……
むしろ資料が何かを隠蔽してるかもしれないってことね？
……
まあこの話は保留にして目的のショッピングしましょう！
私セーターほしいのよ
千葉県千葉市中央区栄町…今回のみづほはちょっと歯切れが悪かったようでした

色褪せたハミングロードのゲート。栄町の入り口である。

千葉県

第参札所

千葉市栄町

SAKAECHO

焦土となった街の夢の跡 千葉市の旧中心部に続々 増殖する異邦人たち

千葉市は太平洋戦争によって大規模な空襲を受け、総人口七万八〇〇〇人の内、三万八〇〇〇人が罹災したという。特に一九四五年六月一〇日の都市爆撃と七月七日の爆撃は非常に大規模なもので、焼夷弾によって都市は完全に焼き払われた。総戸数一万四千七〇〇戸のうち、被害戸数は八千九〇〇戸。炎上地域は廃虚と化し、中心部は当然のことながら、南は都川、北は国鉄千葉駅の裏の丘陵にまで被害は及んだ。千葉市は終戦とともに、都市を第一歩からつくりなおさなければならなかった。国鉄千葉駅の移転は、この時の戦後復興基本方針によって打ち出された計画である（『千葉市史』）。

　国鉄千葉駅はスイッチバックの解消と京成電車との総合駅を設置するために、一九六三年までに現在のＪＲ千葉駅の位置へ移転したとされている。旧千葉駅は廃止され、街の中心は新しく完成した千葉駅に移った。かくして、それまで千葉駅と県庁を結ぶメインストリートであり、県内最大の繁華街として一日三万人が闊歩した栄町通りは急速に衰退していく。

前章で取り上げた三河島は古くから住む在日韓国・朝鮮人が作り上げた街だったが、それとは対照的に、千葉はどちらかというと最近になって来日したニューカマー韓国人によって形成された街である。こうした新興コリアタウンの特徴としては、もともとの風俗街や飲食店街などの歓楽街の中、もしくはその周縁部に形成されることが多い。その例に漏れず、千葉県千葉市栄町といえば知る人ぞ知る巨大ソープ街。風俗店で働くために来日する、出稼ぎニューカマー韓国人も多いという。

このコリアタウンでは、栄町通りを中心に韓国系の店が一〇〇店舗ほど軒を連ねており、焼肉店や風俗店、キムチや韓国調味料を販売する韓国生活雑貨品店が目立つ。栄町通りは、別名「ハミングロード」と呼ばれており、通りに面して「ハナ信用組合」も営業している。ハナ信用組合の前身は、北朝鮮への不正送金疑惑などで知られる朝銀信用組合。同信組の経営破綻の受け皿として設立された民族系の金融機関である。『在日コリアンってなんでんねん?』の中で、大阪市立大学の朴一教授が説明するところによれば、外国籍の在日韓国・朝鮮人は、日本の金融機関から融資を受けることが難しく、そうした融資上の差別の克服を目的としているのだという。

商店街としての集客力面では衰退しつつも、いまだ千葉県随一の規模を誇る栄町通りのコリアタウン。ニューカマー韓国人の増加と軌を一にして、プロテスタント系のキリスト教会が現れている。もともと韓国人の伝統的価値観には儒教思想が根強く影響しており、また、仏教信者が今もって多数派を占めている。

ところが、一九八九年頃から同地区周辺にはキリスト教会が増え始めた(『千葉のなかの朝鮮』明石書店)という。これが、異国に新天地を見出した彼らの心の支えなのだろうか。

JR東千葉駅。隣駅の繁栄がウソのような寂れ方である。有人駅。

「ここに千葉駅ありき」。移転した旧千葉駅の墓標。

栄町内で発見した朝鮮総連系施設。この界隈では珍しく、防犯カメラ付き。

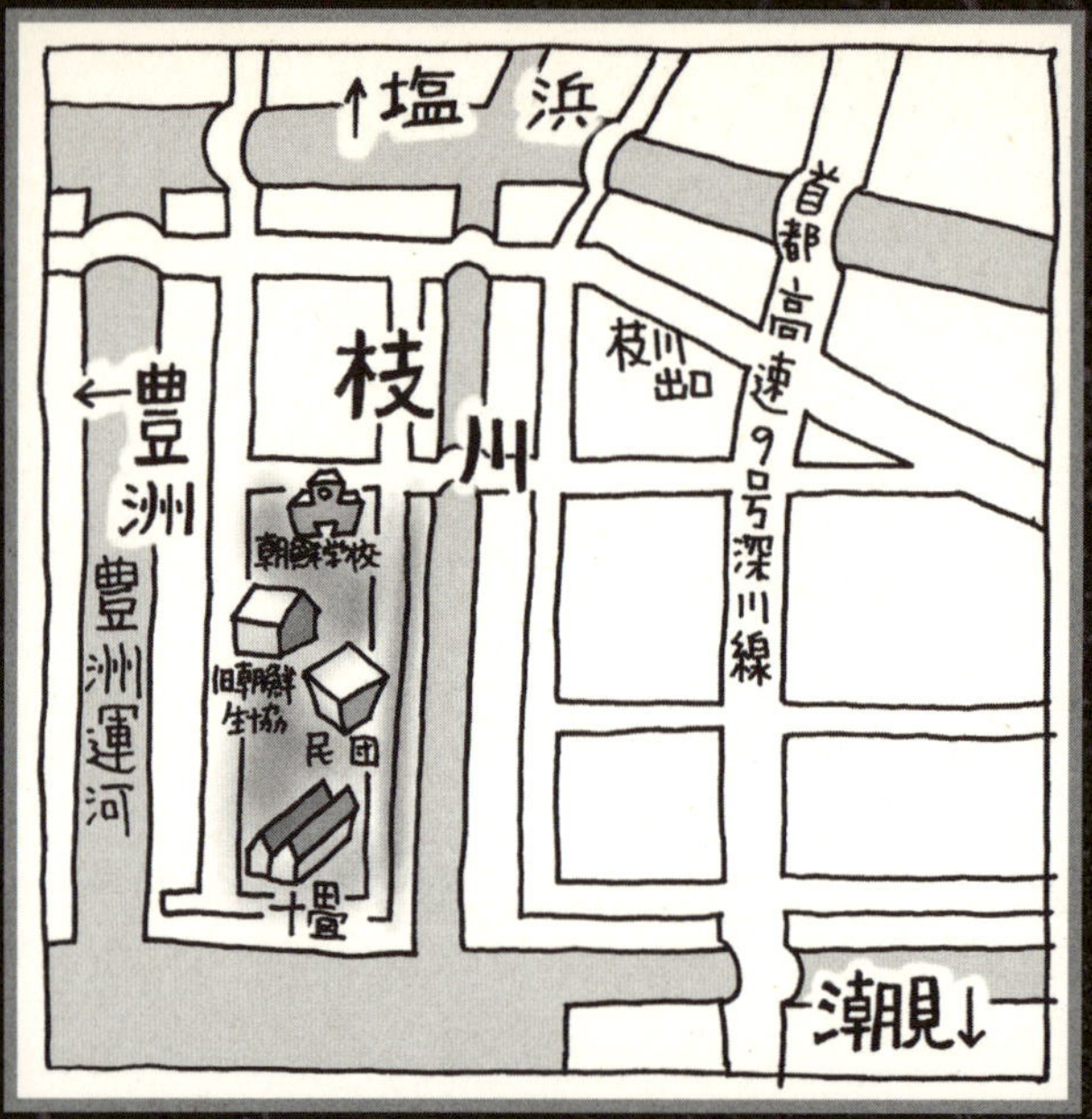

コリアタウン探訪

第四札所

江東区枝川

KOUTOUKU EDAGAWA [TOKYO]

東京都

東京メトロ有楽町線を豊洲駅で下車して徒歩一〇分。運河を走る水上バスを横目に、朝凪橋を渡った先は、枝川一丁目。四方を運河に囲まれた閑静なウォーターフロントだ。

しかし、この土地、戦前には東京最大にして最古のコリアタウンがあったことで知られる。

町の中央部、東京都と土地の返還問題で揉めている朝鮮第二初級学校は一九四六年の設立。

そして町外れには、かつて一棟に二〇世帯が暮らしていたという『十畳長屋』が残る。六〇年という歳月のなか、何度も改修の手が加えられたトタン張りの集合住宅では、いまも人々が生活を続けているのだ。

『パッチギ！ LOVE&PEACE』の舞台ともなったこの地域。実は、知る人ぞ知る焼肉店の激戦区でもある。五軒ほど営業する店舗はどこもリーズナブルで絶品。未確認情報ながら、ときには芸能人がお忍びで通う姿も見られるという。

在日vs東京都 朝鮮学校訴訟に揺れる街

今回は東京都江東区枝川に行ってきました
今回も在日の街よ
………
もう何もいわない…
ええと地図を見てみるとここら辺って埋め立て地よね
この在日の街は東京オリンピックがきっかけなのよ
……というと一九六四年だったっけ？
いいえ戦前に幻の東京オリンピックがあったのよ！
一九四〇年に塩崎での開催が予定されていたけれど戦争のため中止になったのよ
岡田さん!!
——労働組合の…
ど どうしてココに…？
親戚の家に遊びに来たのよ！悪い？
親戚……
そして日帝は塩崎や浜園などの朝鮮人住民が邪魔になったからどかせてココに強制収容したのよ!!
ここは日本軍国主義の遺構で朝鮮人が強制収容された証拠なのよ!!
これは真っ赤な嘘で塩崎町や浜園町は朝鮮人たちに不法占拠されていたの
半島出身労働者集団地区調査によると…朝鮮人の不法占拠を解消して彼らを収容する目的があったようね

じゃあ朝鮮人の側に押し込められた原因があったんだ
ぷる ぷる ぷる
ふざけないで！なんなら現地の人に訊いてみるわ!!
もしもし？ちょっといいですか？
あたしゃね朝鮮じゃ食えなくなってこっち出て来たのよ
強制収容も何もとにかくみんなココ集まってきたの
よれ よれ よれ
ココ建てる費用を出したのは朝鮮総督府だったのヨ
安い家賃で住むこと出来たネ
お婆さんが言うように朝鮮総督府が費用を全額出したという説もあるけれど…
朝鮮人の住環境整備のために朝鮮総督府が五万円を寄付し東京市社会局が二八万円の予算を計上したのは記録に残る事実よ
その結果として「一九四一年」までにここに千人を超える朝鮮人集落が出現したのよ
朝鮮人の不法占拠に行政が予算を使って対策を講じたのね
そ…そもそも朝鮮人がココにいるのは日帝が強制連行したからでしょ！
こんなゴミ捨て場の埋め立て地に押し込められて……
アアア
なんてかわいそうな人たち……
だからあたしゃ朝鮮じゃ食えなくてこっち来たってさっきから言ってるテしょ
よれ よれ
ギャー
岡田さんは強制連行の期間はいつ頃だとお考えですか？
じゃーね よれ よれ
一九三九～一九四五年の間でしょ！
正確には「募集」が一九三九年九月から
「官斡旋」が一九四二年三月から
「徴用」が一九四四年九月からで
強制性があったのは徴用だけですね

これさえも日本国民の義務である戦時動員だから「強制連行」と呼ぶのは悪質だわね
岡田さんはまだ気付かないんですかぁ?
はッ
強制性があった徴用が一九四四年の九月……
千人を超える朝鮮人集落がここに出来たのが一九四一年!
そゆこと
むしろ内地への密航で増えすぎる朝鮮人を渡航制限していたくらいよ
それは……朝鮮半島では生活が出来なかったからだわ!!
さっきのお婆さんもいってたでしょ!
日本人や朝鮮総督府の努力によって朝鮮はインフラが整備され暮らしやすくなったんだろうけど…
併合前の朝鮮があまりにもヒサンすぎたのね…
ただ朝鮮半島にこれだけの結果を残したということは記憶しておきたいわね
韓国併合以降の朝鮮半島
●人口　約2倍
1313万人→2553万人（1942年時点）
●1人あたり国内総支出　約2倍
58円→119円（1938年時点）
●コメ生産量　約2倍
1230万石→2489万石（1942年時点）
●小学校の数　約42倍
100校→4271校（1943年時点）
つまり枝川の在日街は強制連行とは関係なく朝鮮人がすでに日本で土地を不法に占拠して暮らしていた事実を証明する場所なのね
そして行政は彼らに住居を与えたというわけ
むぐ…
冗談じゃないわよ!
あなたたちは枝川訴訟を知らないの!?
みづほ何ソレ?
枝川にある東京朝鮮第二初級学校の土地の一部四千平方メートルの返還と使用相当損害金として約四億円の支払いを求めて都が提訴した裁判よ
ここは小学校の用地として現在も使われているのよ!
それを不法占拠扱いして行政が明け渡しを求めて訴えるなんて異常なことなのよ!!

……ええと
岡田さんはこの土地が不法占拠ではないとおっしゃるのですか？
ぐッ…むぐぐ……
一九九〇年にこの土地を学校用地として無償使用する契約は終了しているけど…
その後も学校側は交渉を続けてきたのに突然一方的な訴訟に持ち込んだ東京都の姿勢は不当だわ
不法占拠の継続を要求されて「交渉」にならないから訴訟へ持ち込まれたのではないですか？
むぐぐぐ
ぐぐぅ…
日本人の子供は義務教育が保障されるのに…
在日コリアンに生まれれば一切の公的措置から見放される状態でいいというの!?
日本の義務教育を受けさせれば済む話ですね
日本に住んでいて彼ら独自の教育を望むならそれは仕方のないことです
それなのに…
私たちの税金が外国人学校に通う児童・生徒の保護者に補助金として支給されているのよ!!
えええ!?
それっておかしいわよ!!
ちなみにこの朝鮮第二初級学校のある江東区の場合は
生徒一人あたり九万六〇〇〇円もの補助金が支給されているわ（二〇〇三年データ）
これでも一切の公的措置から見放されているとでも？
うぐぐぐぅ…
おぼえてなさい
あ
逃げた
さて……枝川の街を見て回りましょうか

さびれた街だわね…
人もほとんどいないし…
実は戦前までこのコリアタウンのとなりに東洋一のゴミ焼却場があったのよ
へエ～
へェー
ココね
東洋一だというのに地元の図書館でもその写真を見つけることは出来なかったけど…
ずいぶん探したんだけど…
そこでこのような本を見てみたけど…
記念誌
地区制定70周年
記念誌
全く在日韓国・朝鮮人について書かれていないのよね…
枝川に住む日本人たちは在日韓国・朝鮮人の存在を無かったものにしているような…
歴史って深いわね…
うん……
東京都江東区枝川一丁目歴史の闇を覗いたような気がしました…
幻の東京オリンピック
戦前の東洋一と言われるゴミ焼却場
自らの不法占拠を棚に上げ強制収容されたと言い張り続ける在日韓国・朝鮮人
在日韓国・朝鮮人の存在から目を背ける枝川の日本人住民

東京都

朝鮮学校へ続く、枝川のメインストリート。

★第四札所

江東区枝川

EDAGAWA

法の正義と真っ向衝突！歴史的経緯の涙の訴えが東京湾上に火花を散らす

東京都が朝鮮学園の「都有地の不法占拠」について提訴し、係争の舞台となった東京都江東区枝川一丁目。東京最古のコリアタウンであり、その起源は一九四〇年までさかのぼる。

コリアタウンの形成には大きく分けて二つのパターンがあることは、すでに述べた。つまり、一つには、戦時中の土木工事現場や工場付近に設けられた飯場など、就業上の理由により、発展したケースである。二つには、住環境が悪く、日本人が放置していた空間に、自然発生的に居住を始めたケースだ。

だが、枝川の場合はこのいずれにも該当しない特異なケースである。東京市が朝鮮人用の住宅を建設したことにより、いわば人工的に作られた街なのである。

一九四〇年、東京市は同地区で朝鮮人を収容する目的の簡易住宅建設に着手しており、一九四一年に完成を見ている。背景には、江東区（当時は深川区及び城東区）内で、急増する一方の朝鮮人の存在があった。

　同区内では、東京湾の埋め立てをはじめとする大規模土木工事が行われており、これに多数の朝鮮人労働者が従事していた。『東京のコリアン・タウン』（樹花舎）によれば、一九三九年の時点で朝鮮人一〇〇名以上の集住地は、塩崎・浜園・白河・千田など九ヶ所に及び、一万人に迫ろうとしていた。

　そうした朝鮮人の居住形態の大部分は、日本人が敬遠して住まない岸辺や湿地帯などに建てたバラック小屋だった。とりわけ現在の塩浜（塩崎・浜園）には、一〇〇〇人を超える朝鮮人バラック集落が形成されていたのだ。当然ながら、東京市はこれを問題視した。『東京のコリアン・タウン』による、『半島出身労働者集団地区調査』（一九三九年東京市役所資料）では、塩浜地区を「市有埋立地無断占用」と指摘し、さらに簡易住宅の建設は「無断占用半島人世帯を収容せんとするもの」としているのだ。

　ここで、塩浜朝鮮人バラックの枝川への移転、収容については「一九四〇年の東京五輪に併せて、開催地である塩浜地区の不良住宅の撤去を行ったため」とする説が一般に流れているが、それはおそらく正しくない。政府が五輪と万博開催の返上を閣議決定したのが一九三八年。枝川町の住宅工事の契約書締結が一九四〇年。両者には時間的ズレがあり、五輪が直接の契機とするには根拠に乏しい。さらに、一九二七年には「不良住宅地区改良法」が制

渦中の東京朝鮮第二初級学校。

バラック建築に貼り付けられた東京都の通知書

定され、スラムクリアランス及び改良アパートの建設が、全国的に展開されていたことからも、塩浜からのバラック移転はそもそもの既定路線だっただろう。

　こうしてバラックは撤去、移転させられ、突如枝川に一〇〇〇人を超える朝鮮人集落が形成されたのである。同地区は、まだ埋め立てを終えたばかりの荒れ地であり、塵芥処理場や消毒所の他には何も無かったという。

　住宅の実態については、前記の朝鮮学校敷地に関する係争について在日本朝鮮人人権協会の弁護士が作成した『第一準備書面』に詳しい。

　それによれば、簡易住宅は、木造瓦葺き二階建て一八棟、平屋五棟の計二三〇戸。玄関も台所もトイレも風呂もない、工事現場用バラックのような粗末な建物であり、ハエやゴミ焼却場から吹きよせる悪臭に悩まされていた。また、排水施設が悪く、雨が降れば土地はぬかるみ、度々の浸水に見舞われていたという。総合すれば、生活環境としては最悪であった。

　枝川裁判での住民側の主張に、こうした施設の劣悪さに加えて、「終戦までのわずかな期間を除いて、行政側が家賃の徴収をせず、住宅の修理や改修といった管理者として本来なすべき行為も一切せず放置」していた状況への非難がある。つまり、都が管理責任を放棄したというわけだが、そもそも都が管理を放棄した背景には、終戦直後に各地で見られた朝鮮人の「治外法権状態」が関係している。その好例としては深川事件が挙げられるだろう。

　一九四九年、朝鮮人窃盗犯を追跡中の警察官が発砲し、弾は犯人に命中した。ところが、この騒ぎを聞きつけた枝川住民たちは猛抗議し、警官が袋

1950年代後半の枝川付近。消毒場、塵芥処理場が健在。『東京航空写真地図』（創元社）より。

叩きに遭う。かくして六〇〇人もの警官が動員され容疑者六名を逮捕する騒動に発展したのだ。これ以外にも、枝川では密造酒製造によって捜査が入るのは日常茶飯事だった。警察すら手を焼く朝鮮人集住地域に、東京都の管理など及ぶべくもないだろう。

枝川訴訟に至るまでの経過

1946年1月	隣保館を転用し、国語講習所開設
1955年4月	東京朝鮮第二初級学校へ改称。東京都との間で校地の賃貸借契約締結
1971年7月	学校、美濃部都知事宛に要望書提出
1972年4月	東京都、1970年より20年間の無償貸付契約締結
1991年2月	東京都港湾局、校地買取を要求
1991年12月	校地払い下げ交渉決裂
1999年7月	住民代表、土地所有権確認訴訟。評価額の7%で払い下げる和解成立
2001年2月	東京都港湾局、校地払い下げ交渉再開
2003年8月	都有地の不当利用について住民監査請求
2003年10月	監査委員、校地の無権限占有状態をを認定し、都に是正勧告
2003年12月	東京都、土地の明け渡しを求めて提訴

朝鮮人による、一種「自主独立の共同体」である枝川に激震が走ったのは二〇〇三年。東京都による提訴である。東京朝鮮第二初級学校の敷地について、都有地の返還を求めるとともに、過去にさかのぼる不法占拠状態についての使用料を請求したのである。

そもそも枝川一丁目は、埋立地であり、東京都の所有である。一九七二年に、美濃部亮吉革新都政のもとで、「学校用地は二年間遡った一九七〇年から二〇年間の無償貸付」が決定され、「期間満了の際になお学校用地として継続使用する必要がある場合は協議し、善処したい」とした。期間満了になった一九九〇年、都と朝鮮学園は学校敷地の払い下げについて交渉を持ったが、この時は折り合いがついていない。その後住宅地については払い下げが行われたが、一部を除く学校用地はその場で解決せず、継続交渉になっていた。以上が、東京都の提訴に至る概要である。長く管理責任を行使できなかった懸案の都有地に対して、東京都がようやく重い腰を上げたという意味で、内外に波紋を呼ぶ裁判であった。

だが、結果的には学園側が破格の一億七千万円を支払うことで東京都と和解成立し、ゴネ得の観は強い。学校用地としての利用制限付き（期間一〇年）ではあったが、全国的に朝鮮学校の生徒数が急減している状況下では、いずれ高値で学校敷地が転売される可能性は十二分にある。

東京大空襲による焼失の危機をも乗り切ってきた枝川の集合住宅。二一世紀を迎え、再開発とともにその環境は一変した。今では大部分が建て替えられ、かつての面影を残すのは狭く細い路地と、小さな玄関にかけられた表札や郵便受けの朝鮮名程度だ。町のシンボルであり、彼らの心の支えであった朝鮮学校は一〇年後もここにあるのだろうか。

歌舞伎町・大久保

KABUKICHO/OKUBO [TOKYO]

東京都

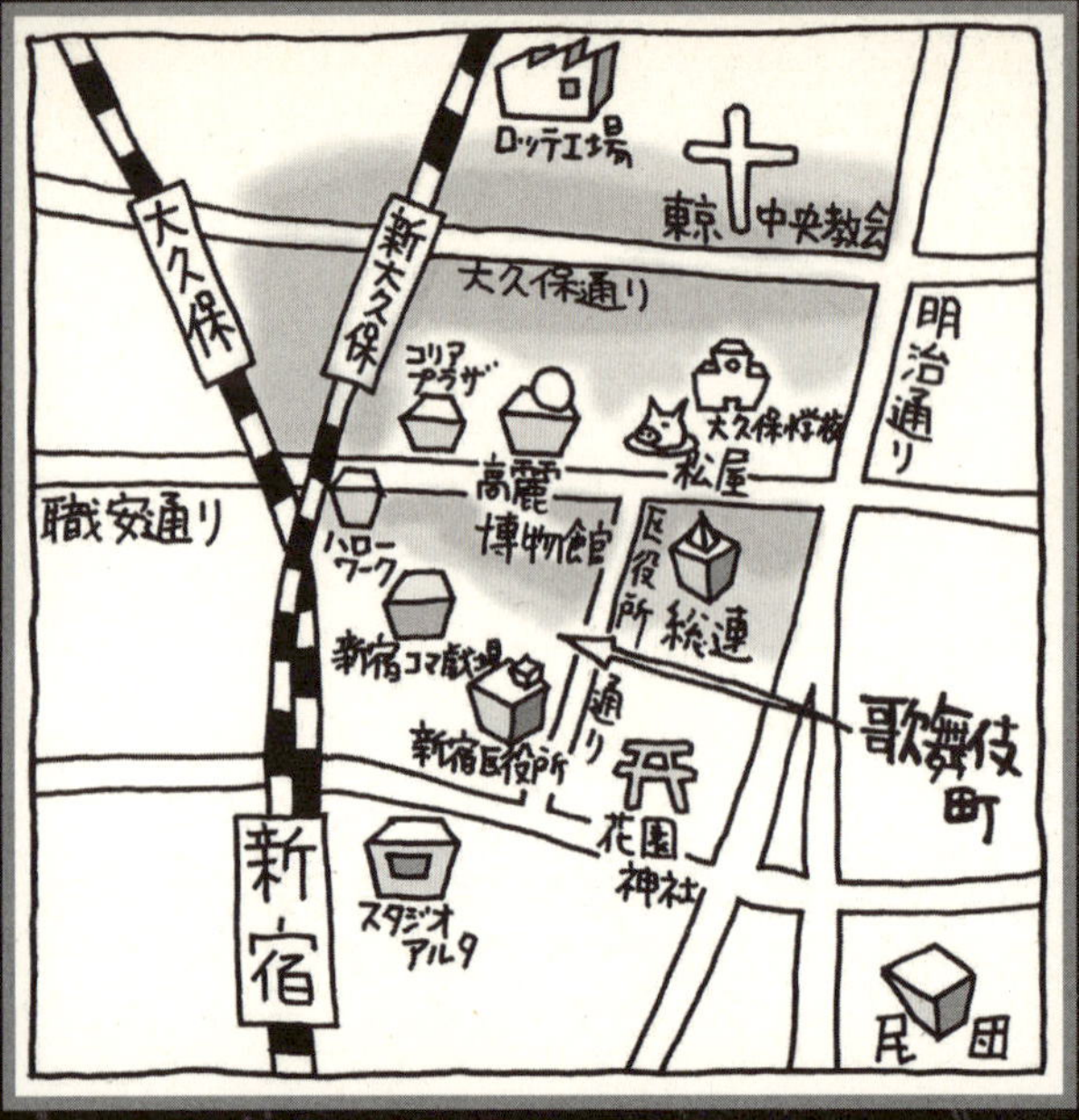

新宿駅東口を出て、アルタの横を通りすぎた先は新宿歌舞伎町。眠らない街、不夜城と称される日本最大の歓楽街だ。

　風俗店、飲食店がひしめく歌舞伎町一丁目。ラブホテルが乱立する二丁目。区役所通り沿いには韓国パブや、韓国人キャバクラが入ったビル。コワモテ男性を横目に先へ進むとハングルの看板が目立つようになってくる。

　その先に控える職安通りでは、通称『韓国ドンキ』と呼ばれる大型ディスカウントショップや、二四時間営業の韓国スーパーが待っている。ここは眠らないコリアタウンだ。通りを一本移れば、いよいよ大久保通り。鮮やかなハングルのネオンが並び、すれ違う人々も日本人より韓国人が目立つ。話し声に耳を傾けても、付近から聞こえて来るのは韓国語ばかり。

　さまざまな国籍の人々が行き交い、エスニックタウンと呼ばれたこの街も、いまではリトルコリアの様相である。…ここは本当に日本なのだろうか。

日本人を脇へ追いやる強烈コリアパワー
今日は同僚のサトコも加わって二人で新宿でお茶することに…
サトコ♥
新宿駅ってのは今でこそ世界一の利用者数の駅だけど
一八八五年に開業されたときはほとんど利用客がなかったそうよ
じゃあどうしてこんなに栄えるようになったの?
とりあえずまずは何故この地に駅ができ新宿という名称になったのかの歴史を教えるわね
まずは甲州街道が江戸の日本橋から信濃国の上諏訪の間にあって
上諏訪
日本橋
四四の宿場があったの
でもね日本橋から高井戸宿の距離は四里もあったから一六九九年に四五番目の新しい宿場が開設されたのね
上諏訪
高井戸
日本橋
ココ
新しい宿場は内藤氏の屋敷があったことから内藤新宿と称し
これが新宿という地名の起源なのよ
信州高遠城主内藤家下屋敷
現新宿御苑
以後の新宿駅は交通の要所として発展していき新宿副都心計画が策定され
都庁をはじめとして多数の高層ビル群が建ち並ぶ現在の姿になったのよ
みづほって博識よね～
全く仕事には役立ってないけど
…とまぁ駆け足で新宿の歴史を説明したけど
サトコはどうせ男にしか興味ないのよね

在日研究にしか
興味ないみづほよりは
マシなんじゃ……
みづほ
私ちょっと用が
あるから
失礼させて
もらうわ
用って何かしら?
!?
あれは
山野さん!
馬鹿にしてるわ!
男と待ち合わせ
ついでに私達と
お茶していたなんて!!
許せないわ!
追跡よ!!
歌舞伎町まで
来たわよ
サトコ達…!
あぁあ ラブホに
入っていく…
まと
HOTEL
所詮はサトコの人生
なんてふしだらで
自堕落で…ただの
恥知らずよ!
在日研究に
励む私達の人生の
方がよっぽど
有意義よ!!
私達…って
私は
違うんだけど…
まず新宿と
在日韓国・朝鮮人
というキーワードで
最初に思い出される
事件が……
一九五二年の
「新宿駅事件」ね
な…
何ソレ…?
国際平和デー閉会
後に約三〇〇〇人の
朝鮮人が新宿駅に
向かって火炎瓶を
投げ込んだ事件よ
戦後しばらくは
三国人つまり
朝鮮人が
日本各地で様々な
騒乱を起こして
いたのよ
阪神朝鮮学校事件/仙台北朝鮮国旗掲揚事件/首相官邸デモ事件/富坂警察署襲撃事件(東京)/王子事件/深川事件(東京)/大須事件(愛知)/日野事件(滋賀) 吹田事件(大阪)……他多数
それとも一つ…
「外国人登録法に
よる指紋押捺の
義務」を……
在日韓国・朝鮮人の
韓宗碩が外国人として
初めて拒否した場所が
新宿区役所だったわ
日本の法を無視した
彼の行為を契機として
「指紋押捺
反対運動」が一気に
盛り上がり…
一九九一年
一月に同制度は
廃止されたのよ
どうして
在日韓国・朝鮮人の
間でそんな運動が
起こったのかしら?

指紋押捺は人権侵害であり外国人差別を助長するというのが彼らの主張よ…
でも近年の外国人犯罪の増加について彼らは何も触れないのよね
どんな国でも異邦人に対して予防的に警戒するのは間違いではないと思うわ…
さて…いよいよ今日のメインイベント！次は日本最大のコリアタウン…
いつの間にメインイベントに…？
大久保に潜入するわよ!!
とほほ
この大久保って地名はね昔はここに川が流れていてどうやら周りと比べて大きな窪地だったのね
ああ！だから大久保（窪）なのね！
そういうこと
職安通りを見たら驚くわよ…
どうして？
韓国広場
24時間・年中無休
な…何よここ…今まで見てきたコリアタウンと全然違って
規模が大きい上に人通りがダントツに多い！
ハングルの看板がやたらと多く通行人の声が何語かもわからない……
一体ここはどこなのよ!?
この職安通りは歌舞伎町に面した通りなのね
大久保通り
職安通り
歌舞伎町
コマ劇場
新宿区役所
靖国通り
新大久保駅
新宿駅
で、歌舞伎町で働く外国人は歩いて通える大久保に住むようになったの

今は大分健全になったようだけど昔の歌舞伎町は外国人風俗嬢がたくさんいたのよ
アニョハセヨ〜〜
マッサージしませんか?
そもそも歌舞伎町というのは当初予定していた都市計画では歌舞伎をはじめとした健全な芸能の街になる筈だったんだけどね
こうした歌舞伎町の歴史を背景にして外国人住民が増加した大久保は……
在日韓国・朝鮮人をはじめとする国際色豊かな外国人の街として形成されていったのよ
そんな中で大久保の在日韓国・朝鮮人たちは日本のルールに合わせることで日本人社会との共存を図ってきたの
ところが一九九八年韓国経済が破綻し
韓国
ニューカマー
大久保
オールドカマー
職にあぶれた韓国人=ニューカマーが大久保に大量流入した結果元々住んでいた在日韓国・朝鮮人=オールドカマーは出て行かざるを得なくなり…
在日韓国・朝鮮人をはじめとする多数の民族と日本人が平和共存していた大久保のコリアタウンは
急速にニューカマー韓国人のためだけに機能する閉鎖的なコリアタウンに変わってきているのよ!!
さぁ着いたわよ
えッココは…?
高麗博物館よ!!
二〇〇一年の一二月八日にオープンした博物館よ
いらっしゃいませ
日韓関係に関する資料が揃っているのね
わからないことがあれば説明しますよ

あ…!
安重根だわ
これは
安重根義士が
獄中で書いた
ものですね
当時の朝鮮で
漢字を書ける人が
いたのね
安重根は
両班の名門の出よ
学歴も教養も
あったのよ
その通りです
安重根義士は
人間としても
高潔な人
だったんですよ
賢いのならどうして
伊藤博文暗殺という
テロ行為を犯して
しまったのかしら?
伊藤博文は
韓国支配の
象徴的存在でしたからね
でも伊藤博文は
明治憲法の起草に関わり
初代総理大臣を務めた
日本の代表的政治家で
しかも併合慎重派
ですよ?
日本人から見れば
彼は凶悪犯罪者だし
彼の短絡的な
テロ行為で
むしろ韓国併合は
促進されたのでは?
…うッ
し…しかし…
まぁ
いいですけど
この人
完全に日本を
敵視してるよ
あら
この写真は
何かしら?
日韓合邦
記念塔?
一九三四年に
右翼団体が
明治神宮前に
建てたものよ
現在は東京都
青梅市にある
大東神社に
移転しているわ
日韓合邦記念塔
お腹
空いたね
お昼は
松屋でいい?
女2人で
牛丼…
松屋(ソナムチプ)
って店があるの!
カムジャタンが
美味しいって
評判のところよ!!

松屋
これがそのカムジャタンね………
ジャガイモと豚骨の鍋なのね…
……
もぎゅ
……
もぎゅ
もぎゅ
あのさみづほ…
何？
私韓国グルメはこれまで数回食べてきたけど基本的な味の組み立てが受け付けないわ
そう？たまに食べると面白い味だから悪くはないけど
あッペ・ヨンジュン氏がいる!?
えッ!?
おどろいた割に興味なし
よく見なさいよ本人じゃなくて「ペ人形」じゃないの
あ…ホントだ
それにしてもよく似てるわねこの「ペ人形」
でも山野さんの画力じゃ伝わらないわよね
オバサンたちがここで記念撮影とかしているんでしょうね
ツアー客としか思えないオバサンの集団もたくさん見かけるからね
大久保通りを通って新大久保駅から帰りましょう
うん
みづほアレ見てよ！

……うッわ～ なんてステキな ハンコ屋さん……
金 朴 李
한국 성 도장
가게 안에 있습니다
この街では 鈴木さんや 田中さんでは ないんだ…
新大久保駅
Shin-Ōkubo Station
新大久保駅には 日本人を助けようと して亡くなった 日本人カメラマンと 韓国人留学生の 話があるのよ
二〇〇一年 一月二六日 とある日本人が酒に 酔ってホームから落ち
医院
カメラマンの 関根史郎さんと 留学生の李秀賢さんが 助けようとしたけど 結局全員が 亡くなったのよ…
立派な人たちね…
ええ…… だからこそ残念な 事故なのよね…
この事故は 二〇〇六年 三月一日に NHKの 「クローズアップ現代」 という番組でも 放送されたわ
しかし…
クローズアップ されたのは韓国人の 李さんだけ！ 同時に亡くなった 関根さんは名前 さえも出なかった!!
その上で 事故とは関係ない 歴史問題などの 日韓関係を 無理矢理絡めて 放送されたのよ!!
関根さんの尊い犠牲を 無視して！ 李さんの魂の尊厳を ダシに使って！ NHKは反日勢力が 支持するイデオロギー 寄りの番組を電波に 垂れ流したのよ!!
電波ゆんゆん
また 「あなたを忘れない」 という李さんを描いた 映画も製作され ここでも偏った扱いが されているわ
どうしてNHKは 韓流ブーム推進などを 含めて韓国寄りの報道 ばかりするの…？
東京都新宿区 大久保―― 噛んでたガムが ちょっとだけ 酸っぱくなった 気がしました…
カタン
LOTTE
チョコレート
コトン

東京都

第五札所

歌舞伎町・大久保

KABUKICHO/OKUBO

住民の半分超は外国人!? 庇を貸して母屋とられた 新宿大久保コリアタウン

無数のハングルが飛び交い、多くの焼肉店・韓国系商店がひしめく大久保は全国区の知名度を誇る巨大コリアタウンだ。だが、東京最大規模へと発展したのは、実はここ十数年のことだ。一九八〇年頃から細々と韓国・朝鮮人が住み始めてはいたが、契機は一九九八年。ＩＭＦ通貨危機により経済破綻した韓国の状況を見限り、ネオン煌めく新宿歌舞伎町へと職を求めて多くの出稼ぎ韓国人がやってきたのである。

歌舞伎町の飲食店や風俗店に勤務する韓国人が、歌舞伎町から近い大久保に居住するのは、前述した千葉市のケースともやや似ている。しかし巨大歓楽街・新宿歌舞伎町というマーケットに隣接するだけあって、数あるコリアタウンの中でも、大久保は別格の存在感を放っている。不夜城とも形容される歌舞伎町であるが、その輝きを支える大久保のコリアタウンもまた、眠らない街として隆盛の極みである。

在留資格別に見ると、新宿区在住の韓国・朝鮮人のうち「特別永住者」（オールドカマー）の割合は一二%で、全国の七二%と比べると格段に小さい。日本の韓国・朝鮮人の多数派はオールドカマーだが、新宿区に限ればニューカマーが圧倒的多数なのだ。彼らの多くはすでに外国人不動産屋、飲食店、風俗店の経営に関わっており、新たに来日する韓国人旅行者や飲食店従業員などを飯の種にしている。とりわけ二〇〇八年以降、サブプライムローン問題に端を発した世界的な金融危機のあおりを受けて、日本円に対してウォンが急落。そのため韓国からの出稼ぎ風俗嬢が顕著な増加を見せており、歌舞伎町・大久保のニューカマー韓国人社会は一時のバブルに沸いた。

だが、こうした状況ながらも、決して大久保がニューカマー韓国人のバラ色の新天地というわけではなかった。多くの摩擦、トラブルが発生している。

二〇一四年の新宿区に居住する外国人は三万六一五八人で、そのうち韓国・朝鮮人は一万一二九四人。二〇一〇年末まで一万四〇〇〇人程度を維持していたが、翌二〇一一年末には東日本大震災の影響か約一五〇〇人もの大幅減。減少傾向にはストップがかからず、いまや一万一七一三人の中国人に続く二位に後退している。全国的には中国人人口が約六四万、韓国・朝鮮人人口が約五一万人という状況の中で、歌舞伎町・大久保界隈の韓国・朝鮮人は健闘しているといっていいだろう（『在留外国人統計』各年版）。

だが、歌舞伎町・大久保エリアで彼らが数を減らしているのは、自然な人口移動の結果ではない。在日韓国・朝鮮人の街として有名になりすぎたために、外国人排斥団体による攻撃の的になったのは不幸だった。

二〇一三年の一月から始まったアンチ在日を掲げる市民団体による、いわゆるヘイトスピーチは日本の各界に衝撃を与えた。「新大久保を勝手にコリアタウンにする在日を東京湾に叩き込め！」のフレーズに象徴されるように、エキセントリックな街頭行動が連日展開されたのだ。前年末の安倍政権誕生を揺さぶるための日韓離間工作だとすれば、黒幕は誰だったのだろうか。

マンガ中、高麗博物館で写真展示していた日韓合邦記念塔。現在は東京都青梅市の大東神社にひっそりと佇む。（右）

新大久保駅で亡くなられた関根史郎氏と李秀賢氏を顕彰するプレート。同駅構内にて。（下）

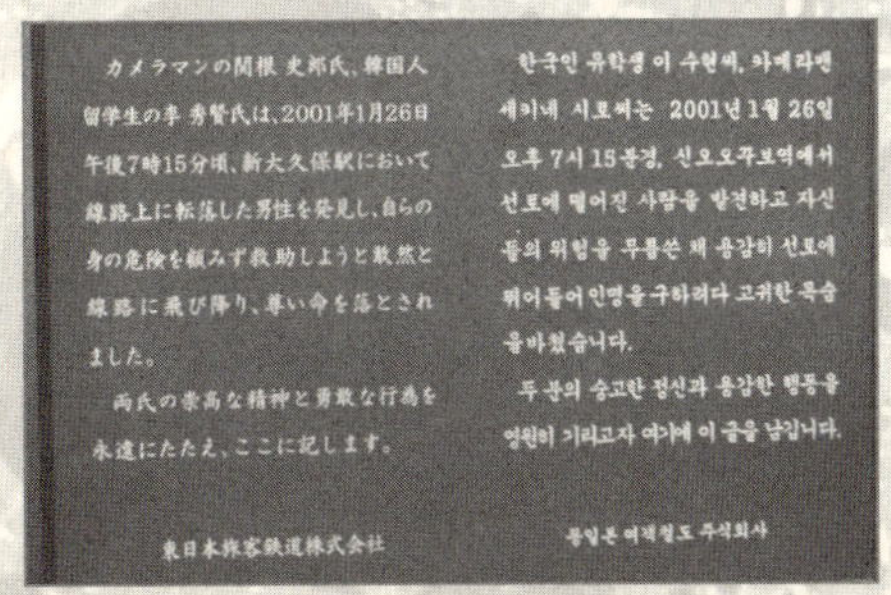

★コリアタウン探訪

第六札所

赤坂・麻布十番

AKASAKA / AZABUJUBAN [TOKYO]

東京都

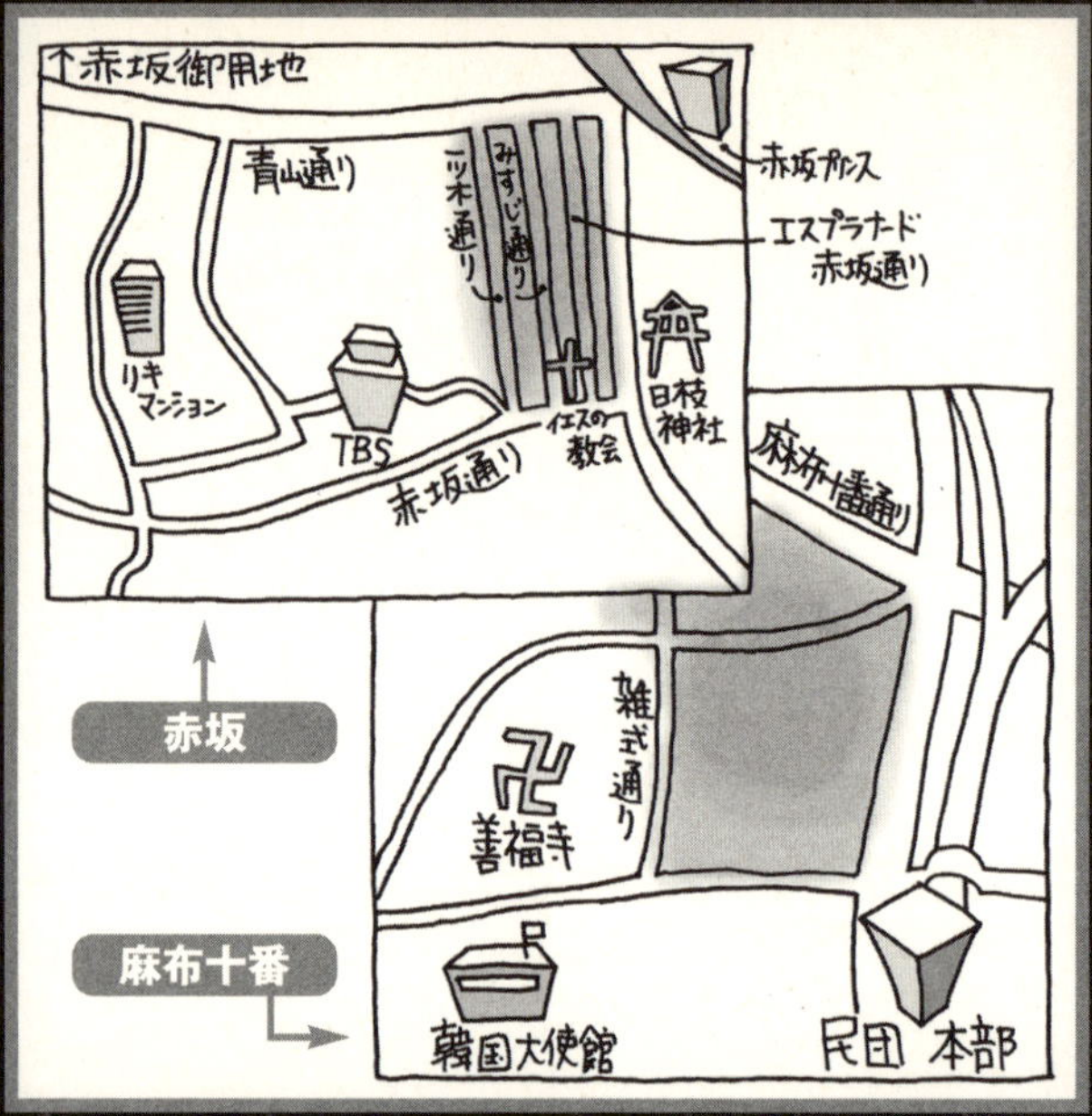

丸の内線、赤坂見附駅の改札を出た途端に目に飛び込んでくる高層ビル群。日枝神社のすぐ先は、国会議事堂が構える永田町だ。日本政治の中心であるこの付近にも在日韓国・朝鮮人街は存在している。

そもそも、一九七〇～一九八〇年代には、赤坂界隈こそ東京最大のコリアタウンだったのだ。

戦後、高級クラブや、高級ホテルが並び、赤坂租界と呼ばれるほど外国人を許容してきたこの街。

いまも付近には大手韓国企業の支店が並び、そこで働くビジネスマンも数多い。

麻布十番は、そんな彼らのベッドタウンだ。

緑豊かな遊歩道の先には韓国大使館。近くには民団本部が入る韓国中央会館。ここの図書室では、膨大な資料に触れることもできる。

周辺には、三〇年以上の歴史を持つ、日本における韓国料理のパイオニアと呼べる名店が多いのも特徴。

土地柄、値段は張るが、韓国好きを語るなら一度は訪れておきたい。

民団本部と韓国大使館の城下町

焼肉
韓国中華
韓国屋台

今日は赤坂まで日枝神社の山王祭りを見に来ました
日枝神社は五百年以上の歴史を誇っていて山王祭りは日本三大祭りの一つに数えられる大祭なのよ
この辺りには江戸の粋が今も残っているのね♡
ステキ♡
お祭り騒ぎにまどわされちゃ駄目よ!
あれを見てごらんなさい!!
赤坂 リキマンション
リキ…マンション…
力道山が建設した日本初の都市型賃貸マンションよ
力道山って在日だったわよね…
イヤ～な予感…
力道山
(金信洛)
1924～
1963.12.15
一九五〇年に日本国籍になったけどね
ちなみに力道山の死亡原因は赤坂のキャバレーでの刺し傷だわね
朝鮮李氏王朝の末裔だった李玖もつい最近赤坂プリンスホテルで亡くなったのよ
李玖
1931.12.29～
2005.7.16

…赤坂なんて朝鮮半島とは微塵も関係ない場所でしょ？どうしてそっち方向の話題ばかりなのよ…？
赤坂が朝鮮半島とは関係ない？
よッく街を見てご覧なさい！
WOO CHON
우촌
TSUKIJI SUS
마포
炭火 焼肉
韓国中華
韓国屋台
え…？
あれれ…？何だかハングルの看板が至るところに…!?
この通りの名前知ってる？
エスプラナード赤坂通りだったっけ？
この通りの別名を知らない？「ヤッカン通り」って呼ぶこともあるのよ
「ヤッカン通り」？
ヤクザと韓国人で「ヤッカン」よ
ひィイィイィ
こ…この街から撤退しましょ！
一九七〇〜八〇年代にかけてニューカマーを中心としたコリアタウンが赤坂に形成されてね
どうやら当時は東京最大のコリアタウンといわれていたのよ
………

麻布十番
さあ気を取り直して麻布十番でブラブラしましょう♡
赤坂と比べるとより商店街ぽくていい感じね♡♡
赤坂は商店街でもあるけれど歓楽街でもあるからね
それに今日は山王祭りで人が多かったし
とりあえずお昼にしましょ
あら いいわね
うん♪韓国料理はイケるわね♡
?
?
あれ？これミソ汁だわ
韓国宮廷料理らしいんだけど
意味不明だわ…
私にとってはミソ汁うんぬんより何で韓国料理を食べることになったのかが意味不明よ…
実は麻布十番も韓国人が集まる街なのよ
しれッ
えぇえぇ!?!
赤坂の歓楽街で働く韓国系のホステスさん達の多くはこの辺りに住んだみたいよ
赤坂駅
距離2km弱
麻布十番駅

ああ…ひょっとして私は朝鮮半島関連から逃れられない運命…？
幸せな人生じゃん♡
ぽんぽん
うらやましい♡♡
さて話がまとまったところでコリアタウン巡りやりましょ
まとまろうがまとまるまいがやってるじゃないの…
やたらと警官を見かけるわね
麻布周辺は大使館が多いからね
シンガポール
サンマリノ
オーストリア
カタール
スイス
パキスタン
アルゼンチン
パプアニューギニア
ノルウェー
マダガスカル
韓国
オーストラリア
ドイツ
フィンランド
イラン
フランス
クウェート
各国大使館MAP
ここが韓国大使館よ
この土地は昭和二六年に徐甲號という在日の方から貸し出され昭和三七年に寄贈
そして昭和五四年に現在の建物が建てられたというわけ
ここが民団本部よ!!
MINDAN
韓国中央会館
ドッギャーーン!
じゃ次行きましょう
あ〜あ…
はいはい…
………
………
中に入りましょう
!?
イヤよ!絶対イヤ!!
私日本人だし!

日本人とか韓国人とか関係ないわよ
このビルの中にある「在日韓人歴史資料館」を閲覧するために入るんだから！
朝鮮半島ウォッチャーとしては聖地なのよ！
私は朝鮮半島ウォッチャーじゃないもん!!
うるさい！来ないと差別者認定するわよ!!
ひ〜ん
何か身分を証明するものを見せて下さい
えぇえ!? 資料館に入るのに身分証明提示!!?
これにはビックリ
通路せまッッ！
しかも迷路みたいな構造!!
ど…どうしてこんなに利用しづらい構造なのかしら…
?
?
?
DEATH
ここがお目当ての資料館だわ
大久保にあった高麗博物館よりは広いわね
虐殺に関する報道
ひたすらに被害者としての歴史に凝り固まった残念な紹介だわね…
……何だか日韓関係が良い方に向かうのってホントに遠い未来かもしれないわね…
とぼ
とぼ
こんなに在日の組織や人々が身近にあるのに近寄りがたいものね
気のせいかもしれないけどさ…
東京都港区赤坂・麻布十番——こんなところにも韓国とのつながりがあったことに驚きを隠せませんでした…

★第六札所

東京都

エスプラナード赤坂通りの横道にて。

赤坂・麻布十番

AKASAKA / AZABUJUBAN

高級住宅地で悠々自適
韓国大使館と民団本部が
そびえるコリアの総本山

赤坂、麻布十番といえば韓国大使館と民団本部が聳える、まさしく韓国城下町だ。北朝鮮の拉致問題や核ミサイル問題で総連の危険性ばかりがクローズアップされているが、民団も在日韓国人とニューカマー社会の中核という点で、こちらも注意して見る必要がある。

一九四五年に在日朝鮮人の横断的組織である「在日朝鮮人連盟」（朝連）が設立された。これは「解放」直後の日本から、同胞を祖国へ帰還させ、また当面の生活向上を目的とする組織だったが、その後急速に左傾化の傾向を強めることになった。それに反発した朝鮮人たちは、一九四五年十一月に「在日朝鮮建国促進青年同盟」、さらに一九四六年一月に「新朝鮮建設同盟」をそれぞれ結成。主にこの二団体をはじめとする二〇団体余が結集して出来たのが「在日朝鮮人居留民団」（民団）

であり、後の「在日本大韓民国民団」へとつながっていく。

片やGHQと日本政府に危険視されていた朝連は、一九四九年に一旦解散を強制され、朝鮮戦争を経た一九五五年に「在日本朝鮮人総連合会」(総連)として再出発を遂げる。以来、民団は韓国を母国と仰ぎ、総連は北朝鮮労働党の下部機関として、それぞれ在日韓国・朝鮮人社会を二分して激しい対立と衝突を繰り返して来たのである。

赤坂・麻布十番コリアタウンの形成は、韓国大使館の成り立ちに関連して作られたと考えられる。一九四九年、銀座に駐日代表部発足、一九五一年に在日同胞の徐甲號が麻布十番にある敷地・建物を購入、韓国政府に無償貸与、一九六二年に同敷地を韓国政府に寄贈する。そして一九六五年、日韓基本条約批准により大使館に昇格した。徐甲號の名は、今も韓国大使館のサイト上に表記され、顕彰されている。また、民団本部も同麻布十番へ建設された。両者ともに、在日韓国人が祖国とのつながりを保つための最重要施設である。新しく韓国から日本へと渡って来るニューカマー韓国人にとって、赤坂・麻布十番近辺は非常に安心感のあるエリアに映ったことだろう。

赤坂には韓国系企業の支店が多く、またこの地はキャバレー、クラブなどが集まっていたことも関係し、この地に韓国系のクラブや飲食店が増え始めた。また、同地に勤務する韓国人ホステスや男性従業員のベッドタウンとして、その波はまだ下町の顔を残す麻布十番へと向かった。こうして、当時東京最大のコリアタウンが赤坂・麻布十番に形成されていったのだ。韓国人フリーライター柳在順は朝日新聞紙上で「一九八〇年代の中ごろ、東京で韓国人たちが集まる場所といえば、上野と赤坂が代表格だった。韓国料理が食べたければ赤坂、秋夕(チュソク)や正月の食材買い出しなら上野と決まっていた」と、赤坂が韓国人にとって特別な街であったことを回想している。

ところで、民団の前身である「在日朝鮮人居留民団」の設立宣言には、「わが同胞が帰国する日まで」とある。朝連とは袂を別ったが、祖国への帰還に寄せる思いは同じなのである。

大使館の領事業務を代行している民団本部へは、連日ニューカマー韓国人が訪れる。祖国を恋い焦がれながら、祖国からの応答のないまま、戦後の混乱のうちに日本社会へ定着して行った在日たち。彼らは民団本部の光景に何を感じるだろうか。

韓国文化院。麻布十番の民団本部施設内にある。入館には身分証提示が必須。

コリアタウン探訪
第七札所

浅草

ASAKUSA [TOKYO]

東京都

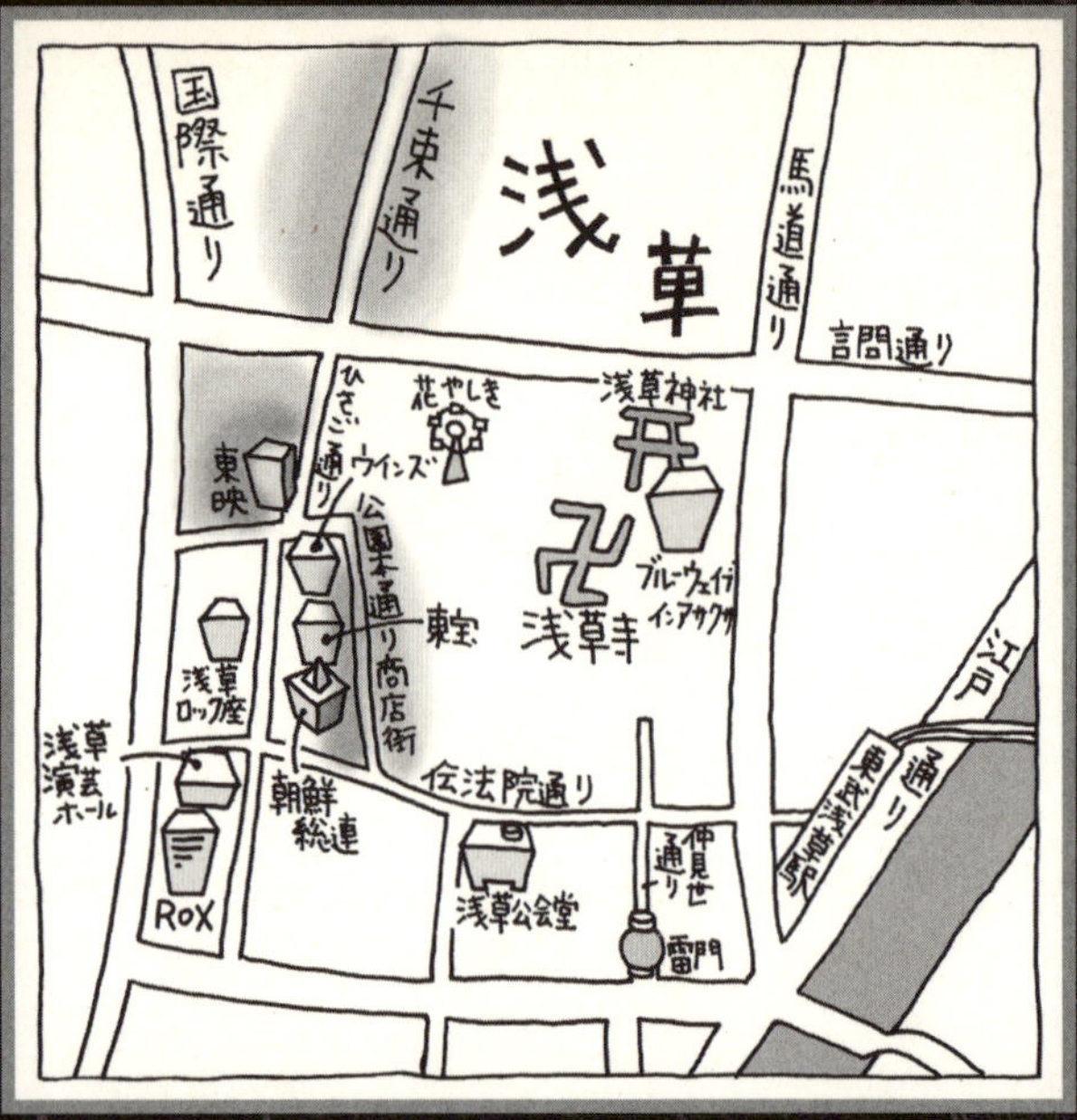

下町風情が色濃く残る浅草界隈。駅改札を出て伝法院通りを直進。浅草寺に沿って五分も歩けば公園本通り商店街に辿り着く。

浅草六区メインストリートの裏に位置するこの一帯では、朝早くから何軒もの一杯飲み屋が営業を開始している。軒先で煮込まれるモツの匂い…。ほとんどの店が在日朝鮮人による経営で、一見の観光客にも愛想が好いのが特徴だ。

この先、花やしきにある高さ四五メートルの『Beeタワー』を右の視界に歩を進めると、街の雰囲気はよりいっそうディープさを帯びて来る。

観光客向けではなく、地元住民や場外馬券場に集まる人々を相手に商売をする闇市のような光景。この辺りの店は、焼肉屋というより、ホルモン焼きといった呼び方がよく似合う。

言問通りを越えた先は、韓国ニューカマーの進出激しい千束通り。

ここまで来れば、吉原遊郭は目と鼻の先。行くも戻るも、あなた次第。

浅草寺の脇道、公園本通りに建ち並ぶ、在日韓国・朝鮮人経営の安飲み屋。これぞ浅草。

江戸の粋を今に受け継ぐオールドカマー

牛すじ
生ホッピー
今日は浅草まで観光に来ました
浅草
Asakusa
田原町
ここの地下鉄浅草駅が東洋で最初の地下鉄駅として一九二七年に開業したのよ
あ これが有名な神谷バーね！
神谷バー
電気ブランで有名な日本初のバーなのよ
雷門
うわ… 大きい……
現在の雷門は松下幸之助が一九五〇年に寄贈したんだって
んで ちょうちんは松下電工寄贈よ
あら みづほと沙菜じゃないの
サトコ!!
……じ 人力車に乗るなんてドコの田舎者かしらね？
だって彼が乗りたいっていうんだもん
あ 紹介するわね 彼は外資に勤めるアンダーセン
アンダーセン・リュウヘイ 日系フランス人よ
ボンジュール アモーレ♡

他の彼氏は？
大丈夫
まだキープ
してるわよ
人間関係は大事にしなくちゃね
……
じゃ～ね
これから
デートだから
あんた達も
一人くらい
彼氏
みつけなさいよ
……
……
……わ
私達は男におぼれずに
真面目な
観光しましょう……
あれ？
みづほが
キレない？
何で？
雷門をくぐって
浅草寺の仲見世を
歩いてみましょう
ざわ わい ざわ わい ざわ わい
20コ 箱入
ぬれせんって
何かしら
食べてみようよ！
もちもちしっとり
ぬれせん焼き
ぬれたせんべいを
焼いたモノね
フシギな食感だわ
どーん
浅草寺
浅草寺は
東京都内では
最古の
寺院なのよ
んで浅草って
鎌倉時代に
成立した
「吾妻鏡（全五二巻）」
という歴史書に
すでにその名が
見られるのよ
へェ～
さあ…次に
行きましょうか
次はどこ？
うき うき らん♡ らん♡
浅草といえば
浅草六区
でしょ！
あ～
聞いたこと
あるわ
ククク…

公園本通り
韓国風牛すじ
ホッピー
下町情緒あふれる通りだわ
ここは在日韓国・朝鮮人が集まっている通りよ
ええッ!?
浅草はある意味在日韓国・朝鮮人の聖地なのよ
あったわ!
朝鮮総連台東支部六区分会!!
台東支部六区分会
うわ…とんでもなくさびれてるわね…
そこの浅草公会堂で一九五五年に朝鮮総連が創立されたのよ
浅草公会堂
グツッ
グツッ
グツッ
ここの住民は済州島の人が多いんですよ
じゃあ荒川区の三河島みたいですね
KIMCHI
お客さん日本人なのに詳しいですね
在日には親しみを持っておりますので♡
確か戦前に大阪―済州島間の定期便があったから済州島の人が多いんだっけ?
ってことは戦前からこのコリアタウンはあったってこと?
まずこの街の成り立ちはというと江戸時代以前から浅草の辺りは興業地として栄えていたの

しかし元々の住人達は戦中に焼け出され跡地は闇市となってしまった
そんな中で祖国に帰らない朝鮮人やあやしい商売人がバラックを建てて住み始めたのが浅草コリアタウンってわけ
朝鮮総連があったり済州島民が集まって住んでいたり…
この辺りの在日庶民にとっては北も南も関係ないのね…
国際通り飲食組合
一福園
TEL
白鹿
焼肉
楽苑
韓国家庭料理
うわ…
こっちの集落もスゴイわね……
大福園
ここは在日による焼肉料理ばかりの横丁よ
となりにはひさご通り商店街があるけど交流はあんまりないみたい…
国際通り
言問通り
ひさご通り商店街
国際通り飲食組合
花やしき
公園本通り商店街
浅草寺
ひさご通りをまっすぐ行ったところに千束通りがあるわ
千束3丁目
浅草5丁目
千束通り
浅草4丁目
浅草3丁目
花やしき
浅草寺
千束通り
この千束通りは大正時代に出来たらしく戦前までは吉原への花道だったことから栄えていたの

吉原って？
江戸時代に幕府の公認によって誕生した遊郭よ
一九六六年には住所表示としての地名はなくなったけど吉原っていえば日本一のソープランド街として世の男どもに認識されているわ
ソ……ソープランド街…
だからかしらね
さびれた商店街と風俗店が近いって感じが千葉の栄町通りをほうふつさせるわ
さすが沙菜！
いつも私とコリアタウンを歩いているだけあってスルドイわ!!
えっ どういうこと…？
この通りはひょっとするとこれから大きなコリアタウンになりうる可能性を秘めているのよ!!
えええ!? そんな根拠もなく…
そこのお店をみてごらんなさい
韓国食品輸入販売元
ソウル物産
新
焼肉
東明仙
か…韓国系のお店が…
千葉や大久保の例をみてわかるようにコリアタウンというのは風俗街の付近に形成されることが多いのよ
従業員がお店の近くに住んだりしてね
東京都
浅草・千束通り——
江戸の景色とニューカマーによるコリアタウンが混ざり合った街でした…

浅草・公園本通り商店街にて。オープンカフェ形式の飲み屋が軒を連ねる。

第七札所

東京都 浅草 ASA KUSA

下町気質を今なお残す GHQすら手を焼いた 残留朝鮮人の反骨精神

古き歴史を伝える浅草寺の境内には、三人の渡来人を祀る浅草神社がある。浅草の祭りとして知られる三社祭の「三社」は、この浅草神社に祀られている檜前（ひのくま）浜成・竹成兄弟、土師真仲知（はじのまつちのなかとも）に由来している。兄弟によって川から引き揚げられた観音像は、土師真仲知によって安置され、浅草寺創建の由来となった。古代、浅草周辺には朝鮮渡来人の移住が進んでいたとされ、同観音は朝鮮渡来人の持仏と見るのが一般的な説である。浅草と朝鮮の因縁を感じさせるエピソードであろう。

浅草と朝鮮人の関係が、再び歴史に登場するのは一九五〇年。「台東会館事件」である。前年にGHQは在日朝鮮人連盟（朝連）へ解散命令を出し、各地で朝連資産の接収を行っており、浅草区北松山町にあった「台東会館」も当然この対象施設とされた。だが、これを良しとしない朝連側は、接収を試みた警官隊に激しく抵抗し、大騒動に発展したのである。

当時の警視総監だった田中栄一は、解散命令以来、朝連が支部事務所として利用している現状を鑑み、法務府に財産権の確認をしてから一九五〇年三月一〇日と三月二〇日の二回に分けて接収を行った。ところが警察の動きを察知した朝連側は、約五〇〇名の朝鮮人を動員し、警察官の侵入を阻止した。田中は参議院に参考人招致された際の国会答弁で「彼らの暴行の状況はかねて用意いたしました石塊、それから器物、器具、それから唐辛子等を屋上から投げつけまして、警察官に目潰しを喰わせるというような極めて計画的な暴力行為」と、朝鮮人の乱暴狼藉について答えている。

こうして朝連の全資産は接収、組織は解体された。彼らが急進的闘争路線を捨て、在日本朝鮮人総連合会（総連）として再出発を遂げるのは一九五五年五月二四日のことだ。浅草公会堂に四六八人の代議員と六〇〇人の傍聴者を集め、盛大に結成式を挙行したという。

現在の浅草にはおよそ二〇軒ほどの焼肉屋が軒を連ねている。大阪に住んでいた済州島出身の朝鮮人が、終戦後に上京し、焼け野原であった浅草のひさご通りと国際通りの近辺に店を出し始めたことが端緒だ。東上野と浅草は場所も近く、彼らは互いに、上野を親善マーケット、浅草を国際マーケットと呼び合っていたという。

かつて花街として独特の賑わいを見せていた浅草は、遊廓のあった吉原とも近接している。この立地は大久保や千葉市栄町と同様のものだ。千束通りにすでにその兆候が見られるように、巨大ソープランド街・吉原に近接するコリアタウンとして、今後はニューカマーを主体とした発展が予想される。

浅草公会堂。芸能スターの手形がびっしりと敷かれている。

コリアタウン探訪

第八札所

錦糸町・亀戸・小岩

KINSHICHO/ KAMEIDO/ KOIWA [TOKYO]

東京都

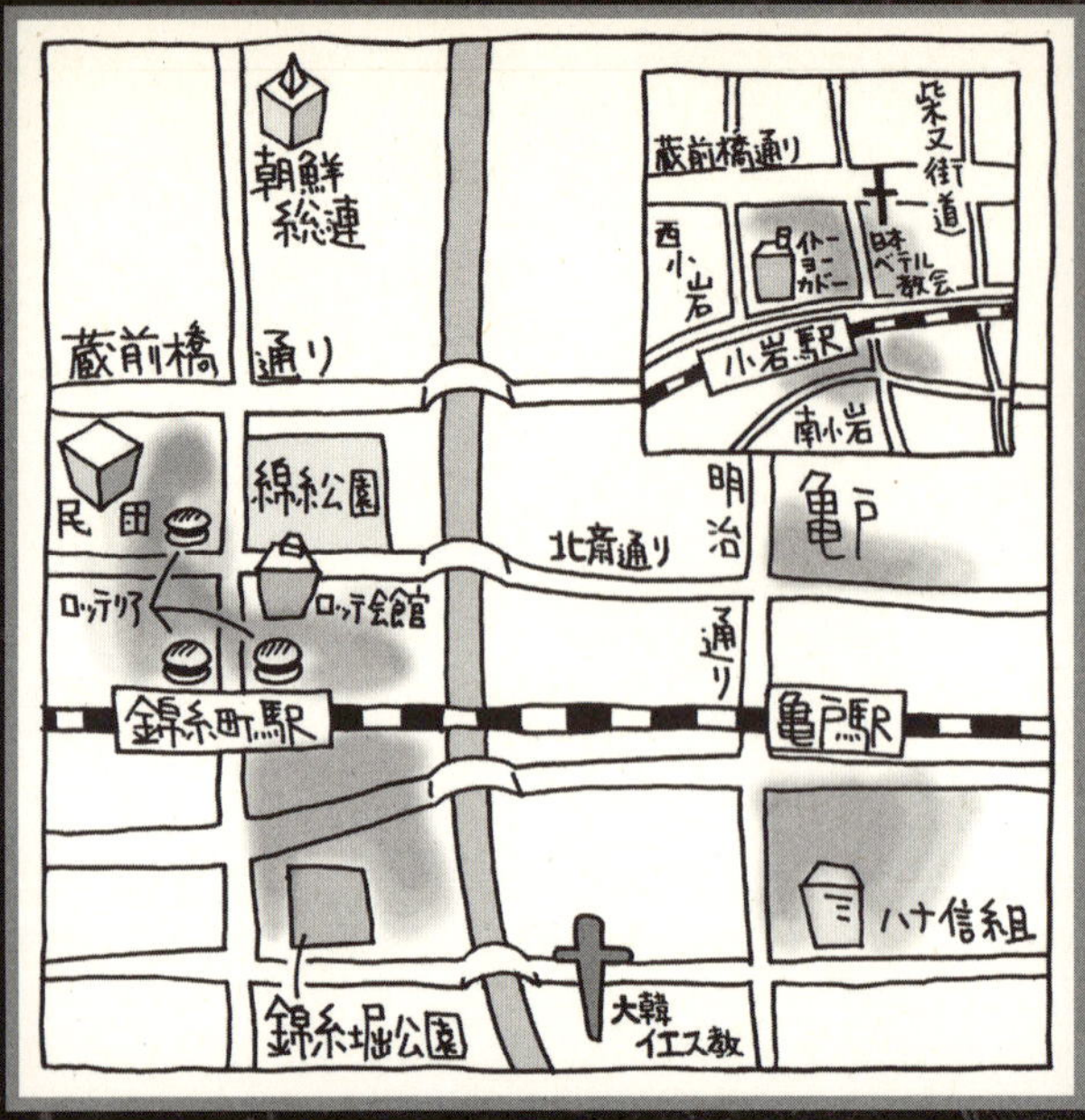

東京と千葉を繋ぐ黄色いボディのJR総武線。東京の東端に位置する小岩駅から、亀戸、錦糸町間は、下町風情を残す庶民の歓楽街として知られる。

かつて「楽天地」と呼ばれた錦糸町は、外国人パブや風俗店街が猥雑に広がる南口に対し、北口はショッピングモール「オリナス」、「アルカキット（旧そごう）」の開店と再開発中。

近年、ビジネスマンの街と称されるこの一帯だが、裏路地に一歩足を踏み入れれば韓国人経営による店が点在。約一キロ隣の亀戸駅まで韓国料理店が途切れることなく続く風景に、ここが紛れも無いコリアタウンと実感させられる。

三駅離れた小岩は、不況の煽りで規模こそ縮小しつつあるものの、メインストリートである中央通りを中心に韓国スナック、焼肉店、ビデオ店が並ぶ韓国人ニューカマーの街。来日する留学生が後を絶たないのは近辺に存在する日本語学校の影響と言われている。

韓流の進出
相次ぐ
新興コリアタウン
味は一番 焼肉三千里
焼肉
今日はサトコの家に
お呼ばれしたので
錦糸町まで
遊びに来ました
サトコ? 今着いたわ
駅の外で 待ってる わよ
きょろ きょろ
どこ かしら?
あ いた!
LOTTE
錦糸町駅(北口)
ロ… ロッテデパート
初めて見た…
ん? あそこは ボーリング場や ゲーセンに結婚式場 とか色々と 入っていて便利よ
食べ物用意 していないから 駅前のお店で 買っていきましょ
ロッテリア エクスプレス
半額
…って何で ロッテリア?
ロッテづくし
しかも 駅前に 二軒もあるし…
ロッテリアなら 三軒あるわよ
どひ〜〜ッ!
韓国企業が ハデに 進出して きてるわね…
そういえば 細い路地にも ハングルよく 見かけるわね
ええッ!?

ホントだ…
美容室
北斎通り
この辺りはかつて錦糸堀というお堀だったのよ
ということは錦糸町の名前の由来ってこと？
うん そうね
「おいてけ堀」という怪談の舞台でもあるのよ
それってどんな内容？
お堀で釣りをしている人がいてね たくさんの魚が釣れたのよ
で 帰ろうとすると…
おいてけェ〜
おいてけェ〜
その声に驚いて魚籠を放り投げて逃げ帰ったとか…
ひィ〜ッ!!
あんまりコワくないわね… 別に釣り禁止の場所ってわけじゃないんでしょ？
サトコはもうちょっと怪談の話し方を学んだ方がいいわね…
コイツら
イラッ。
南口の方に錦糸堀公園があるから行ってみる？

ずいぶん南口側はさびれているわね
昼間だからでしょ夜は歓楽街としてにぎやかよ
サトコちゃん!!
あらマサシさん
久しぶり!
え? え? 誰?
ウチの会社の取引先の清談社の社長よ
しゃ社長!?
サトコ今日はヒマあるか?
うん仕事オフだから
………
………
……
…というわけでこちらの社長さんとお付き合いすることになっちゃった
どーもー岡崎です金持ってます
……!?
これからデートしてくるわ
じゃあね
………
ぽつねん…
みづほ…これからどうする?
とりあえずここから離れましょう…
サトコのテリトリーである錦糸町から一刻も早く離脱するのよ!!
みづほが壊れた…
ま待ってよみづほ~
쇼쿠안도오리
산부인과

みづほ あれ 見て！
大韓イエス教 長老会
こ こんなところに 韓国教会…？
そういえば さっきの歓楽街でも ハングルをいくつか 見かけたわよ
ねェ 錦糸町界隈って もしかして…
ええと 山野さんが資料を まとめた在日ファイルを 見てみるわね
ざ…在日 ファイル…？
在日FILE
この辺りの在日なら この間行った 枝川一丁目が最も 有名なんだけど
てく てく てく てく
亀戸や大島 北砂町 南砂町にも 朝鮮人の集落が あったみたい
朝鮮人労働者が 埋立工事や 港湾関係の仕事に 従事するために 集まっていたのが 理由でしょうね
関東大震災 直後の亀戸事件で 社会主義者や 朝鮮人が殺された ことも あったようよ
んで ここは もう 亀戸ね
朝銀発見!!
（ハナ信組亀戸支店）
焼肉店も 何軒か あるわ！
焼肉
ランチ しましょ！
サトコの件 すっかり忘れ ちゃってるわね…
ねえねえ 店員さん やっぱり済州島の 人が多いの？
ここらに住む 韓国人は新しく 来た人ばかり ですよ

ニューカマー主体のコリアタウン♡
小岩の方は大規模なコリアタウンですよ
沙菜聞いた? 行くわよ!
小岩へ‼
小岩駅
小岩駅（北口）
Koiwa Station (North Entrance)
韓世食品
ステキ‼ 韓国系のお店が何軒も連なってるわ
カラオケ無料
年中無休
地蔵通りの方にも数軒あるわよ
地蔵通
韓国風焼鳥
おっぱいいかがですか～
………
ねェ ここって浅草や大久保と同じパターンじゃない?
スルドイわね沙菜
歓楽街の周りに韓国人ニューカマーが集まるという法則ね
でもここの場合はそれだけじゃないわ
…というと?
JR総武本線で新宿から一本でつながっていて
小岩
新小岩
平井
亀戸
錦糸町
新宿
さっき見てきた錦糸町・亀戸・小岩のつながりあってのコリアタウンなのよ!
近年の小岩は韓国人犯罪が目立つ地域で
二〇〇三年四月二七日の『読売ウィークリー』には「新宿で犯罪行為を行っていたグループが組織から新宿を追い出され小岩界隈に流れて来ている」という記事があったわ
在日FILE
うわ…物騒な街なのね…
JR総武本線 錦糸町・亀戸・小岩 過去から現在まで韓国人との様々なカタチでの共生がみられた地域でした

錦糸町ロッテプラザの裏路地にて。

錦糸町・亀戸・小岩

KINSHICHO/KAMEIDO/KOIWA

犯罪者は電車に乗って!? 庶民の歓楽街を悩ませる治安悪化の元凶は…

錦糸町・亀戸・小岩駅は、新宿から乗り換え無しの総武本線で二〇～三〇分ほど。この好立地を背景に、二〇〇〇年代の錦糸町～小岩間のエリアでは治安状況が悪化していた。日本最大のアンダーグラウンド街として悪名を馳せる新宿から、犯罪者が流れてくるのが主な理由だ。

錦糸町界隈は戦前から朝鮮人が住んではいたが、二一世紀になってからニューカマーの韓国人が増えている。

もともと、東京の東側の要衝として賑わいを見せる錦糸町は、駅の南側に錦糸堀と呼ばれる江戸古来から続く繁華街があった。駅を挟んで北側に、現在はコリアタウンが広がる。このコリアタウンが発展していくのは、さらに北の、吾嬬・八広・寺島町一帯に皮革工場や食肉処理施設があったことで、肉の入手が比較的容易だったのが要因のようである。

錦糸町北口のコリアタウンが発展していくと同時に、一つ東隣の亀戸にも、犯罪グループを含めた韓国人の流入が急増し、錦糸町〜亀戸の総武本線沿線に地続きの巨大コリアタウンが出現した。ニューカマーの韓国人や留学生が集まるようになり、錦糸町・亀戸に結びつくように小岩にもコリアタウンが少しずつ形成されていった。

総武線城東エリアがコリアタウン化を深めていく中で、そのシンボルとして錦糸町駅前にそびえ立っていたのが、マンガ中にも登場するロッテプラザである。起源は、一九七〇年に在日韓国人一世の重光武雄（本名：辛格浩）に率いられたロッテ直営の複合レジャー施設「ロッテ会館」としてオープン。その後一九八二年に運営母体は株式会社ロッテ会館として分社され、二〇〇七年六月に閉鎖されるまでながらく錦糸町駅前の顔役として存在感を発揮していた。民団の支部の建物は一般的に「韓国会館」を名乗り、総連の支部であれば「朝鮮会館」と称する。ロッテ会館のネーミングは半島のセンスそのものであり、重光氏の祖国への愛が十二分に感じられる。

同会館が老朽化に伴って取り壊された跡地にはロッテシティホテル錦糸町が建設された。ロッテホテルといえば韓国のロッテグループの持ち株会社として有名だが、錦糸町のロッテホテルの運営だけは、日本のロッテ内に設置されたホテル事業部が行っている。

二〇一四年七月に、在韓日本大使館は自衛隊創設六〇周年レセプションをロッテホテルで開催する予定だったが、直前になってホテル側からキャンセルされた。「国民感情を考慮して決定した。自衛隊のレセプションは、安全上の問題があってキャンセルせざるを得なかった」とロッテホテル側は主張したが、在韓国中国大使館主催による「中国人民解放軍建軍八七周年記念レセプション」は、例年通り韓国軍幹部や各国の在韓武官、韓国各界関係者などを集めた二重基準で開催された。

なお余談であるが、『本所七不思議』の一つ、「おいてけ堀」の舞台となった「錦糸堀」の所在については、錦糸町南口・北口など諸説ある。

小岩地蔵通りは韓国エステほかハングル看板多数。

コリアタウン探訪

第九札所

上野

UENO [TOKYO]

東京都

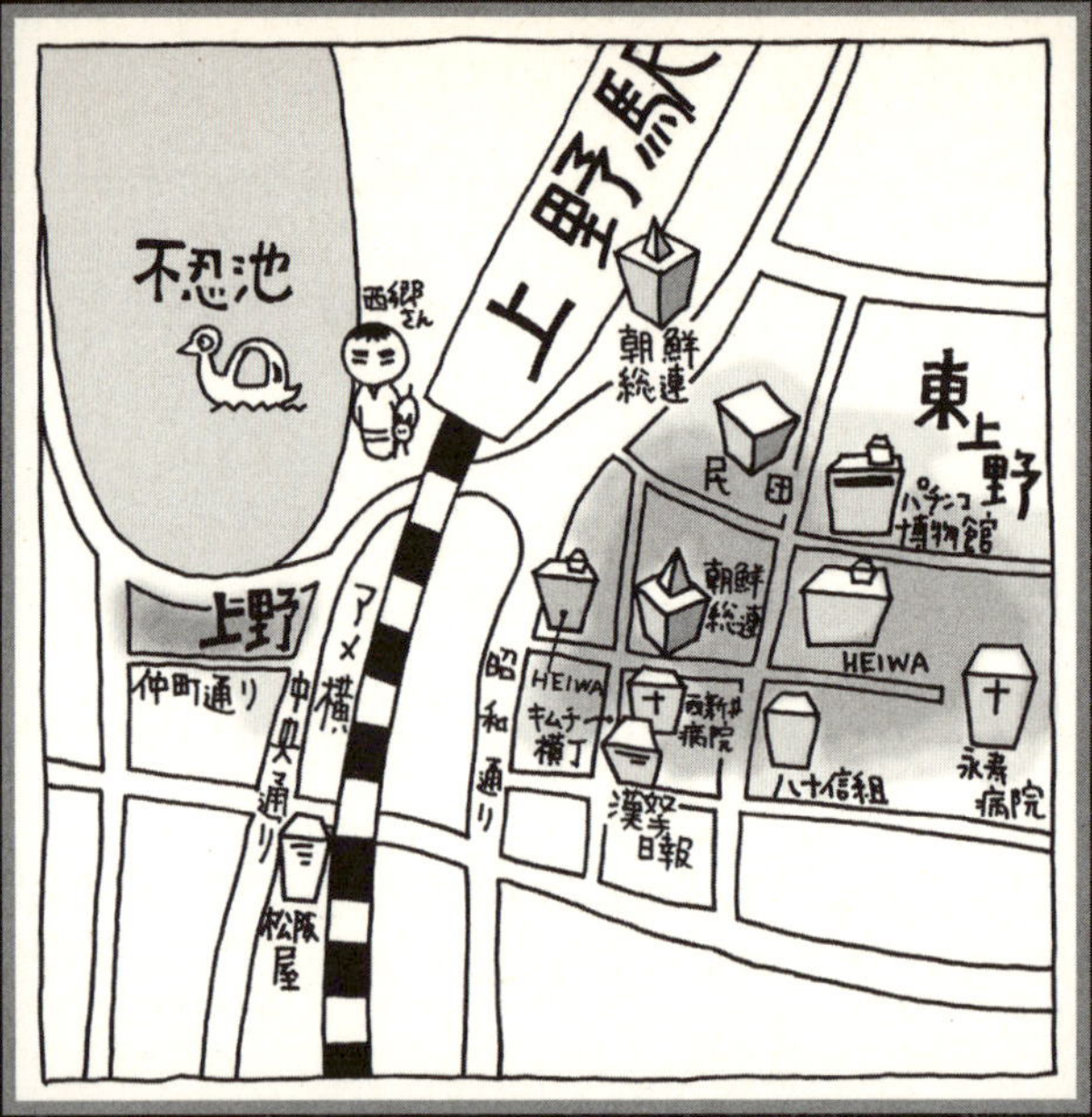

北側に広がる上野の森文化ゾーン。西にはお安い価格で庶民の味方、アメ屋横丁。東には巨大なビルが立ち並ぶオフィス街。

地域毎にさまざまな表情を見せる上野界隈は、実は都内有数のコリアタウンでもある。

オフィス街の奥をよく見れば、一際目をひくパチンコメーカーの巨大看板。

広小路付近には、ニューカマーが営む今風の韓国料理店がひしめく。

中でも、山手線を挟んでアメ横の反対側エリア、ここに注目だ。多くの雑誌、テレビ番組でも取り上げられ話題を集める『キムチ横丁』である。

渋い焼肉屋もさることながら、ここで扱われるキムチ、漬け物、乾物といった品々は安価にして雑多で膨大。各店ごとに異なる味付けを楽しめるのも魅力だ。

わずか六〇メートルほどの路地に密集する店は、在日の料理店経営者からの信頼も厚く、関東近県の飲食店へ多くの韓国食材を卸している。

ついつい足繁く通ってしまう、玄人好みのスポットだ。

パチンコメーカー18社が集まる上野の銀玉村。キムチ横丁もすぐ近くだ。

アメ横と袂を分かち我が道を行くキムチ横丁

今日は上野の美術館まで芸術鑑賞に来ました
芸術は心が洗われるわぁ～
あ! 西郷隆盛の像!
これは高村光雲という彫刻家の手による銅像よ
西郷隆盛って一切顔写真が残っていないんだって
この像も実際の西郷とはどうも違うみたいなのよね
で…みづほはどこに向かっているの?
お腹減ってるでしょアメ横でお昼にしようかなって
どうせならデパートのレストラン街とかがいいんだけど…
まあコリアタウンじゃないからいいか……
ざわ
ざわ
ざわ
ざわ
アメ横
広告
アメ横の始まりは終戦直後に山手線御徒町駅～上野駅間に多数のバラック店舗が並びアメ菓子を売る店が盛況で「アメ屋横丁」と呼ばれていたの
アメ横
一九五〇年になると朝鮮戦争の影響からかアメリカの物資が大量に出回るようになり
アメ屋とアメリカのアメでアメ横と呼ばれるようになったのよ

日本でGパンが売り出されたのもこのアメ横が始まりなのよ
Gパンってもはや死語よね…
やっぱり心ときめく飲食店なかったわね…
どうしてくれるのよみづほ
じゃあ良い所あるから行ってみる?
う…うん…
板門店
大門
韓僑會館
ソフト開発
(有)ビーエス情報サー
……ってここコリアタウンじゃないの!
まあまあキムチ横丁は美味しいんだから
さっきのアメ横では実業家の近藤広吉氏が警察当局の肝煎りで簡易マーケットを建設し悪質業者の店舗を排除したのよ
さらに当局は経済違反の摘発を強化したのね
そうして締め出された朝鮮人達はここにマーケットを移したのよ
ここがアメ横と違うところはヤミ物資を路地裏で生産していたことね
どぶろく
マッコリ
密造酒
ちなみにキムチ横丁も済州島出身者が多いのよ
浅草や三河島に続いてここもですか…
そんな話はどうでもいいから美味しい食べ物って何よ!?
それはね…
ガラッ
どーもー

国籍別不法在留者数統計(入国管理局HPより)

平成18年	1 韓国	40203人	(構成比20.8%)
	2 中国	31074人	(構成比16.0%)
	3 フィリピン	30777人	(構成比15.9%)
平成17年	1 韓国	43151人	(構成比20.8%)
	2 中国	32683人	(構成比15.8%)
	3 フィリピン	30619人	(構成比14.8%)
平成16年	1 韓国	46425人	(構成比21.2%)
	2 中国	33522人	(構成比15.3%)
	3 フィリピン	31428人	(構成比14.3%)
平成15年	1 韓国	49874人	(構成比22.6%)
	2 フィリピン	30100人	(構成比13.6%)
	3 中国	29676人	(構成比13.5%)
平成14年	1 韓国	55164人	(構成比24.6%)
	2 フィリピン	29649人	(構成比13.2%)
	3 中国	27582人	(構成比12.3%)
平成13年	1 韓国	56023人	(構成比24.1%)
	2 フィリピン	31666人	(構成比13.6%)
	3 中国	30975人	(構成比13.3%)

あ…ああ…山野さん…
あら? サトコさんいつの間にかお一人? 不毛な人生ね〜♪
うぷぷぷぷ
マンガ家なんて所詮甲斐性なしのダメ人間よ
オタクだしね
本命の彼氏呼んじゃうからいいもん
またまた無理しちゃって〜ぇどーせ似たようなダメ男呼ぶんでしょ?
ここぞとばかりにサトコたたきを楽しんでるわね
バーン!
呼んだかサトコ!!
彼がマイダーリンのハジメちゃんよ
あ! どーも! パチプロやってます食えてます!!
パ…パチプロ…
ダメ男でしょ…
あ…そーだ! せっかく東上野に来たならおもしろい所紹介しますよ
ハジメちゃんにはどこまでもついていくわ!!
あんた達もついて来なさい!!
ハイ ハイ
パチンコ博物館
美術館
山下パーキング
な何よここ…
萌え〜〜
パチンコ博物館ですよ!

ここ上野は二二社の大手パチンコメーカーの中で一八社が支店・営業所を構えていて
パチンカーからはパチンコ村と呼ばれパチンコ産業においてはまさにメッカなんだ
…てことはここ上野がパチンコの発祥なの？
いや……パチンコ店第一号は一九三〇年の愛知県だね
愛知県に本社を持っているのはさっきの二二社の中では一二社にのぼるんだ
また現在のパチンコの原型が作られたのも愛知県なんだ
30兆円産業
パチンコ最高!!
1949年
正村ゲージ登場!!
ダーリン今日は勝ったの？
八万円ほど
よかったらみなさんごちしますよ
ハジメちゃんステキ!!
BIG 5
犯罪です。
罰せられます。
법률에 의해 처벌을 받습니다.
韓国家庭料理
焼肉
レンモク
…何かハングル看板をずいぶん見かけるんだけど…
ここ上野広小路は上野にあるもう一つのコリアタウンなのよ
キムチ横丁とは違いこっちはニューカマーばかりの集落なのよ
そのせいだろうけど大分雰囲気違うわね
やっぱり韓国料理は美味しいわね！
…………
東京都台東区上野…ここはオールドカマーとニューカマーの住み分けがハッキリ現れた地域でした

東上野2〜3丁目、上野キムチ横丁にて。

第九札所

東京都 上野 UENO

アメ横を追われて小移動 パチンコ・焼肉・密造酒 七転び八起きの成功物語

終戦後の社会状況は混乱を極めた。その中で、各地の残留朝鮮人たちは、ひと旗上げようと続々と上京。地価が安い東京の東側に住居を求めた。現在でも大小多くのコリアタウンが東京東部を中心に存在するのは、このためである。

当時の東京ではアメ横などの巨大な闇市が活況を呈していた。新聞紙や風呂敷を広げて、手当り次第に物品の販売が行われる内に、やがて規模が拡大。特に、そうした露天の中にイモ飴を販売している業者が多かったことから、飴屋横丁と名付けられた。また、時が下り朝鮮戦争が勃発すると、大量のアメリカ物資が出回るようになり、アメリカ横丁とも呼ばれた。これが今日まで至る繁華街・アメ横の原形である。

上京した朝鮮人の多くは、凄まじい結

束力をもってこのマーケットへ参入した。彼らは公権力にも果敢に抵抗し、アメ横界隈は昼間でも銃声が聞こえたり、警官が一人で闇市に足を踏み入れようものなら殴り倒される始末であった。

そこで朝鮮人に手を焼いた警察当局は、千葉県の実業家・近藤広吉に頼み込み、アメ横に近藤産業マーケットをオープンさせて浄化作戦に乗り出した（『アメ横三十五年の激史』東京稿房出版）。同マーケットの参入は認可制となり、これをもって、いわゆる「三国人」や暴力団は合法的に排除されてしまったのだ。

こうしてアメ横から締め出された朝鮮人は、続いて隣接地区の東上野二丁目周辺（国際親善マーケット）に場所を移して商売を始めるようになる。アメ横から続々と朝鮮人は移動を始め同地区にコリアタウンが形成されたのである。ここでは密造酒製造が日常的に行われ、度々警察や国税局などの捜査が入っていたという。

その後度々、上野警察署はこのコリアタウンに強い警戒感を剥き出しにした。一九四六年、上野を中心に盗難防止の張り紙が出されているが、その図案の中央には朝鮮民族の象徴「太極」が配置されている。当局が朝鮮人を警戒していた様子が窺えるだろう。さらに、終戦後には特高警察出身者が各地方の知事や警察幹部として多数登用・再任されているが、民団によればこれも在日朝鮮人を取り締まることが目的だったという。進歩党の国会議員・椎熊三郎も、「警察カノ微弱ニ乗ジ凶器ヲ携ヘ徒党ヲ組ミ驚クベキ凶悪性ヲ発揮シテ当該住民ノ生活ヲ脅カスコト実ニ言語ニ絶スルナリ」、「見ルニ堪ヘサル此ノ行動ハ敗戦ノ苦シミニ喘ギ来ッタ我等ニ取リマシテハ正ニ全身ノ血液ガ逆流スルノ感情」といった国会答弁を行っている。

だが、上野に出現した一大コリアタウンは、朝鮮人商店の成功とともに繁栄を極めていく。業界最大手の「平和」を筆頭にパチンコ資本も密集しており、朝鮮民族系の金融機関である朝銀東京信用組合（現・ハナ信用組合）上野支店は、長らく全国の朝銀中トップの預金残高を誇っていたという。

拉致関連疑惑で捜索が入った、東京都足立区西新井病院の系列診療所。

上野広小路にも韓国系の店が進出している。付近は風俗店密集地。

★ コリアタウン探訪

第十札所

川崎市 桜本・浜町・池上町・戸手

KAWASAKI [SAKURAMOTO/HAMACHO/IKEGAMICHO/TODE]

神奈川県

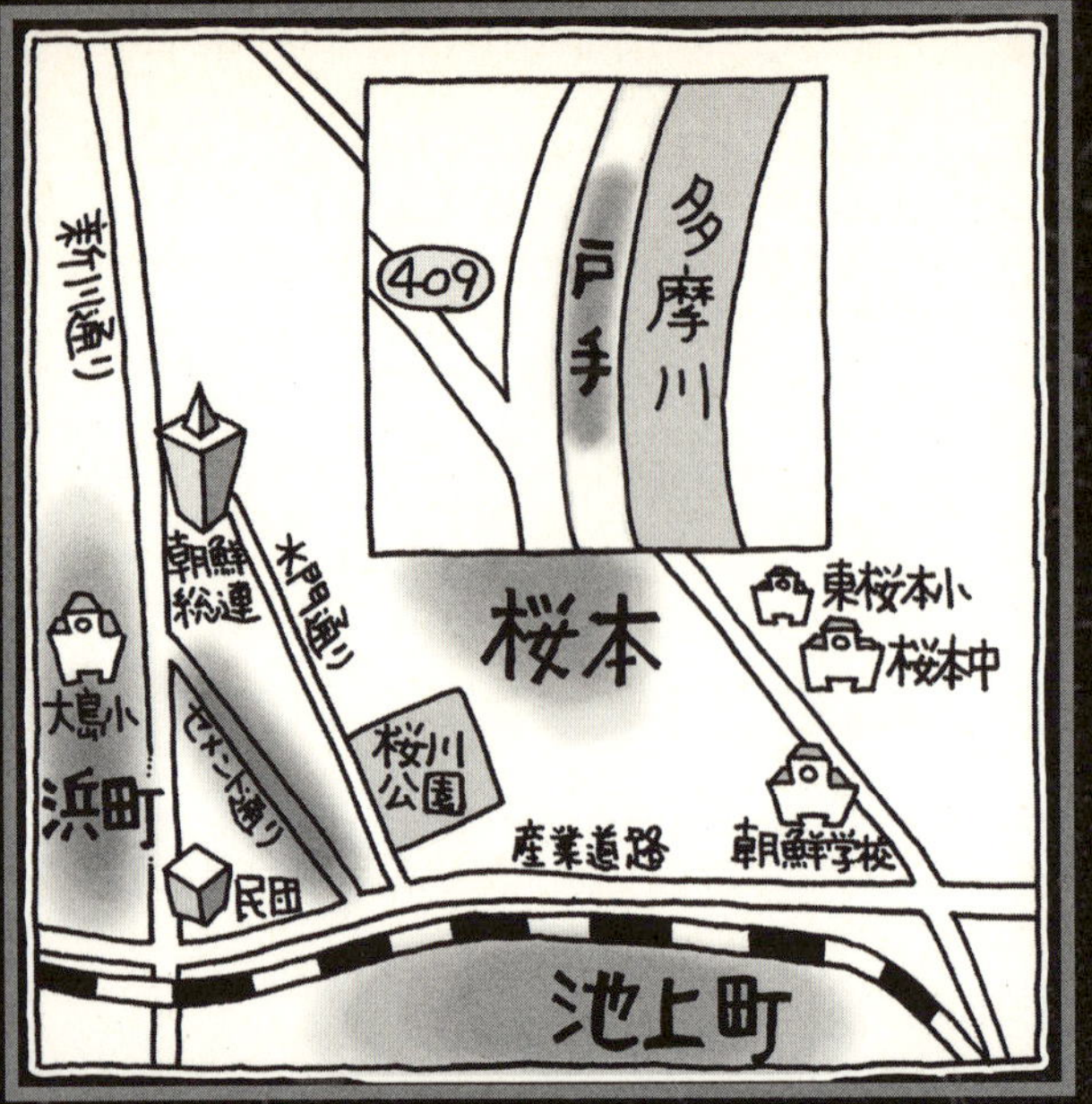

川崎周辺は、戦前から続く在日の暮らす街として知られている。多摩川沿いには粗末なバラック小屋が並び、産業道路沿いには独自の集落で暮らす人々。地元住人との交流も少なかったというこの街に変化が起こりつつある。

桜本、大島、浜町、池上町と、オールドカマーが数多く暮らしていた一帯は、一九九〇年代に入り、『おおひん地区』と名付けられ観光客の誘致を開始。かつての工業の街では、数十店の焼肉店を中心に『川崎コリアタウン』構想が進められている。

川崎駅からバスやタクシーで一〇分ほどの移動を必要とする交通事情が難点だが、将来的には、横浜中華街のような街を目指すのだろう。

戸手四丁目にあった巨大なバラック群は二〇〇五年をもって立ち退きを終了し、姿を消した。いまや跡地には立派なマンション群がそびえている。

変貌しつつある川崎のコリアタウン。ここでは時代の流れを確かに感じることができるはずだ。

重工業都市・川崎と共に歩んだ
大規模
コリアタウン
ぐでーーーー…
一体ドコに
連れてくのよ…
わたし
連日の仕事で
ヘロヘロなのよ…
ガッタン
ゴットン
ガッタン
今日はみづほに
元気出してもらおうと
思ってちょっとした
慰安の旅を企画
したのよ
みづほは
チームリーダーとして
頑張っているからね
JR川崎駅
川崎…
ひょっとして!?
今日行くところは
在日の街めぐりね!?
ピンポーン
正解♡
今日は駆け足で
見てまわるわよ
オウ!!
やっぱり
元気
出たわね…
ドーン!!
民団川崎支部

多摩川の河川敷なのに所狭しと家が建ち並んで…こ…ここが地図にも載らないと言われた川崎市幸区戸手四丁目ね…
実際見てみるとソーゼツだわね…
誰も住んでいないのかしら?
ここの住民は二〇〇五年五月に補償交渉が合意に達して立ち退いたわ
補償交渉って?
まずはこの街の成り立ちから説明するわね
本来なら河川敷は市街化調整区域になっていて住居を建てることは出来ないんだけど
そこに在日韓国・朝鮮人は一九五九年の伊勢湾台風襲来以降から次々と家を建てて……
河川敷を不法占拠したのよ!!
…ふ…不法占拠…
もちろん行政は彼らに対して長年立ち退きを求め続けていて
一世帯平均にして約二七〇〇万円の補償額でようやく住民は立ち退いたのよ
えええええ!? 不法占拠してきた住民に二七〇〇万円も補償……!!?
戦後長い間不法占拠されてきた場所が
ようやく正常な状態に糺されるのね
さぁ次に行きましょ
まだまだ見どころたくさんあるんでしょ
で、今回の案内役の沙菜に質問だけど
川崎における在日韓国・朝鮮人についてのデータ教えてよ
うッ…
ううう…
全く不勉強ねェじゃあ私が教えてあげるわ
川崎市の場合は全人口の約二%を外国人が占めその内の三五%が在日韓国・朝鮮人で
川崎区と幸区を中心に二〇〇六年のデータで八九六一人が居住しているようね
在日韓国・朝鮮人数 8961人

そしてこれから向かう「おおひん地区」は特に密集住地域なの
おおひん地区
桜本「桜（おう）」
大島「大（おお）」
浜町「浜（ひん）」
池上町「浜」側にある町
なんでこの地区に在日韓国・朝鮮人がたくさん住むようになったの？
大正初期あたりから日本鋼管を筆頭に工場進出が相次いだことによって労働者が集まってきたの
その中に朝鮮人もたくさんいたってわけよ
そ…それってひょっとして強制連行じゃ…？
ハイ、では神奈川県内の朝鮮人人口の推移について当時の資料を見てみましょう
この表で分かるとおり一九三九年に朝鮮労働者の募集が開始された時点ですでに二万人もの朝鮮人がいたのね
そしてこの募集と一九四二年以降の官斡旋によって朝鮮人人口は急増
一九四四年九月には「国民の義務」として朝鮮人徴用が行われたけど一九四五年八月一五日の終戦日以降からは人口が減っているわね
つまり戦前は朝鮮人労働者が発展する川崎になだれ込んできて
戦後も多数がそのままこの地に残ったってことだわさ
あったわ！
コリアタウン!!
KOREATOWN
入り口に堂々とコリアタウンだなんて……
さっきの戸手四丁目とは違う意味でインパクトあるわね
KOREATOWN
うーん…閑散とした通りなのね……
たまたま今日だけ？
でも他の商店街は人があふれかえっていたわよ……
そうそう、川崎って焼肉の街なのよせっかくだから食べてかない？
賛成!!

神奈川県の朝鮮人人口の推移

年月日	総人口
1935年	14410
1936年	14597
1937年	15077
1938年	16663
1939年	20935
1940年	24842
1941年	37877
1942年	43392
1943年	54793
1944年	62197
1945年8月15日	58818
1945年11月1日	44947

※田村紀之「内務省警保局調査による朝鮮人人口」（『経済と経済学』第46号〜47号1981年）より『神奈川と朝鮮』（神奈川県渉外部）

おいしぃ～♡
通りにはほとんど人がいなかったのに
お店にはそこそこお客さんが入ってるわね
古くからの焼肉店はこのセメント通りにだいたい集まってるのよね
そうよ　でも…
焼肉発祥の地と言われているお店はこの通りではなくて産業道路の向こうにあるのよ
至川崎駅
セメント通り
産業道路
ココ
行きましょう！そのお店!!
このあと池上町に行く予定だったからちょうどいいわ
ええええ!?
どう見ても普通の民家なんですけど…
なぜここが焼肉発祥の地と言われるようになったのか謎なのよね…
この道飛館が営業を始めたのは一九七八年の頃らしいから歴史の古いお店はセメント通りにもたくさんあるわ
そもそも焼肉というのは昔からあったわけだしね…
今回は調べる時間がなかったけど
いずれ焼肉の歴史も絡めて調査したいわね
じゃあ池上町の中に入ってみましょうか
……
どょ～ん…

うは～
びっくりするほど
さびれてるわね…
廃車が何十台も
路上に放置
されてるし
?
だら
どよよょ～～ん
ど、どうしたの
みづほ？
沙菜はこの街の
異様な空気に何も
感じなかったの…？
腰が抜けた…
ぺたん
ここはかつて
どぶろく
密造の
摘発で…
税務官が
殺害された
所なのよ!!
えええエ!!!
川崎南税務署に
殉職税務官の碑が
建っているわ…
税務署は多々あれど
殉職者の碑があるのは
川崎だけなのよ
ゾゾッ…
そ…そんな怖い話は
もっと先に
言っておいてよ～…
あたしも
腰が
抜けたわ…
へな
へなー
もともと池上町は
一九三九年に日本鋼管が
軍需工場建設に着手して
現場に飯場を設けたら
朝鮮人が住み着き
いつのまにか占拠して
出来た街なの
「日本鋼管株式会社
四〇年史」によると
一九四三年の時点でも
千九〇四名の朝鮮人が
働いていたそうだから
戦後の池上町には
かなりの数が
いたはずね
コリアタウンは
あちこち回ってるけど
川崎は
別格のオーラを
放っているわね…
どよ～～～ん…
そろそろ
帰りましょう
うん
神奈川県
川崎市
歴史の歪みを
修正することが出来ず
手のつけられない状態を
見せつけられた気がした
場所でした

川崎市幸区戸手4丁目12番地の集落。2005年12月撮影。

神奈川県

川崎市 KAWASAKI

桜本・浜町・池上町・戸手

川沿いバラックも消失…工業地帯発展に尽力した朝鮮人労働者は今どこに

東京都と神奈川県の境界に位置する川崎市。同市内の多摩川河川敷には、かつて一〇〇戸を超える在日韓国・朝鮮人集落があった。幸区戸手四丁目一二番地である。

戦前の戸手地域には多摩川の砂利採取に従事する朝鮮人労働者の集落があったが、「戦後」も終わろうという一九五九年、伊勢湾台風から三、四年の間に次々とバラック小屋が建てられ、瞬く間に集落を形成したという。

河川敷は一般的に国有地であるが、同地区の場合は若干事情が異なり、市有地や私有地も存在した。とはいえ、いずれにしても土地所有権を持たない彼らがそこに住居を構えることは、不法占拠に他ならず、再三に渡る立ち退き要求にも応じなかった。

しかし一九九一年になると、同地区は「多摩川スーパー堤防整備事業」の対象区域へ指定され、いよいよ行政の対応が強化される。立ち退き交渉は、補償内容を主な焦点として続けられ、二〇〇五年五月、行政と住民が合意に達した。合意内容は以下の通り。スーパー堤防の整備に伴い、マンション建設による同地区の再開発を行う。再開発事業者はマンション販売収益から一世帯平均で二七〇〇万円を住民に支払う、というもの。これは、川崎市が本来受けるべき金銭を住民側にスライドさせている点で、間接的な公金支出に他ならない。

戦後の不法占拠集落としては、川崎区にも同様の性格を帯びた地区がある。だが、その前にまずは、戦前の朝鮮人の状況に触れておかねばならない。彼らの人口増の過程は、大きく三つの段階に分けられる。

第一段階。一九一〇年代の川崎区内には日本鋼管（現・JFEスチール）、富士瓦斯紡績、鈴木商店（現・味の素）、浅野セメント（現・デイシイ）などの大工場が相次いで建設され、多くの朝鮮人が工事に従事していた。

第二段階。一九二三年の関東大震災後の復旧工事の際に朝鮮人人口が急増し、川崎区内各所に点々と集落が形

神奈川県の朝鮮人人口の推移

年月日	総人口	男	女
昭和元	6,158	5,316	842
昭和2	7,253	6,198	1,059
昭和3	10,207	8,524	1,683
昭和4	9,042	7,276	1,766
昭和5	9,794	7,547	2,247
昭和6	9,483	7,066	2,417
昭和7	10,525	7,489	3,036
昭和8	12,976	8,895	4,081
昭和9	13,075	8,933	4,142
昭和10	14,410	9,207	5,203
昭和11	14,597	9,267	5,330
昭和12	15,077	9,396	5,681
昭和13	16,663	10,111	6,552
昭和14	20,935	12,429	8,506
昭和15	24,842	15,592	9,250
昭和16	37,877	26,133	11,744
昭和17	43,392	30,215	13,177
昭和18	54,793	40,498	14,297
昭和19	62,197	46,649	15,548
昭和20.8.15	58,818	43,939	14,879
昭和20.11.1	44,947	33,520	11,427

※田村紀之「内務省警保局調査による朝鮮人人口」（『経済と経済学』第46号〜47号1981年）より。『神奈川と朝鮮』（神奈川県渉外部）

池上町集落内の住宅に、かすかに残る在日本朝鮮人総連合会の看板。「群電前」の文字も読める。

池上町にて。古くからの在日集落では、廃車及び廃棄物は路上に放置されていることが多い。

セメント通り入り口のコリアタウンゲート。
人通りは少ないが、焼肉屋の中を覗くと客入りは上々。

成された。

第三段階。震災需要が一段落し、一九三〇年代に入った川崎は、続いて軍需増産に沸いた。臨海部の工場地帯では開発拡張が進み、日本人も含めた工場労働者が大量に流入したのである。一九二〇年代に形成されていた朝鮮人集住地域の人口もこの時期に増大したが、到底住宅供給は追いつかず、慢性的な不足状態に陥っていた。このため、当時の朝鮮人は、極めて劣悪な住環境に追いやられていたという。『神奈川と朝鮮』(神奈川県渉外部)による具体例としては、浅野セメントや日本鋼管の大工場があり、「セメント前」と呼ばれた浜町地区の名が挙げられる。一九三〇年代中頃にはすでに大集住地域として知られ、一九三八年に来日した朝鮮人の言によれば、日本鋼管の門の付近に四〇〇世帯以上の朝鮮人バラックがあり、水はけが悪く、大雨が降ればしばしば浸水する場所だったという。また、産業道路を挟んだ向かいに「群馬電力」があったことから、かつて「群電前」と呼ばれた池上町地区も同様だ。『在日朝鮮人ふるさと考』(新幹社)によれば、浜町よりやや遅れていたが、一九三三年頃には既に十数件のバラックが建ち並ぶ「朝鮮部落」を形成していた。葦の生える湿地帯だったために、雨が降れば水に沈み、夏になれば大量の蚊が発生したという。

しかし、朝鮮人が完全に日本人社会から疎外されていたかといえば、それは正確ではない。居住の長期化とともに、朝鮮人世帯の中心は男性の出稼ぎ単身者から妻や子を持つ家族形態へと移行していく。朝鮮人子弟向けの夜間学校が開設（一九三八年一〇月廃止）され、一九三六年には二名の朝鮮人が市議会選挙に立候補してもいる（『神奈川と朝鮮』）。挙国一致を目指す国家総動員体制の前までは、朝鮮人が朝鮮人として、日本の地域社会へ参加していた痕跡が見て取れるだろう。

ちなみに、現在多数の焼肉屋が並び、「コリアタウン」のゲートが設けられているセメント通りだが、本格的に人口が増加したのは「セメント前」「群電前」地区よりさらに遅い。戦時体制に入り、県内の朝鮮人人口が急増した一九三〇年代末から一九四〇年代にかけての時期といわれる。一九四四年に日本鋼管に「徴用された」という朝鮮人によれば、二〇〇〜三〇〇世帯の朝鮮人がおり、朝鮮人経営の乾物屋や、朝鮮料理屋などがあったという（『神奈川と朝鮮』）。

一九三九年になると、日本鋼管が池上町一帯を買収して新たな工場建設に着手、飯場も設けられた。『日本鋼管四〇年史』によれば、一九四三年時点において一九〇四名の朝鮮人が働いていたというから、元々の社宅に住む日本人労働者も含め、池上町地区は大規模な集住地区であったことだろう。

そして戦後。終戦から二ヶ月が経過すると朝鮮人は続々と母国に帰国し、神奈川県の朝鮮人人口は約一万四〇〇〇人減少して約四万五〇〇〇人になった（『在日朝鮮人ふるさと考』）。ところが、その後再び増加に転じている。空襲で焼け出されたセメント通りや現在の桜本地区に朝鮮人がバラックを建てて移り住んだためだ。とりわけ、池上町の日本鋼管所有地には、労働者が出ていった飯場や、空き家になった日本人宿舎が残っており、格好の住処となった。池上町の人口推移を見れば、一九五〇年に八九〇人、一九六二年のピーク時には二七二四人を数えたという（『在日朝鮮人ふるさと考』）。一九四七年には、密造酒の摘発を行った税務署員がお礼参りによって刺殺される不幸な事件が発生しているが、現在に続く川崎コリアタウンの原型は、こうして形成されたのである。

民団川崎支部。大書された看板に特異な形状が目印。

朝鮮総連川崎支部の建物。一般的にNPOを隠れ蓑にするケースが多い。

コリアタウン探訪
第十壱札所

小田原市

ODAWARA [KANAGAWA]

神奈川県

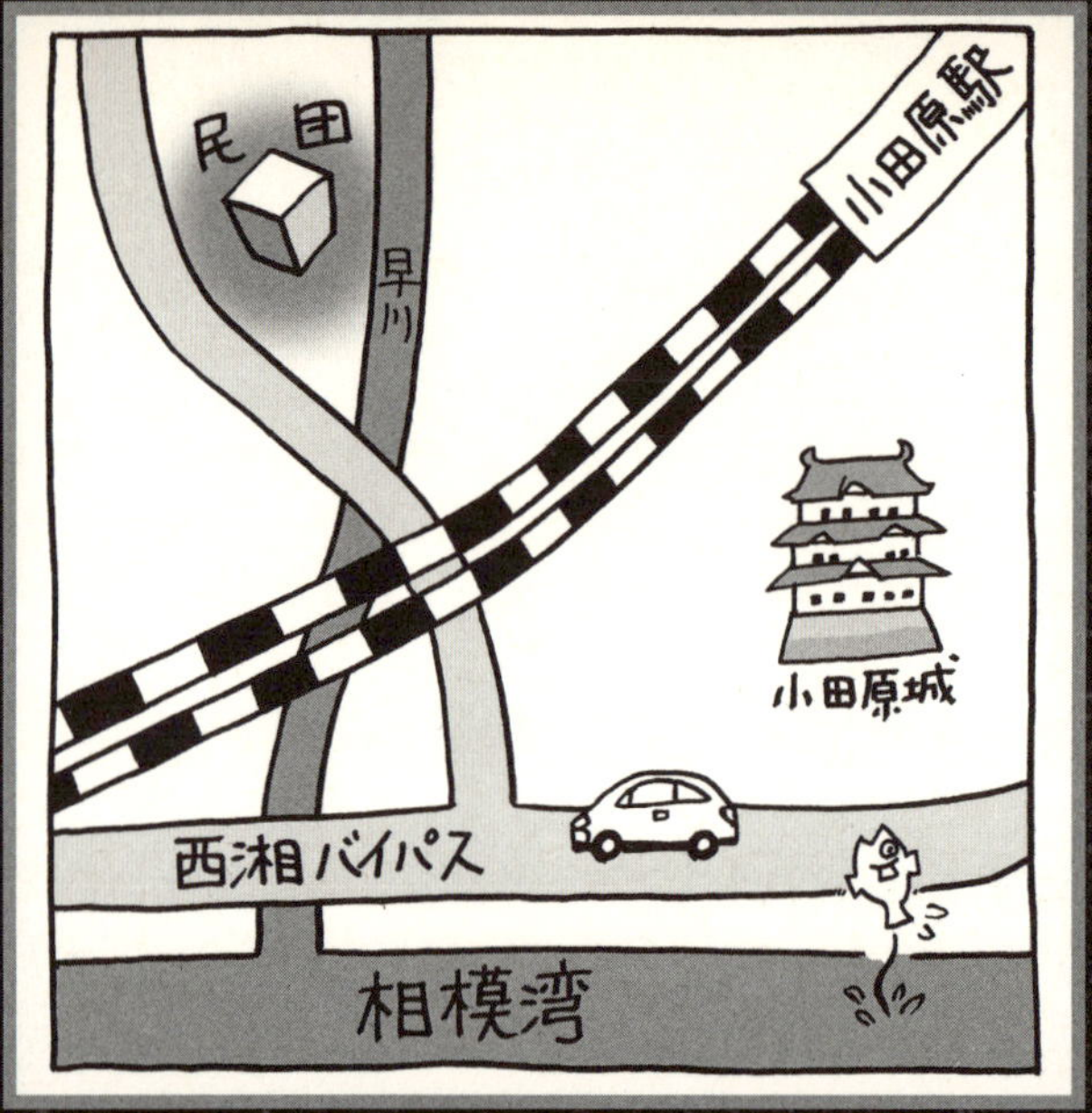

東京駅から新幹線で三五分の好アクセス。駅南口を出れば郷土の偉人・二宮尊徳少年像がまちゆく人々に範を垂れており、右手を見れば、北条早雲以来の小田原城が城下を見守っている。

「海よし山よし天気よし」と明治の文豪斎藤緑雨が評した小田原。多くの財界人や文人が屋敷を構え、この土地をねんごろに愛してきた。伊藤博文の滄浪閣や、山県有朋の古希庵、大倉喜八郎の山月などは誰しも知るところだ。

中でも注目は県道七一七号と国道二五五号の交差点付近。官房長官時代に「河野談話」を発した河野洋平宅である。河野家は、父・一郎時代に平塚の屋敷を右翼によって全焼させられ、二〇一四年には正門前でナイフを携帯した男が逮捕されている。侵入者を寄せ付けない高い壁の向こうで富士が泣き顔だ。

江戸時代には朝鮮通信使が宿泊場所としていた小田原は、河野一郎が国政に登場して以来、洋平、太郎と三代続く河野家を媒介として朝鮮との縁をさらに深めている。

小田原駅前の小さな巨人、二宮尊徳像。

河野一郎の
高速道路を塞いだ
川っぷちの小集落
今日は観光目的で小田原に向かってます
小田原といえば小田原城！
小田原を代表する有名人は二人！
まず一人目は富野由悠季！
そして二人目は……
慰安婦連行に強制性がみられるとした「河野談話」の作成者・河野洋平！
「河野談話」が日韓関係を完全に破壊してしまったのよね
せっかくの旅行なのに韓国に絡む話は止めようよ
……と言われても
今走っているこの道実は河野洋平が新設した道路なのよ
そしてココが……
ドーン！
河野洋平のご自宅！
……
小田原といえば蒲鉾や干物！
食べたい！
小田原駅周辺に色々あるかも
到着！

やっぱり本場の蒲鉾はひと味違うわね！
あれッ？
この像って二宮金次郎よね……？
二宮金次郎……二宮尊徳は小田原出身なのよ
二宮尊徳
(1787～1856)
現在の小田原市栢山で誕生し、栃木、茨城、福島、神奈川など各地で農村の復興に尽力した農政家
へぇー！
つーか二宮尊徳のことよく知っていたわね
私の母校の小学校にも二宮金次郎の像があったのよ
知っていて当然でしょ？
……そうでもないのよ
だって……
二宮尊徳のことが取り上げられている中学校の歴史教科書は
七社のうち育鵬社と自由社だけなのだから
二社だけ!? もっとメジャーな偉人だったような……
で、小田原はどっちの教科書を使っているの？
……

そのどちらも使っていないわ
えッ!? なぜ郷土の偉人が載っていない教科書を使うのよ??
二〇一一年 小田原市に対して育鵬社と自由社の歴史教科書を採択しないよう求める陳情があって
小田原市議会はそれを賛成多数で採択したのよ
小田原市役所
ええッ!? どうして市議会が?
いったい二宮金次郎の何が気に入らないのよ??
いや 二宮尊徳のことが争点ではなくって……
市議会が採択を決めた理由は『朝日新聞』によるとこの二社の教科書が
反韓国・反中国の感情をあおり立てており採択すべきではない
ということだったみたいね
教科書の採択の権限ってその学校を設置する市町村や都道府県の教育委員会や校長にあるんじゃ……?
議会で審議する話ではないわよね…?
その通りよ 沙菜のくせにスルドイわね
ムキーッ!!
何よそれ!
しかし二七人の議員のうち一八人が採択に賛成したのよ
議員ってバカでもできるんだ……
安藤孝雄
井原義雄
今村洋一
植田理都子
大野眞一
奥山幸二郎
神永四郎
小松久信
佐々木ナオミ
鈴木敦子
鈴木美伸
関野隆司
田中利恵子
原田敏司
細田常夫
安野裕子
楊隆子
横田八郎
またこの陳情を行なったのは
在日本大韓民国民団湘西支部なのよ
ええ…? 在日韓国人!?

いくら永住資格を有する在日とはいえ外国人なのだからこれって日本の教育に対する内政干渉では…？
その通りよ
在日外国人は地方行政への請願権については認められている
だけど日本の教育内容について口を出す権利までをも外国人が有していると小田原市は考えているのかしら…？
しかも当時の民団湘西支部の団長は
白海秦
在日韓国人と結婚した本国生まれの韓国人なのよ
ええええッ!?
そして彼女は韓国の女子校で教鞭をとっていた
子どもの持っている歴史の教科書を見たら母国（韓国）で習った歴史と内容があまりにも違うんです
この時ばかりは教育の重みを感じました
そ…そりゃあ内容が違って当然よね……
韓国が教える歴史は史料に基づかず史実とかけ離れているんだから
反日教育
韓国人が韓国の歴史教育を正しいものと思い込むのは自由だけど
日本の歴史教育に韓国の歴史認識を押し付けようなんて大きなお世話だわ
日韓間にモメ事が絶えない理由がわかるわね……
今その民団湘西支部に向かっているわ
あッあったわ！
韓国人会館

韓国人会館
うわ……河川敷にバラック……
コリアタウンではおなじみの不法占拠地帯ね当然河川法にも違反しているわ
韓国人会館
ここは現地の人からは「川っぷち」と呼ばれているのよ
きょろきょろ
ええとどこから行けばいいのかしら?
入り口は二カ所のみ
西側入口
東側入口
ゲートをくぐればコリアタウン!
潜入するわよ!
韓国人会館
奥に行ってみましょう!
や……やめようよ……
コワイ…

まだこんな場所が存在していたんだ……
この民団施設はこの地に移転する前はもっと下流の河川敷を不法占拠していたのよ
1973年以降の民団支部所在地
1963年の民団支部所在地
ふ……不法占拠…
ここも民団施設のまわりに在日同胞が集まるという経緯で作られたのでしょうね
ここは違うのよ
官地につ 立ち入
この雰囲気はマトモな日本人なら近寄れないわね
どこからも視界が塞がれていて見えないしね
まるで怖い秘密組織のアジトのような環境ね
韓国人会館に遮られて集落が見えない
国道1号沿いの民家に遮られて集落が見えない
早川
西湘バイパスに遮られてまったく見えない
西湘バイパスに遮られてまったく見えない
西湘バイパスに遮られてまったく見えない
西湘バイパス
ん……!?
どうしたの？
西湘バイパスを通す際このコリアタウンは立ち退き要求されなかったのかしら？
それとも立ち退きを拒否したのかしら？
まっすぐに通せばいいのに集落を避けるため不自然に蛇行しているわ
あッ
確かに！
国道一号のバイパスを蛇行させるとは
恐るべし在日韓国人！
でもこれって箱根ターンパイクに連結させるために蛇行させる必要があったとの見方もできるわよ
確かに……
千葉駅移転の話に通ずるところがあってモヤモヤするわ

ちなみに西湘バイパスを通したのは河野一郎……河野洋平の父よ
また河野家……
河野の苗字は河野洋平の高祖父に当たる治郎右衛門が
河野の名字アゲル
ははーーッ
小田原藩主大久保忠愨から受けたものなのよ
この河野治郎右衛門が河野家を興しまた彼は二宮尊徳からも教えを受けたという
一生懸命金を貯め貯めた金で田を買い地主となれ
はい!
そして河野治郎右衛門の妻は二宮尊徳の妻の妹なのよ
義理の兄弟!?
へ～河野家の祖先は二宮尊徳と接点があったんだ
さて旅の締めくくりに温泉に入りましょう!
さんせーい!
なぜ大コマ…?
お約束でしょ
あーッしまった!小田原城見そこねた…
そういえば…すっかり忘れてたわ
神奈川県小田原市…
二宮尊徳と河野一族そして在日韓国人が奇妙に絡まり合っていた微妙な土地でした

左方の西湘バイパスと右方の早川によって近隣から完全に隔離されている。

神奈川県

小田原市

ODAWARA[KANAGAWA]

第十壱札所

民団が出したダメもと陳情 バカ正直に議論を尽くした小田原市議会のダメ評定

かつて小田原には、多数の朝鮮人がいた時期がある。一九二三年の関東大震災による復興需要を満たすため、当時の朝鮮人は次々に日本海を渡った。一九二〇年には全在日朝鮮人三万一七二〇人のうち神奈川県には二六二人にすぎなかった。これが関東大震災の翌一九二四年には三四五四人に急激な増加を見せ、一九二五年にはさらに六二二二人へと前年比でほぼ倍増している（『神奈川県朝鮮労働組合の活動をめぐって』石坂浩一）。

主に日雇いの土木工事作業員として働いていた彼らは、現場の近くに居住していた。一九二四年後半には、神奈川県下の約五〇〇〇人の在日朝鮮人中、現在の小田原市を含めた足柄下郡には一二〇〇人がおり、横浜市九〇〇人、川崎市六〇〇人をしのいでいたという。足柄下郡を流れる酒匂川流域では、震災による家屋の全半壊率がほぼ一〇〇%。甚大な被害からの復興を担うために、多数の朝鮮人人夫が求められたのである。その後の昭和戦前期における県内朝鮮人人口の推移は、本書の川崎編を参照してほしい。

西湘バイパスの下をくぐる以外に、アクセス方法はない。

日本が敗戦からようやく立ち直り、高度経済成長を謳歌していた一九六三年、小田原市内を流れる早川の河口付近に、突如韓国民団が出現した（『小田原市明細地図昭和三八年版』）。この地図の一九六七年版からしばらく民団は姿を消し、再び現れるのは一九七三年のことだ。

奇しくもこの前年に西湘バイパスの小田原西IC～小田原IC区間が供用開始されている。西湘バイパスによって周囲から遮断され、地元の周辺住民たちから「川っぷち」と呼ばれる小集落は、立ち退き要求を断った不法占拠集落の典型的な地勢である。しかし、この地域の詳細な成立過程については、まだ本書は確定的な調査結果を提示しきれなかった。読者にはお詫びしたい。

昨今の小田原市の韓国・朝鮮人は、たったの三三九人（『在留外国人統計』二〇一四年）にすぎない。約二〇万人の同市人口と比較すれば、存在感はほぼゼロである。にもかかわらず、マンガ中でも紹介しているように、二〇一一年に同地の民団組織は凄まじいインパクトと悪しき前例を小田原市の公教育に残している。

とりわけ論点とすべきは、小田原市議会に歴史教科書についての陳情を行なった民団湘西支部の責任者が、在日韓国・朝鮮人ですらない純粋の外国人だったことだ。陳情を求める方は厚顔無恥だし、それを採択する方も不見識。小田原市民に同情を禁じ得ない。

隠れ里のような土地にそびえる韓国人会館。

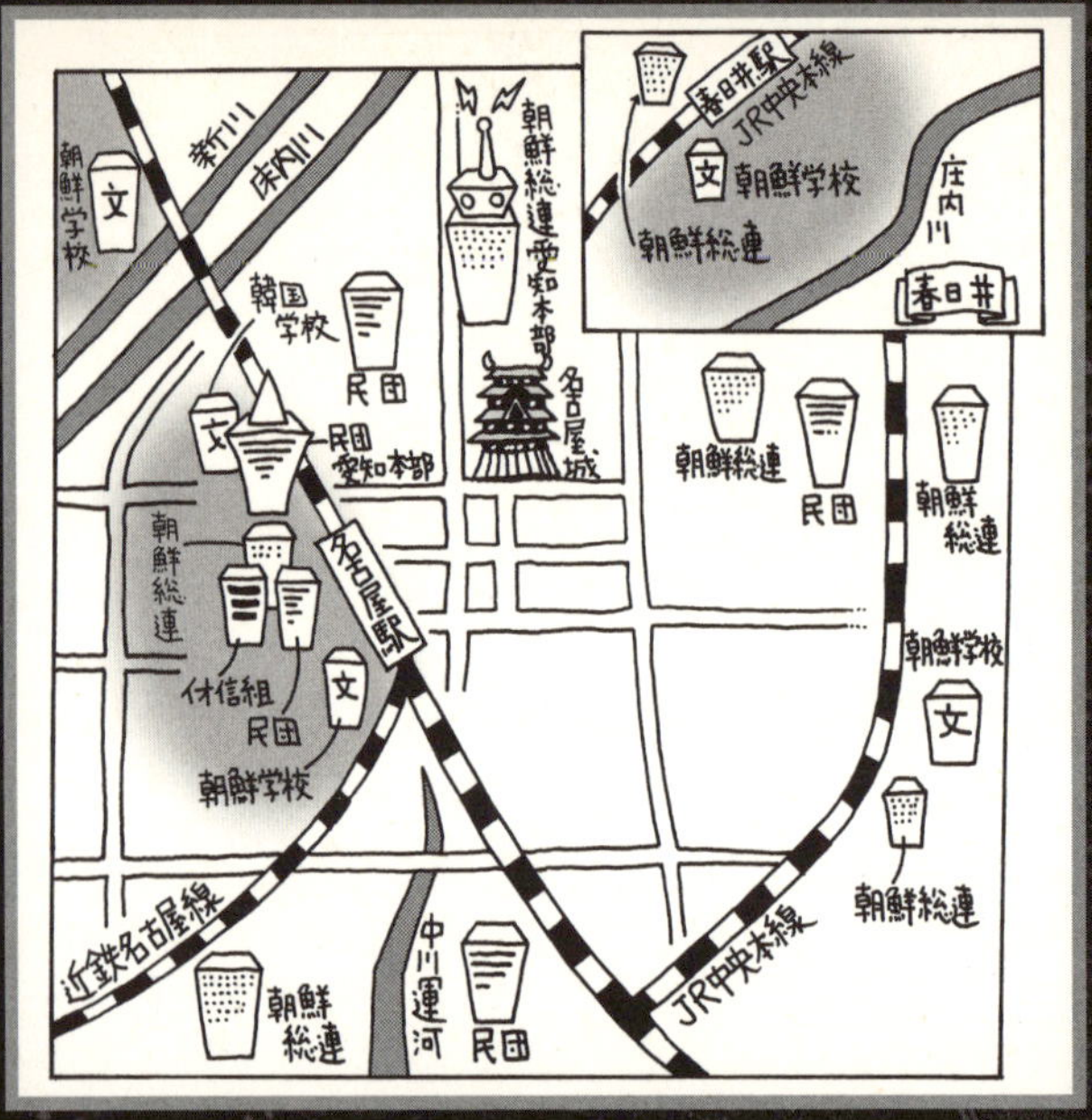

コリアタウン探訪

第十弐札所

名古屋市

NAGOYA [AICHI]

愛知県

東京、横浜、大阪に次ぐ二二六万の人口を擁し、高層ビルが天を突くさまは、まさしく大名古屋。江戸初期、清洲から城下町を移転して建設された人工都市は開府四〇〇年を迎えた。現在は、年間二兆円以上を稼ぎだす怪物トヨタが名古屋の新しい主人としてミッドランドスクエアから濃尾平野を睥睨している。

エネルギッシュに日々躍動する名古屋の街において、コリアタウンと呼べる彼らの集住地域は、時代の変化に押し流されるように姿を消している。かつてのかすかな残映を追いながら市内各所や市周辺部を巡るのも、名古屋観光の楽しみ方の一つだろう。

新幹線ホームから見下ろす駅裏は、戦後一〇数年以上にわたり在日韓国・朝鮮人が住み続けた地域。民団愛知県本部をはじめ、往時を偲ばせる建物が健在だ。軍都名古屋の象徴、陸軍造兵廠鳥居松製造所跡地（現王子製紙）の脇には中央本線からの引き込み線と朝鮮学校が佇む。こうした点と点をつなげば、名古屋の過去が見えてくるはずだ。

駅裏再開発の陰に
民団と総連の
共闘あり
名古屋城
あっちが名古屋駅でそっちがミッドランドスクエアかしら……
味噌カツやひつまぶしの有名なお店があるのよねー
………
どうせコリアタウンっぽい町並みを探しているんでしょ?
でも残念ながら名古屋に有名コリアタウンはないわよ
ふふん♡
そうなのよ……それがおかしい話なのよ
ミッドランドスクエア
名古屋陸軍造兵廠や無数の軍需工場が配置されていた巨大な軍都であり
昭和一八年の愛知県には東京をしのぐ数の朝鮮人がいたというのに……
東京
123,126人
愛知
126,325人
『出入国管理とその実態』
(昭和34年法務省入国管理局)
どうせ展望台にあがるならもっと高い場所があるわよ

正式名称は「豊田・毎日ビルディング」名古屋で最高の二四七メートルを誇る建物よ
うわ～怖い……私 高所恐怖症なのよ……
なるほど あれが駅裏ね
名古屋城や栄などの繁華街を擁する東側に対して名古屋駅の西側は風俗街になっていて
地元民の間ではいかがわしいイメージが強いそうよ
名古屋駅
西側
東側
終戦直後は日本三大闇市とも呼ばれるほどの大規模マーケットがあったそうだから
コリアタウンが残っていてもおかしくないんだけど……
あ あれは……!?
ハジメちゃんがこんな普通のデートスポットに連れてきてくれたのってはじめて……
いつもパチンコ屋巡りばかりでごめん……
いいの……それがあなたの仕事ですもの……
サトコ! 名古屋に来てまでもいちゃついてるんじゃないわよ!
くわっ
みづほに沙菜!?
どうしてこんな場所でバッタリ……!?

私たちはコリアタウン巡りに決まっているでしょ！
違うわよ……
あんたたちは名古屋まで何しに来たのよ!?
僕たちの目的は正村会館のパチンコミュージアムですよ名古屋はパチンコ文化発祥の地ですから
がび～ん
えええやっぱりどうしてもパチンコですかーッ!?
パチンコ文化発祥の地!?
パチンコの発祥は一九二二年頃にアメリカから輸入されたコリントゲームが原型とされていて
一九三六年に名古屋の藤井文一が「スチールボール野球器」を開発してパチンコの現在の形が出来たんですよ
戦時中にパチンコは「不要不急産業」として禁じられるも戦後の一九四六年に
同じく名古屋の正村竹一先生がパチンコ屋を開業……そしてついに一九四八年「正村ゲージ」が開発され
爆発的な人気を博しパチンコは定着していったんですよ
パチンコは名古屋で開発・復活そして発展したのね
それに名古屋にはパチンコ台に必要なベニヤ板やガラスや鋼球の調達が容易だったという背景もありました
正村先生に師事した朝鮮人を中心に
正村竹一
金甲守
金允坤
李吉秀
ホールと製造メーカーが続々と誕生していくんですね
正村先生のパチンコビルは今でも営業していて
マサムラ
リモージュ
僕はここで打つことが昔からの夢だったんですよ～

※3階がパチンコミュージアムになっている

うりゃ〜
水魚のポーズ!!
ハジメちゃんステキ……
ちなみに当時のホール密集エリアこそ例の駅裏なのよ
やっぱり現地を見て回る必要があるわね!
とほほ……
終戦直後の名古屋駅裏は復員軍人や祖国へ帰る朝鮮人でごった返していた
祖国へ帰らず闇市で財を成す朝鮮人もたくさんいたらしいわよ
民団愛知県地方本部
うわ〜看板がパチンコ屋……
なんてロコツな……ベタベタコテコテだわ
この辺りは駐車場だらけね
再開発の失敗かしら?
この辺りはパチンコ屋ばっかりだったんだけども
一〇年くらい前にどえりゃー潰れてしまって今じゃみんな駐車場だがね
パチンコ屋が潰れていったことと名古屋に有名コリアタウンが無いことはなにか関係があるのかしら……

韓国学校
民団本部のすぐ近くに韓国学校もある……
名古屋韓国学校
本部だけでなく中村支部もあるしこの辺りは民団のお膝元ってわけね
もちろん総連施設もあるわよ
朝鮮総連 名駅・名西支部
朝鮮学校
名古屋駅裏は民団・総連施設ともに密集しているのね
終戦直後には大規模な闇市がありパチンコ屋発祥の地なのよね
他の地域と違って名古屋ではコリアタウンが目立たないのはどうしてかしら……?
『民団あいち六〇年史』によれば
一九六二年に駅裏の立ち退きが持ち上がった際に名古屋市との交渉を行うにあたって民団と総連が共闘し
多くの在日韓国・朝鮮人が名古屋郊外に一戸建ての家を建てるなどして移り住んだそうよ

だから名古屋に住む在日韓国・朝鮮人は多いのに
コリアタウンらしきものがなくまばらに散らばって住んでいるわけね
春日井駅
じゃあ次は名古屋市周辺の在日の状況を見に行きましょう
まずは春日井市ね
東春朝鮮初級学校
やっぱり線路沿いの立地なのね……
沙菜もずいぶん詳しくなったじゃないの
かなりの在日の人たちが住宅街に混住しているのよ
この春日井市もコリアタウンと呼ぶような集落にはならなかったのね
沙菜はコリアタウンらしい集落を見たいのね
いやいやいや結構です！
まあまあ遠慮なんてしないでいいのよ
遠慮じゃないのに……
着いたわよ！

愛知県清須市
西堀江
愛知朝鮮
第九初級学校
(休校中)
コリアタウンの
狭苦しい家並みに
囲まれた土地に
朝鮮学校が……
しかも
凄まじい
寂れ具合……
名古屋のシメは
味噌カツに
しましょう
美味し~
名古屋といえば
やっぱり
味噌ダレよね
味噌おでん
味噌煮込み
うどん
どて煮
この矢場とんは
あまりにも有名すぎて
韓国でパクリ店が
出来るくらいなのよ
ただしメニューは
普通のトンカツ
らしいけどね……
韓国には相変わらず
日本からの
劣化コピーが
出回ってるのねぇ
……
愛知県名古屋市……
甘くコッテリした
味噌ダレが
全てを包む街
在日韓国・朝鮮人ですら
名古屋の色に覆われて
しまっているのかも
しれません…

愛知県

JR名古屋駅東海道新幹線下りホームから眼下に「駅裏」をのぞむ。

名古屋市
NAGOYA

第十弐 札所

ゼロ戦を生んだ軍都の巨大な焼け跡でパチンコ玉は踊り狂う

併合から一〇年経った一九二〇年、日本初の国勢調査が実施されているが（大正九年国勢調査）、当時愛知県に暮らす朝鮮人はわずか六六五人に過ぎなかった。だが、その一〇年後には三万五〇〇〇人を突破（昭和五年国勢調査）し、その後は終戦まで激増していく。なにしろ、対米開戦を翌年に控えた一九四〇年には八万人弱、一九四四年にいたっては一四万人に迫る勢いなのだ（内務省警保局調査）。

こうした朝鮮人の人口動態は、愛知県下にひしめいていた軍需工場と密接に関連している。一九三一年の満州事変以来の対外拡張政策を支えるため、名古屋陸軍造兵廠では一九四一年までに熱田・千種・高蔵・鷹来・鳥居松の五製造所が設置されており、片や豊川の海軍工廠も一九三九年一二月の開廠以来拡張を繰り返し、終戦年には東洋最大の規模を誇っていた。また、愛知県内には中島飛行機半田製作所や住友金属豊橋製作所、三菱重工業名古屋航空機製作所などの航空機関連企業が集中しており、なかでも三菱重工業名古屋発動機製作所大幸工場は、日本の航空機用エンジンのほぼ半分を生産する巨大なもの。軍都名古屋を中心として愛知県では日本航空機産業が花開き、零式艦上戦闘機ほか戦史に残る機体を数多く生んだのである。

名古屋市中村区の民団愛知県本部。

　そして、工場や飛行場の建設現場では、多くの出稼ぎ朝鮮人が土木作業に従事していた。さらに一九四四年になると国民徴用令の対象が朝鮮人にも拡大され、新たに来日した朝鮮人徴用工の姿が各地の工場で見られるようになった。韓国民団愛知県本部がまとめた『民団あいち六〇年史』によれば、一九四五年一月、中島飛行機半田製作所に咸鏡道から一二〇〇名の朝鮮人青年が到着している。続いて同三月には三菱重工業名古屋発動機製作所が、疎開先として犬山の地下に工場建設を開始。ここでも多数の朝鮮人徴用工が作業に従事していたという。そして同年八月、米爆撃機編隊の大空襲を受けた豊川海軍工廠は、徴用された朝鮮人一九八人、勤労動員された男子生徒一九三人、同女子生徒二五九人を含む二六六七人とともに壊滅（豊川市史編纂室調査）。一丸となった努力もむなしく、日本は二〇〇万人と言われる内地の朝鮮人とともに終戦を迎えた。

　戦後処理を進める日本政府は、徴用や軍人・軍属として来日した朝鮮人を最優先しつつ在留外国人の引き揚げを急いだ。愛知県においても多くの朝鮮人が祖国解放に歓喜しながら帰って行った。この狂騒が一段落した一九四八年三月末の外国人登録数

名古屋市中村区の名古屋朝鮮初級学校。

清須市の愛知朝鮮第九初級学校。1975 年、名古屋市の愛知朝鮮第一初級学校に統合。

では三万七〇一二人を残すのみであり（日本統計年鑑一九四九年版）、一〇万人以上の朝鮮人が愛知から帰国している計算である。

彼ら帰還希望者は、引き揚げ船が出航する山口県や福岡県の港を目指し、まず列車で名古屋駅へ向かう。加えて、愛知県からの出征兵士の多くもまた名古屋駅から故郷を目指す。かくして、県内交通の要である名古屋駅は空前の賑わいを見せた。

その活気の中核を担ったのが、名古屋駅裏の国際マーケットとユタカマーケットである。飲食店などのテント屋台がひしめきあい、野菜、穀物、工場からの横流し品、日用品、乾物などあらゆるモノが取引され、ここで生計を立てる朝鮮人は極めて多数にのぼった。その中で発展し日本中に広がっていったのが、北への不正送金や脱税で悪名高いパチンコである。

一九四六年五月、名古屋市西区の浄心で正村竹一がパチンコ屋を開業すると、翌年には名古屋のパチンコ店は一一軒、さらに一九四八年には一〇四軒へと急増。もちろん名古屋駅裏地区でもブームは起きており、『民団あいち六〇年史』が詳しく振り返っている。これによれば、正村と親交のあった権載允は戦後いち早く名古屋駅西でパチンコ屋を開業。また、名古屋市に三〇台以上の店など無かった一九四九年頃、鄭煥麒は名古屋駅西の銀座通りに三六台の大型店を出したという。彼らパイオニアの繁盛ぶりに倣って、駅裏にはわずか半年間で二〇〜三〇台のパチンコ店が一〇軒ほど誕生し、その活況は全国へと鳴り響いていく。名古屋がパチンコ発祥の地と呼ばれるゆえんである。

ところで、名古屋駅裏における戦後の無秩序状態が解決に向かうのは、ようやく一九六二年のこと。当事者である民団愛知県本部の記述によれば、複雑怪奇な経緯を辿っている。「民団と総連は共闘して名古屋市との立ち退き交渉に臨んだ。名古屋市当局から権威と信頼を受けた民団が交渉を成功裡に進めた結果、多くの朝鮮人は郊外に家を建て、あるいは近鉄沿線の牧野地区の住宅地に移転した」（『民団あいち六〇年史』）と、民団は胸を張る。名古屋市当局がなんらかの圧力に屈する様子が暗に窺えるだろう。

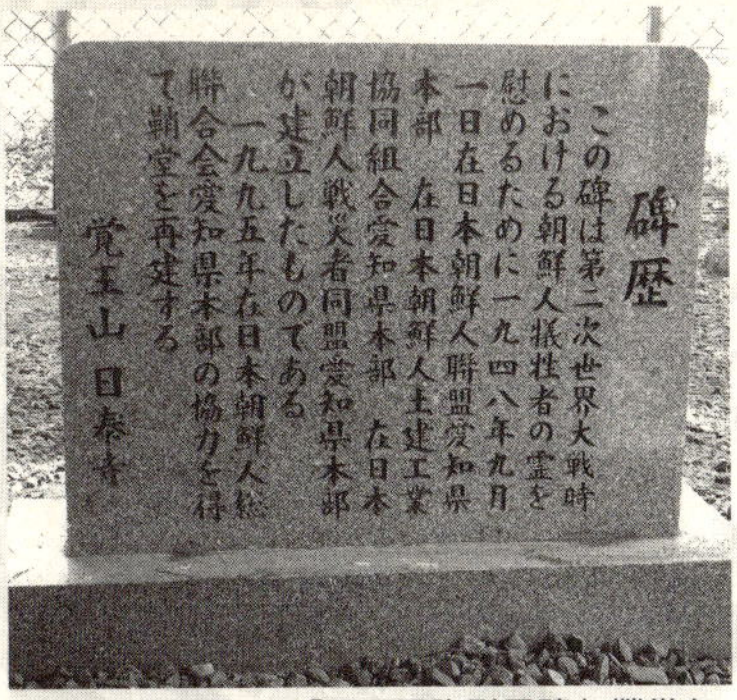

旧朝連が建立した「冤死同胞慰霊碑」鞘堂を、朝鮮総連が再建したことを示す石碑（名古屋市覚王山日泰寺内）。

二〇一四年の外国人登録数で、在日韓国・朝鮮人は名古屋市に一万八七六九人、春日井市に二一八一人。以下、豊橋市一五四二人、岡崎市一五一四人、豊田市一四四〇人、一宮市一一八五人、瀬戸市一〇四七人と続く。これを追う新興勢力としては日系ブラジル人と中国人の比率が急増しており、両者の外国人登録数は合わせて愛知県全体の半分を占める。在日外国人の中では多数派だった在日韓国・朝鮮人は、いまやその地位から滑り落ちている。

名古屋市西区の正村商会は2010年に破産し、正村ビルは解体された。

COLUMN

彼らが「在日」として日本に滞在するための法的根拠とは？

在日韓国・朝鮮人の特殊な在留資格

法務省によると、二〇一五年一月現在、日本が抱える不法残留者数は約六万人に上る。入国管理行政においては、その外国人の滞在目的にあわせて在留資格が付与され、それにより滞在可能期間や就労可能な職業も決められている。不法残留者の多くは、短期の観光や留学目的を装って入管法の審査を通過。入国後は飲食店や風俗店などで不法に就労したり、窃盗などの犯罪行為に従事する。この不法残留者のうち、韓国人は一万三六三四人を占め、国籍（出身地）別では毎年一位を記録している。

だが、日本での滞在や労働自体が犯罪として扱われるニューカマーの韓国人がいる一方、「特別永住者」としての在留資格を持つオールドカマーの在日韓国・朝鮮人には、就労制限は存在しない。公立学校の教員や一部の地方公務員としての採用についても門戸は開かれており、彼らは外国人でありながら、日本人とほぼ同じ生活を送れる環境にある。

外国人が日本での永住を希望する場合は、入国管理局に永住許可申請を出して審査を受けなければならない。審査基準は「①素行が善良であること　②独立の生計を営むに足りる資産又は技能を有すること　③その者の永住が日本国の利益に合すると認められること」とされている。

審査は非常に厳しく、簡単には永住許可は出ない。

しかし特別永住者の場合、何の審査も受けずに、ほぼ無条件で日本に永住することができて、また彼らの子孫も永遠に外国人という立場のまま日本に住み続けることができるのである。永住資格を剥奪されて強制退去を命じられるのは、重大犯罪を犯して無期または懲役七年以上の実刑判決を受けたときに限られる。しかも、その犯罪によって「日本国の重大な利益が侵害されたと法務大臣が認定したとき」にさらに限定されており、事実上この規定は空文化している。

あらゆる保護から無縁の在日外国人が、不安定な法的立場に怯える一方、なぜ在日韓国・朝鮮人だけがこうした特権待遇を受けているのか？　その最大の根拠は、「在日韓国・朝鮮人が一九四五年の終戦まで日本人であったこと」に求められている。領土も民も含めて国の形が大きく変化した終戦直後へさかのぼり、彼らの在留資格の変遷を追っていこう。

1952.4.28

サンフランシスコ講和条約発効により在日朝鮮人は日本国籍を喪失したため仮の在留資格を付与（法126―2―6）

日本は一九一〇年に併合した朝鮮半島に国籍法を適用しておらず、朝鮮人を日本人であると直接に規定する法律は存在しない。朝鮮人は一九二三年に朝鮮総督府が公布した朝鮮戸籍令による「朝鮮戸籍」で管理され、内地戸籍で管理される日本人とは線引が行なわれていた。

つまり、大韓帝国皇帝が日本の天皇に韓国の統治権を譲与したという日韓併合条約をもとに朝鮮人も日本の天皇の臣民であるとされていたのである。

だが、日本の敗戦によって朝鮮人が持つ日本国籍は根拠を失ってしまう。

連合国はカイロ宣言で「朝鮮の人民の奴隷状態に留意しやがて朝鮮を自由かつ独立のものたらしむる」と謳っていたが、日本の敗戦によって解放されたはずの朝鮮半島からは日本への密航者が絶えなかった。日本国籍は有しているが日本の司法権は及ばない「第三国人」である彼らは、強制送還されないのをいいことに、日本国内で犯罪の限りを尽くしたのである。

この状況を受け、GHQは朝鮮人を一時的に外国人として扱うことを決め、一九四七年に外国人登録令の施行を日本政府に命じた。日本在住の朝鮮戸籍登載者は、外国人登録証の国籍欄に「朝鮮」と記載された。

朝鮮半島では一九四八年に大韓民国と朝鮮民主主義人民共和国が樹立。韓国政府は在日朝鮮人の外国人登録について、国籍欄を「朝鮮籍」から「韓国籍」に改めるよう求めたが、日本に残留する韓国・朝鮮人が日本国籍を正式に喪失したのは、一九五二年のサンフランシスコ講和条約による。

日本に残留する韓国・朝鮮人は、外国人として上陸していない以上、当然ながらパスポートも在留資格も持っていない。そこで日本政府は「ポツダム宣言の受諾に伴い発する命令に関する件に基く外務省関係諸命令の措置に関する法律」（法律第一二六号第二条第六項）において、「戦前からの特殊事情を考慮し、別に法律に定めるまで当分の間は、在留資格を有することなく、在留することができるものとする」と規定し、彼らに対して特別な配慮を行なった。これが仮の在留資格「法一二六―二―六」該当者である。

もっとも、「仮」の在留資格とはいえ、外国人管理という日本側の要請から発生した点で「法一二六―二―六」はまだ健全だった。

こうした根無し草状態は、一九六五年の日韓法的地位協定成立を契機として急速に解消へ向かうが、日本社会はそのコストを大いに負担させられることになる。

法 126-2-6 の対象者

◉ 1945 年 9 月 2 日以前から日本に在留する韓国・朝鮮籍者
◉ その子どもで、1952 年 4 月 28 日までに日本で出生し在留する者

1966.1.17

日韓法的地位協定発効にともない協定永住資格を付与

在日韓国・朝鮮人の在留資格が強固に拡張されていく様子は、彼らの権利獲得運動そのものである。「法一二六―二―六」による在留資格は、在日一世およびサンフランシスコ講和条約発効までに生まれた二世だけが対象だった。それ以降に生まれた在日二世については「特定在留」として三年ごとに許可更新が必要であり、三世については「特別在留」として一年もしくは三年での許可更新が義務だった。

それが、一九六五年の日韓基本条約締結を受けて一九六六年に発効した日韓法的地位協定第一条において、永住資格対象者の範囲は格段に広がった。

当時の出入国管理令に基づいて外国人一般についてもすでに永住資格が与えられていたが、これとは別に在日韓国人に限定して与えられたのが「協定永住」資格である。対象者は協定発効後五年以内に申請すれば永住許可を得られ、また、五年を経過後も、既得者の子の世代に限り協定永住の許可を受けることができた。

一方、朝鮮籍者たちが協定永住資格を得るためには韓国籍が必要であり、これは朝鮮総連と対立する韓国民団にとって大きな追い風となる。一九五〇年には在日韓国・朝鮮人総数五四万四〇〇〇人のうち韓国籍は七万七〇〇〇人にすぎず、在日社会においては朝鮮総連の勢力が圧倒的だった。その後、協定永住資格というアメに乗って民団組織の存在感が強まっていき、やがて一九六九年には韓国籍者がついに朝鮮籍者を上回ったのである。

もっとも、韓国籍に切り替えるのをよしとせず、あえて「法一二六―二―六」に留まる朝鮮籍者とその子孫はいまだ多かった。一九八一年、難民条約の発効に伴って従来の出入国管理令が改正されると、朝鮮籍者にも在留資格を与える必要が生じた。そこで、「永住許可の特例」として一般永住資格が与えられるようになったのである。通常、外国人が一般永住資格を申請しても行政の裁量で却下されることが多々あるが、こと朝鮮人については漏れなく認められた。この在留資格を「特例永住」と呼ぶ。

申請期間は一九八二年一月一日からの五年間に限られたが、これ以降に生まれた者でも「法一二六―二―六」の子の世代に限り、一般永住資格が与えられた。

つまり戦前から日本に居住していた在日韓国・朝鮮人に対しては、一九八二年からは協定永住者もしくは特例永住者の二系統が同時期に存在していたのである。

❖ 協定永住資格付与の対象者 ❖

◉ 1945 年 8 月 15 日以前から日本にいた韓国籍者
◉その子で 1945 年 8 月 16 日から協定発効後 5 年以内に日本で出生した者
◉在日一世もしくは二世の子で、協定発効後 5 年以降に日本で生まれた者

1991.11.1

出入国管理特例法発効により特別永住資格を付与

在日韓国・朝鮮人に付与されてきた在留資格は、特例永住者も協定永住者もともに一世の孫までが対象であり、未来永劫続くものではなかった。安定的な法的地位を与えれば帰化も帰国もしなくなるのは当然で、日本の入管行政は彼らを敢えて不安定な状態に置いていた。彼らの犯罪性向や生活水準を考慮すれば、厄介者扱いはやむをえなかったろう。

だが、一九九一年一一月一日、在日韓国・朝鮮人の在留資格を一本化する「特別永住」資格を定めたことで、日本の在日韓国・朝鮮人に対する施策は歴史的な転換点を迎えた。

その対象は、サンフランシスコ講和条約により日本国籍を離脱した在日韓国・朝鮮人のうち一九四五年九月二日以前から内地に住んでいた者（実際には一九四五年九月二日以降に密入国した韓国・朝鮮人も含む）と、その子孫たち。

この政策変更の当否については議論が分かれるところだが、特別永住者の数がいまや三六万人（二〇一四年六月・法務省統計）まで減少していることを考えれば、入管行政は所期の目的を達成している。つまり、在日韓国・朝鮮人に日本人に近い処遇を与えることで彼らの生活環境を向上させ、日本社会への定着を促すことで自発的な帰化を期待するという狙いである。

実際、ピーク時は六九万人に達した在日社会だが、一九九〇年から毎年数千から万単位の韓国・朝鮮人が日本に帰化している。しかも若い在日の結婚相手の八割以上が日本人であり、その子供は日本人となる。こうした状況が続けば、今世紀半ばに特別永住者はほぼ消滅する可能性が高い。オールドカマーたちのコリアタウンを訪ねれば一目瞭然だが、各地で少子高齢化が進み、彼らのコミュニティは急激な縮小過程にある。

今後は大多数の在日韓国・朝鮮人が日本との融和をさらに加速させる一方で、存亡の危機に際してこれまで以上の先鋭的な反日活動で組織の存続を図る者も出てくるだろう。在日韓国・朝鮮人から、まだまだ目が離せない。

❖ 特別永住資格付与の対象者 ❖

- ◉法 126-2-6 によって在留する者
- ◉特例永住資格によって在留する者
- ◉協定永住資格によって在留する者

❖ 韓国・朝鮮から日本への帰化者数 ❖

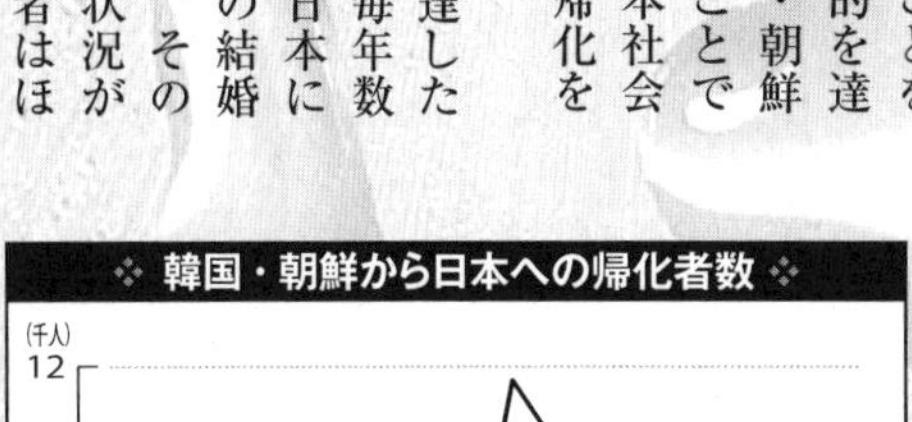

法務省民事局資料および民団資料より

在日の地図

[西日本編]

概説

コリアタウン探訪

　さて、ここから先は西日本のコリアタウンである。例によって、左の一覧表は在日本朝鮮人総連合会（以下、「総連」）及び大韓民国民団（以下、「民団」）施設の所在地リスト。右の日本地図中では「灰色の点」で示している。

　東日本編ですでに読者はお気づきだろうが、特に総連において、所在地を非公開とする支部が目立つ。本書の元版となった『在日の地図 大韓棄民国物語』が二〇〇六年に発行された段階でも、すでに所在地の確認ができない支部は多々あったが、昨今では事情が違うようだ。

　もともと総連の支部は、その存在は確認出来るが場所が特定できないケースが多かった。総連は法人格を持たないために、構成員が経営する個人商店や、NPO法人の形で支部を維持している場合があり、これについては所在地を公表していなかったのである。

　だが、かつての総連ウェブサイト上に掲示されていた支部リストと対照すると、すでに十を超える支部が消滅している。総連系住民の激減は日本各地で見られる現象であり、所在地を非公開とする支部も、その多くがほぼ休眠状態にあると推測できるだろう。

　また、民団の支部についても、昨今の嫌韓ムーブメントの高まりを反映しているのか所在地を公表しない事例が増えている。こうした状況下でコリアタウン探訪を行うにあたっては、積極的に街を歩き、話を聞く労を惜しんではならないのである。

　もっとも、在日韓国・朝鮮人が夕

民族団体施設所在地一覧表

在日本朝鮮人総連合会（中央本部：東京都千代田区）		在日本大韓民国民団（中央本部：東京都港区）	
【福井県】			
県本部	福井市	県本部	福井市
中央支部	福井市	中部支部	福井市
奥越支部	非公開	木田支部	福井市
南越支部	非公開	武生支部	越前市
敦賀支部	非公開	敦賀支部	敦賀市
坂井支部	非公開	鯖江支部	鯖江市
		若狭支部	小浜市
		坂井東支部	坂井市
		坂井西支部	あわら市
【滋賀県】			
県本部	大津市	県本部	大津市
大津支部	大津市	大津支部／膳所支部	非公開
湖東支部	大津市	石山支部／堅田支部	非公開
高島支部	大津市	湖南支部	非公開
甲賀支部	湖南市	守山支部	非公開
湖北支部	非公開	湖北支部	非公開
		湖西支部	高島市
		甲賀支部	非公開
		湖東支部	非公開
【京都府】			
府本部	京都市右京区	府本部	京都市左京区
右京支部	京都市右京区	上京支部	京都市上京区
左京支部	京都市左京区	左京支部	京都市左京区
西支部	京都市南区	右京支部	京都市右京区
南支部	京都市南区	中京支部	京都市下京区
西陣支部	京都市北区	下京支部	京都市下京区
伏見支部	京都市伏見区	南支部	京都市南区
西南支部	京都市西京区	伏見支部	京都市伏見区
中京支部	京都市中京区	南京都支部	宇治市
山科支部	京都市山科区	舞鶴支部	舞鶴市
南山城支部	宇治市	乙訓支部	向日市
三丹支部	舞鶴市	丹波支部	亀岡市
口丹支部	船井郡園部町	福知山支部	福知山市
		丹後支部	京丹後市
		北桑田支部	南丹市
【奈良県】			
県本部	奈良市	県本部／奈良支部	奈良市
北和支部	奈良市	北葛支部	大和高田市
中和支部	桜井市	桜井支部	桜井市
南和支部	非公開	天理支部	天理市
東和支部	非公開	生駒支部	生駒市
		宇陀支部	宇陀市
		橿原支部	磯城郡田原本町
		郡山支部	生駒郡斑鳩町
		吉野支部	吉野郡大淀町
【三重県】			
県本部	津市	県本部／津支部	津市
四日市支部	四日市市	桑名支部	桑名市
桑名支部	桑名市	四日市支部	四日市市
鈴鹿支部	鈴鹿市	鈴鹿支部	鈴鹿市
南勢支部	伊勢市	伊賀支部	伊賀市
津支部	非公開	松阪支部	松阪市
伊賀支部	非公開	伊勢支部	伊勢市
		尾鷲支部	尾鷲市
【和歌山県】			
県本部	和歌山市	県本部	和歌山市
和歌山支部	和歌山市	紀北連合支部	伊都郡かつらぎ町
中部支部	非公開	有田支部	海南市
紀北支部	非公開	御坊支部	御坊市
紀南支部	非公開	田辺支部	非公開
新宮支部	非公開	新宮支部	非公開
【大阪府】			
府本部	大阪市東淀川区	府本部／中央支部	大阪市北区
生野西支部	大阪市生野区	福島支部	大阪市福島区
生野南支部	大阪市生野区	生野(東／西／南／北)支部	大阪市生野区
生野東支部	大阪市生野区	東成支部	大阪市東成区
中西支部	大阪市生野区	天阿支部	大阪市阿倍野区
東阿支部	大阪市平野区	大正支部	大阪市大正区
西支部	大阪市福島区	此花支部	大阪市此花区
西淀川支部	大阪市西淀川区	都島支部	大阪市都島区
東淀川支部	大阪市淀川区	南大阪支部	大阪市浪速区
東成支部	大阪市東成区	港支部	大阪市港区
城東支部	大阪市城東区	旭支部	大阪市旭区
旭都支部	大阪市都島区	西成支部	大阪市西成区
西大阪支部	大阪市港区	東淀川支部	大阪市淀川区
東大阪支部	東大阪市	平野東住吉支部	大阪市平野区
東大阪南支部	東大阪市	住吉住之江支部	大阪市住吉区
東大阪東支部	東大阪市	西淀川支部	大阪市西淀川区
河北支部	守口市	北大阪支部	大阪市北区
八尾・柏原支部	八尾市	城東支部	大阪市城東区
堺支部	堺市	堺支部	大阪府堺市
泉州支部	和泉市	八尾支部	大阪府八尾市
吹田支部	吹田市	北河内支部	大阪府守口市
豊能支部	池田市	泉大津支部	泉大津市
北摂支部	高槻市	豊能支部	豊中市
		布施支部／枚岡支部	東大阪市
		東大阪南支部	東大阪市
		吹田支部	吹田市
		泉南支部	泉佐野市
		高槻支部	高槻市
		茨木支部	茨木市
		枚方支部	枚方市

暮れの時代に差し掛かっているとはいえ、西日本ではまだまだ元気なコリアタウンを見ることができる。戦前期において半島と日本との連絡が、「釜山～下関」航路と「済州島～大阪」航路の二系統だったため、必然的に朝鮮人の集住地区は、西日本に偏重している。

特に大阪を中心とした京阪神地域は、在日韓国・朝鮮人の本場としての地位は揺るぎようがない。コリアタウンとしての密度は濃厚そのものであり、もはやランドマークとしての総連・民団施設探しなど、あまり意味がないほどである。犬も歩けばいつのまにやらコリアタウン。鶴橋、桃谷、尼崎。京都東九条にウトロ地区。あまりにも有名な、なかば観光地と化しつつあるこれらのコリアタウンに探訪ロマンの余地など残されていないのだ。

ゆえに、ここでは、東日本のコリアタウンとの対照が興味深い。特に総連施設が比較的意気軒昂である。

北朝鮮の無道が明るみに出るにつれ、東日本の総連施設は人の気配も感じさせないほどに静まり返っているか、もしくはNPO法人や朝鮮食材店などに偽装しているケースが目立つ。対して京阪神地域では正々堂々、「朝鮮会館」や「在日本朝鮮人総連合会〇〇支部」など、本来の看板を掲げたままだ。総連、いまだ健在なのである。

しかし、いま総連がいくら気を吐いてはいても、次代の「総連エリート養成機関」である朝鮮学校については、また話が違う。全体として児童・生徒数は長期減少傾向にあり、

在日本朝鮮人総連合会	在日本大韓民国民団
【大阪府】	
	泉北支部……和泉市
【兵庫県】	
県本部……神戸市中央区	県本部……神戸市中央区
東神戸支部……神戸市中央区	西神戸支部……神戸市長田区
西神戸支部……神戸市長田区	東神戸支部……神戸市中央区
須磨垂水支部……神戸市須磨区	兵庫支部……神戸市兵庫区
灘支部……神戸市東灘区	阪神支部……神戸市灘区
明石支部……明石市	有馬支部……神戸市北区
尼崎東支部……尼崎市	西宮支部……西宮市
尼崎西支部……尼崎市	宝塚支部……宝塚市
西宮支部……西宮市	西播支部……姫路市
伊丹支部……伊丹市	東播支部……高砂市
宝塚支部……宝塚市	三田支部……三田市
川西支部……川西市	明石支部……明石市
姫路支部……姫路市	川西支部……川西市
姫路西支部……姫路市	尼崎支部……尼崎市
加印支部……高砂市	但馬支部……豊岡市
相生支部……非公開	伊丹支部……伊丹市
北播支部……非公開	播丹支部……西脇市
三田支部……非公開	
【岡山県】	
県本部……岡山市北区	県本部……岡山市北区
岡山支部……岡山市南区	倉敷支部……倉敷市
倉敷支部……倉敷市	津山支部……津山市
備前支部……備前市	東備支部……非公開
美作支部……津山市	備北支部……新見市
【広島県】	
県本部……広島市南区	県本部／東支部……広島市東区
東支部……広島市南区	西支部……広島市西区
南支部……広島市南区	安佐支部……広島市安佐北区
西支部……広島市西区	福山支部……福山市
北支部……広島市安佐南区	呉支部……呉市
安芸支部……広島市安芸区	三原支部……非公開
呉支部……呉市	三次支部……三次市
東部支部……福山市	佐伯支部……廿日市市
佐伯支部……大竹市	賀茂支部……東広島市
	尾道支部……尾道市
	安芸支部……安芸郡府中町
	豊田支部……非公開
	比婆支部……庄原市
	世羅支部……世羅郡世羅町
	高田支部……安芸高田市
【鳥取県】	
県本部／米子支部……米子市	県本部……鳥取市
境港支部……非公開	米子支部……米子市
倉吉支部……非公開	
鳥取支部……非公開	
【島根県】	
県本部／出雲支部……出雲市	県本部……松江市
東部支部……松江市	浜田支部……浜田市
浜田支部……浜田市	大田支部……大田市
益田支部……益田市	石西支部……益田市
【山口県】	
県本部……下関市	県本部……下関市
下関支部……下関市	下関支部……下関市
宇部小野田支部……宇部市	小月支部……下関市
周陽支部……徳山市	小野田支部……山陽小野田市
岩国支部……非公開	宇部支部……宇部市
山口支部……非公開	山口支部……非公開
萩支部……非公開	徳山支部……周南市
	光支部……光市
	岩国支部……岩国市
	美祢支部……美祢市
	厚狭支部……山陽小野田市
	萩支部……非公開
【香川県】	
県本部……高松市	県本部……高松市
高松支部……非公開	
セイサン支部……非公開	
【徳島県】	
県本部……徳島市	県本部……小松島市
【愛媛県】	
県本部……松山市	県本部……松山市
中予／東予／南予支部……非公開	新居浜支部……新居浜市
【高知県】	
県本部／高知支部……高知市	県本部……高知市
中村支部……非公開	
安芸支部……非公開	
高幡支部……非公開	
【佐賀県】	
県本部……佐賀市	県本部／佐賀支部……佐賀市
佐賀支部……佐賀市	伊万里支部……伊万里市
伊万里支部……伊万里市	杵藤支部……杵島郡江北町
	鳥栖支部……鳥栖市
	唐津支部……唐津市
【福岡県】	
県本部……福岡市博多区	県本部……福岡市博多区
福岡支部……福岡市博多区	福岡支部……福岡市博多区
門司支部……北九州市門司区	西戸崎支部……非公開
小倉支部……北九州市小倉北区	小倉支部……北九州市小倉北区
戸畑支部……北九州市戸畑区	八幡支部……北九州市八幡西区
若松支部……北九州市若松区	門司支部……北九州市門司区
八幡支部……北九州市八幡東区	若松戸畑支部……北九州市若松区
筑豊支部……飯塚市	飯塚支部……飯塚市
筑後支部……久留米市	久留米支部……久留米市
京築支部……京都郡苅田町	直鞍支部……直方市
遠賀支部……遠賀郡水巻町	筑紫支部……春日市
	田川支部……田川市
	大牟田支部……大牟田市

京阪神地域においては舞鶴市、堺市、岸和田市、また西日本エリアに目を向ければ、松江市、相生市、明石市、宇部市、徳山市、飯塚市などで閉校が相次いでいる。

取り壊されることもなく、草むし苔むす一方の廃校。少なくとも総連系の在日朝鮮人に関しては、極めて近い将来に日本社会から退場することになるのだろう。総連の墓標ともいえる廃校を見るにつけ、誰しもそう感じるはずだ。総連は歴史的な役目を終えたのである。

続いて中国四国地方。こちらには京阪神地域とは違った、独自の盛り上がりを見せるコリアタウンが存在する。今治や岡山は異色の在日韓国・朝鮮人集落として非常に名高いのだが、日本と朝鮮の結節点としての歴史的重要性に注目すれば、第一に取り上げるべきは山口県だろう。関釜連絡船で無数の朝鮮人が上陸し、日本各地へ散って行った思い出の地、下関である。そして終戦後、無数の朝鮮人が帰国を願い殺到した土地でもある。上陸時の希望や期待、また引き揚げ時の焦り、逸る思い。彼らのそうした感情に思いを馳せながら、在日韓国・朝鮮人集住地区の旧大坪町界隈を歩くのは感慨深いものがあるだろう。

関門海峡を越え、九州へ渡る。黒いダイヤで栄えた炭鉱の街には、かつて何万人にも及ぶ朝鮮人が重労働に従事していたという。彼らがボタ山の如く高く大きく築きあげたコリアタウンは、石炭産業とともに没落してしまったが、微かな痕跡は今も消えずに残っている。

在日本朝鮮人総聯合会		在日本大韓民国民団	
【福岡県】			
		行橋京都支部	京都郡苅田町
		遠賀支部	遠賀郡水巻町
		築上支部	非公開
【大分県】			
県本部	大分市	県本部	大分市
大分支部	非公開	大分支部	大分市
別府支部	非公開	別府支部	別府市
県北支部	非公開	中津支部	中津市
キュウダイ支部	非公開	宇佐支部	宇佐市
		高田支部	宇佐市
		臼杵支部	非公開
		杵築支部	速見郡日出町
		久大支部	非公開
【長崎県】			
県本部	長崎市	県本部	長崎市
長崎支部	長崎市	佐世保支部	佐世保市
西彼支部	佐世保市	大村支部	大村市
		諫早支部	諫早市
【熊本県】			
県本部	熊本市	県本部	熊本市
熊本支部	非公開	玉名支部	玉名市
八代支部	非公開	人吉支部	球磨郡多良木町
		阿蘇支部	阿蘇郡阿野村
【宮崎県】			
県本部	非公開	県本部	宮崎市
		都城支部	非公開
【鹿児島県】			
県本部	鹿児島市	県本部	鹿児島市
【沖縄県】			
県本部	福岡市博多区	県本部	那覇市

【朝鮮学校】	
北陸朝鮮初中級学校	福井県福井市
滋賀朝鮮初級学校	滋賀県大津市
京都朝鮮中高級学校	京都市左京区
京都朝鮮初級学校	京都市伏見区
京都朝鮮第二初級学校	京都市右京区
四日市朝鮮初中級学校	三重県四日市市
和歌山朝鮮初中級学校	和歌山県和歌山市
東大阪朝鮮初級学校	大阪府東大阪市
東大阪朝鮮中級学校	大阪市生野区
生野朝鮮初級学校	大阪市生野区
大阪朝鮮第四初級学校	大阪市生野区
中大阪朝鮮初級学校	大阪市東成区
北大阪朝鮮初中級学校	大阪市東淀川区
南大阪朝鮮初級学校	大阪市住之江区
城北朝鮮初級学校	大阪市旭区
大阪福島朝鮮初級学校	大阪市西淀川区
大阪朝鮮高級学校	大阪府東大阪市
南大阪朝鮮中級学校	大阪府岸和田市
神戸朝鮮高級学校	神戸市垂水区
西神戸朝鮮初級学校	神戸市長田区
神戸朝鮮初中級学校	神戸市中央区
尼崎朝鮮初中級学校	兵庫県尼崎市
西播朝鮮初中級学校	兵庫県姫路市
伊丹朝鮮初級学校	兵庫県伊丹市
岡山朝鮮初中級学校	岡山県倉敷市
岡山朝鮮幼稚園	岡山県岡山市
広島朝鮮初中高級学校	広島市東区
山口朝鮮初中級学校	山口県下関市
四国朝鮮初中級学校	愛媛県松山市
九州朝鮮中高級学校	北九州市八幡西区
北九州朝鮮初級学校	北九州市八幡西区
小倉朝鮮幼稚園	北九州市小倉北区
福岡朝鮮初級学校	福岡市東区
【韓国学校】	
京都国際学園中高等学校	京都市東山区
白頭学院　建国幼小中高等学校	大阪市住吉区
金剛学園幼小中高等学校	大阪市西成区

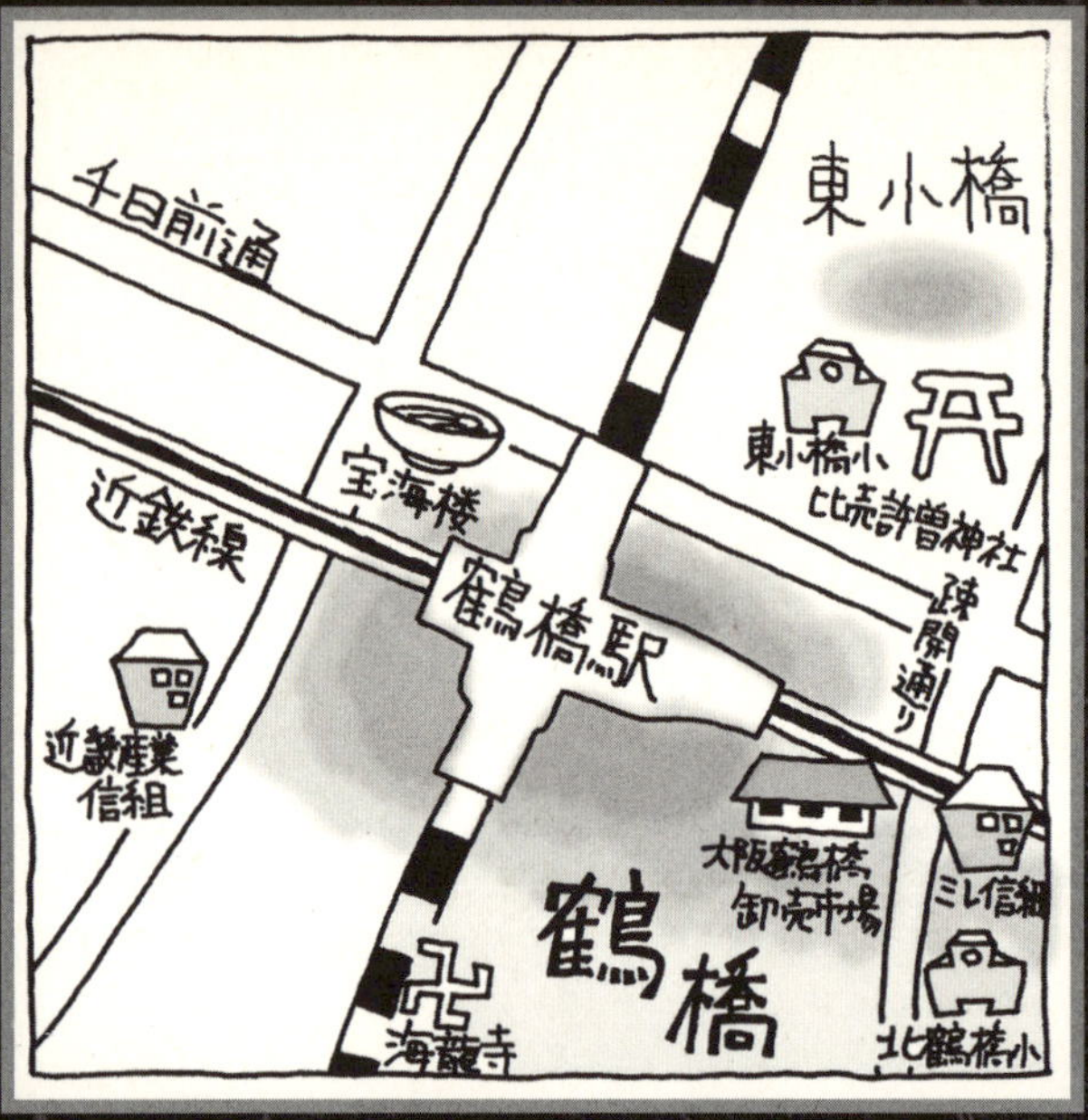

コリアタウン探訪
第十参札所

大阪市鶴橋

OSAKA TSURUHASHI

大阪府

日本最大のコリアタウン猪飼野。その玄関口とも言える鶴橋駅のホームには、ほかに類をみない特徴がある。

下車した途端に漂ってくる焼肉の匂い。賑わう雑踏には、大声で飛び交う朝鮮語。キムチ、ニンニクの香りが混ざり合い、独特の空気で満ちている。

改札を出るまでもない。ここは駅自体が、猥雑なカオス渦巻くリトルコリアなのだ。

そして、とにかく広い。さすが日本一！　駅を取り囲むように六つの商店街があるのだが、それぞれの境界線も定かではない。狭い通路の両側には八〇〇以上とも言われる種々雑多な小店舗が、隙間無くビッシリと並び、迷路のような街を形成している。

焼肉、ホルモン店、チマチョゴリ屋、キムチ屋、チヂミ屋、さらにはバッタモノ、偽ブランドショップがひしめく。

奥に進むほどに、漂う香りも本場の朝鮮人街に近づいて行くようだ。

ニューカマーが経営する垢抜けたお洒落な店は少ないが、在日韓国・朝鮮人街の雰囲気を味わいたいなら必見だ。

闇市起源の
底無し巨大
コリアマーケット
焼肉・韓国
今日は連休を利用して大阪観光にやって来ました
食いだおれの街大阪に到着!!
づぼらや
く食いだおれ…♡
大阪国際空港（伊丹空港）
早速大阪市内に突撃！
伊丹空港って大きいのねェ～
この伊丹空港は元々は一九三九年一月に大阪第二飛行場として建設されたのよ
ん？何だか急に道が狭く…
……
キラーン
な何ここ…!?
ん？中村地区よ
中村地区？
飛行場の建設やその後の拡張工事には多数の朝鮮人労働者が従事し彼らはこの中村地区をはじめ周辺の下河原や東桑津に住んでいたの

彼らは時期的には「募集」や「官斡旋」で集められ…
戦後も国有地を不法占拠し続けてその結果出来たのがこの集落というわけ
何十年も騒音の下で暮らしてきたのね
かわいそう…
でも国や伊丹市の事業で新しい共同住宅と補償金をもらえるそうよ
前言撤回
居酒屋
今日は楽しかったわね
うん!!
じゃあ明日はいよいよ…
在日の聖地「猪飼野」につきあってもらうわよ!!
現在の東成区と生野区をまたぐ旧「猪飼野」地域には日本で最も在日韓国・朝鮮人が多く住んでいるのよ
東成区
鶴橋駅
天王寺区
生野区
桃谷駅

鶴橋駅(西口)
TSURUHASHI STATION
近鉄線のりば
KINKI-NIPPON RAILWAY
炭火焼肉
つるいち
すっぽん
う
うわあああぁ……
ここ鶴橋の国際マーケットこそ在日の聖地「猪飼野」の中枢よ!!
駅前通り
鶴橋卸売市場
近鉄鶴橋駅東口この下
線路と店が一体化している…
国際マーケットは天王寺・東成・生野の三区をまたぎ六つの市場と八〇〇以上の店舗数を誇るのよ
ここは終戦直後に出来た闇市が姿を変えて市場になったところなの
チヂミ食べましょ♡
あッ!
お…岡田さん!?
……労働組合の
何やってんですか!
し親戚のおばが倒れたから代わりに店出ているのよ
事情はわかりますがウチの会社バイト禁止ですよ…
ケンチャナヨよ!!
日本人は器が小さいんだから!
参政権も渋ってるし!
に日本人は…?
岡田さんって…!?
鶴橋商店街

みづほ あれ 食べましょ！
キムチサンド!?
パンとキムチなんて絶対合わないと思ったけど
キュウリとタマゴのマヨネーズ和えが上手くその二つをつなげているわね
焼肉・韓国料理
特製 キムチ
それにしても壮絶な規模のコリアタウンね…
ここ猪飼野は一九二九年に大阪市が作成したデータによると一九二二年以降から朝鮮人が増え始め
終戦の頃には大規模なコミュニティがすでに出来上がっていたのよ
それが現在も異国の地で残っているなんて…
ここ猪飼野の場合は定住傾向の強い済州島出身者が多いからね
彼らは終戦の頃にはもう日本で生活基盤を確立していたのよ
戦前には大阪各地に他地域出身の朝鮮人街があったけど彼らは終戦後一目散に帰国していったのよ
そうよねェ…苦しかったとしても祖国で暮らしたいものね…
また残った済州島出身の人達は戦後日本の経済成長の頃に親戚関係などを済州島から招いてここ猪飼野は巨大なコリアタウンになったのよ
つまるところ日本で暮らす在日韓国・朝鮮人は故郷よりも暮らしやすい日本を選んだってことなのね

ラーメン
特製ギョーザ
北京料理
宝海楼
あったわ!
この閉まっている中華料理屋がどうしたの?
ここが原敕晁氏拉致の舞台になった「宝海楼」よ!!
こ ここが…!?
総連系の経営者が従業員の原さんを北朝鮮工作員の辛光洙に売り渡したんだっけ?
その通り!
ビシィィィ
南側にも商店街が伸びているわね
あ あれ見てよ!
海龍寺布教院
妙天寺別院
うわ… 何だろ…
そういえばこれ見て思い出したわ!
何?
地図によるとこの通りのはずなんだけど…
あれだわ!!

↓つづく

ＪＲ・近鉄鶴橋駅前の千日前通りにて

大阪府 鶴橋 TSURU HASHI

日本最大のコリアタウン 猪飼野の玄関口・鶴橋は 済州島民が集う約束の地

大阪国際空港が伊丹市に建設されたのは一九三九年のことだ。一九三六年の着工以来、多くの朝鮮人労働者が従事している。飛行場が建設された神津村（現・伊丹市）の朝鮮人数は「一九三〇年には四四人だったものが、一九三七年には七四八人と一七倍に増えている」（『兵庫のなかの朝鮮』明石書店）ことからも、朝鮮人が建設作業の主力を担っていたことが窺える。

さらに一九四〇年になると、戦況の拡大に対応すべく、軍は飛行場の拡張工事を決定。これを契機に、朝鮮人の集住は加速していく。伊丹市史によると「小坂田の五二戸、東桑津の一九戸の村民は、それぞれ解村式を行って」（『兵庫と朝鮮人』ツツジ印刷）各地に散っていったが、その跡には工事に従事する朝鮮人労働者が新たに住みつき始めた。

こうして朝鮮人は、建設が進むにつれて急激に数を増やしていく。東桑津、下河原、中村などの猪名川沿いの地域には、朝鮮人集落が相次いで形成された（『兵庫のなかの朝鮮』）。飛行場建設に従事した朝鮮人労働者は慶尚南道出身者が多く、三～四人の家族ぐるみで移住している者が圧倒的だったという（『兵庫と朝鮮人』）。

戦後も彼らの一部は空港用地内に居住を続け、「中村地区」と呼ばれる集落を形成していった。この問題は二〇〇二年にようやく補償交渉が合意に達し、現在は解決済みだが、大阪の玄関口にまでこうした地区があったことは、長く記憶に留めておく必要があるだろう。なにしろ大阪府が抱える韓国・朝鮮人人口は一四万人。全都道府県中でも最多である。大阪は在日社会の本丸なのだ。

さて、大阪市内に目を移すと、日本最大のコリアタウン「猪飼野」がある。行政上の番地表示としては、もはや猪飼野の名称は存在しないが、在日韓国・朝鮮人の街として長く親しまれてきた地名で、一八八九年まで存在した東成郡猪飼野村に由来している。

同エリアの中心は大きく鶴橋と桃谷に分けることができる。鶴橋はJR大阪環状線と近鉄線が交差する交通の要衝地である。同駅の近く、現在の東小橋には、かつて「朝鮮町」

大阪府内外国人登録者数（韓国・朝鮮人）

大阪市	75197人	吹田市	1975
生野区	25768	守口市	1536
東成区	5753	寝屋川市	1395
西成区	4671	高槻市	1346
平野区	4643	枚方市	1321
中央区	2987	和泉市	1138
城東区	2977	岸和田市	1104
東淀川区	2862	門真市	1060
淀川区	2639	茨木市	928
天王寺区	2672	大東市	904
浪速区	2011	泉大津市	815
住吉区	1935	箕面市	702
北区	1933	池田市	614
東住吉区	1860	摂津市	613
西淀川区	1712	松原市	583
住之江区	1606	羽曳野市	503
都島区	1359	柏原市	491
旭区	1263	富田林市	389
鶴見区	1256	泉佐野市	342
阿倍野区	1216	藤井寺市	331
西区	1088	四条畷市	289
港区	867	貝塚市	281
此花区	804	河内長野市	240
福島区	682	泉南市	231
大正区	633	高石市	206
東大阪市	11997	交野市	202
堺市	4828	大阪狭山市	149
八尾市	3474	阪南市	146
豊中市	2279		

「在留外国人統計」平成26年版

と呼ばれた朝鮮人集住地区がある。

日本書紀仁徳天皇の記述に、「猪甘の津に橋わたす」とあり、これが日本最古の架橋の記録とされる。ここで言う「猪甘の津」こそ「猪飼野」のそもそもの由来であり、「橋」は「東小橋」に通じる。今では町の一角でその子孫たちがひっそりと暮らしているだけだが、形成時期は桃谷地域よりも早い。猪飼野地域への朝鮮人集住の過程を辿るならば、まずは「朝鮮町」の成立から始めなければならない。

大阪市社会部が一九二九年にまとめた『本市に於ける朝鮮人の生活概況』では、「朝鮮町」に朝鮮人が居住し始めたのは、一九二〇年頃とされる。この調査が行われた一九二八年六月現在では八一世帯、四七五人の朝鮮人が住んでいたという（『異邦人は君ヶ代丸に乗って』岩波書店）。同時期の桃谷地域の三〇世帯一七六人と比較すれば、その規模がわかるだろう。

しかし、これはあくまで定住人口の調査結果であり、土木工事などの飯場を転々とする非定住労働者を含んでいない。同地域では、一九一九年頃から民間の主導による耕地整理と、これに並行して平野川の蛇行を直線化する改修工事が行われている。また、猫間川や周辺国道などの工事現場にも朝鮮人が従事していた。つまり、記録外の多数の朝鮮人がこの地にいたことは間違いない。

ところで、ここにおいて、猪飼野地域の朝鮮人集住の契機として一般的に流布している説への検討が必要となる。その説では「一九二三年以降の平野川開削工事に従事した朝鮮人」が同流域に住み着き、次第に家族を呼び寄せたというのだ（『猪飼野郷土史』猪飼野保存会）。

同書では「開削工事従事者に済州

「旧朝鮮町」の東小橋地域。鶴橋駅から徒歩数分の好立地

大阪鶴橋卸売市場。鮮魚系の仲卸業者が主体

島出身者がほとんどいなかった」とも述べられており、現在の猪飼野地域の在日韓国・朝鮮人の過半が済州島出身者であることと矛盾する。また、『異邦人は君ヶ代丸に乗って』は、同工事の実施時期を一九二一年から一九二三年一二月の間としている。一九〇八年及び一九二三年の周辺地図分析によれば、一九二一年の段階で既に平野川の直線化工事自体は完了しているのだ。つまり時期的にも「定説」との矛盾が生じている。

このように、猪飼野地域への朝鮮人集住については諸説あるのだが、少なくとも平野川の開削工事において、いわゆる「強制連行」説に見られるような労働者への強制性は全くない。時期を見れば、一九三八年の国家総動員法以前であって、当時は急増する朝鮮人の渡航制限を実施していたほどだった。そもそも同事業は鶴橋耕地整理組合という民間団体による土地改良事業であって強権的な色合いなどあろうはずもないのだ（『猪飼野郷土史』）。

では、最も真実に近い説明は何か。鍵を握るのは、済州島と大阪を結ぶ定期船「君ヶ代丸」の就航だろう。「済州島出身の人は他ではいじめられたりして、生活しにくいこともあり、どんどん猪飼野に集まってくる。ここだと済州島出身者がのびのびと生活できるということもあって済州島出身者でほとんどが占められるようになっていったのです」（『異邦人は君ヶ代丸に乗って』）

済州島民は自らの意志で大阪を目指し、この地に身を寄せ合い、彼らの共同体を育ててきたのである。在日二世であることをカミングアウトしている歌手の和田アキ子の両親は、済州島から大阪に渡ってきて鶴橋で料理店を経営している典型的な出稼ぎ型の朝鮮人だった。鶴橋在住の朝鮮人家庭で同様のケースは非常に多く、そのため鶴橋は「済州島より済州島らしい」と、韓国人からも形容されるほどだという。かつて同地で営業していた中華料理店「宝海楼」では、店主の手引きにより従業員の原敕晃氏が北朝鮮による理不尽な拉致被害に遭遇している。まさに同地は朝鮮人の王国だったのだ。

かつて田畑が一面に広がる郊外だった鶴橋は、大阪鉄道（現・JR大阪環状線）が開通するとともに、急速に人口増と都市化の波に洗われた。戦災で焼け野原になってはいるが、戦後もその成長力は衰えず、大阪最大級の規模を誇る闇市が出現している。売り子の数は五〇〇人〜六〇〇人にも上ったという。

現在の鶴橋駅周辺の猥雑この上ない巨大市場は、当時の闇市を直接の原型としている。この街では、当分「戦後」が終わりそうにない。

コリアタウン探訪
第十四札所

大阪市桃谷

OSAKA MOMODANI

大阪府

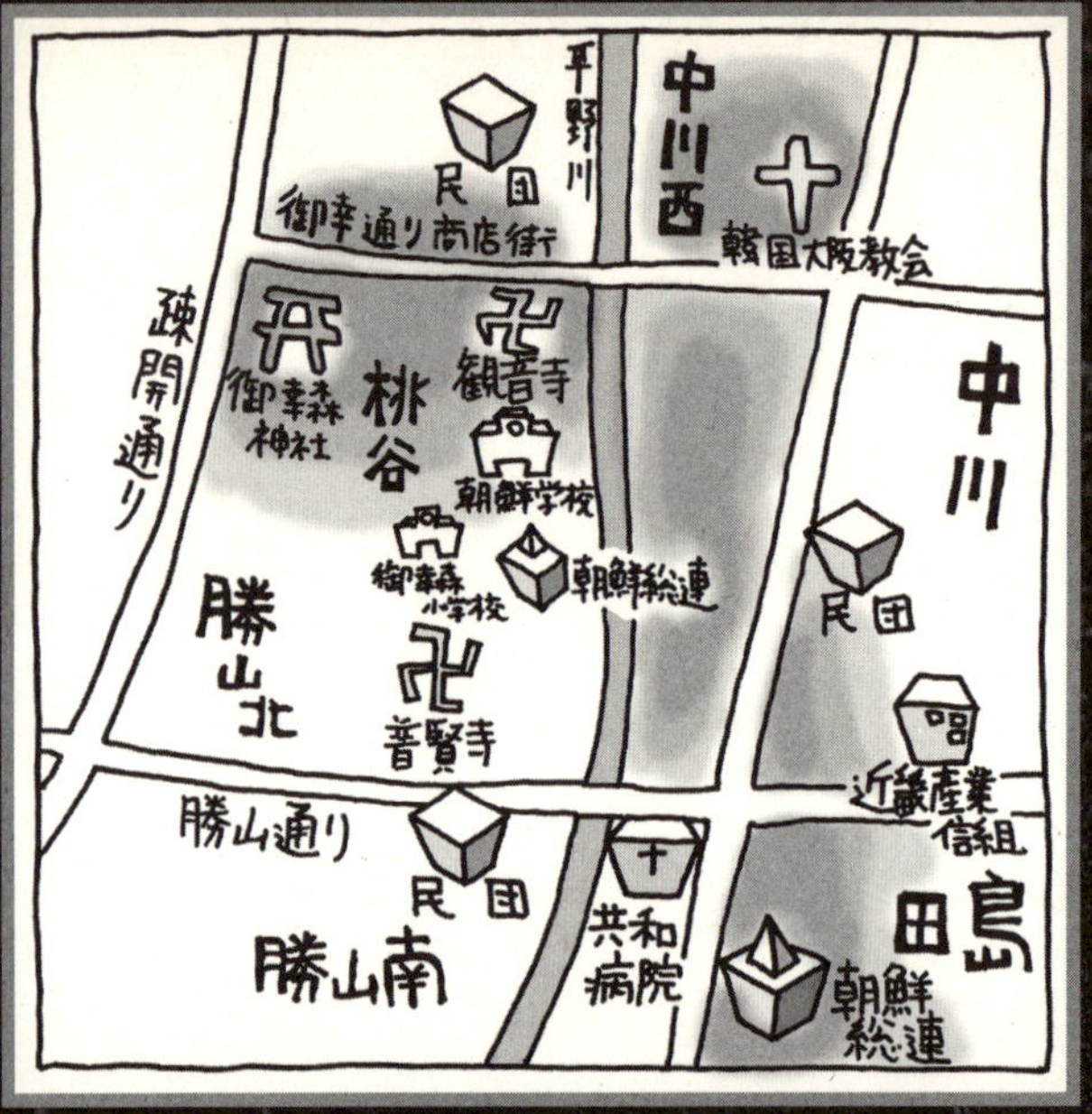

鶴橋が玄関なら、桃谷は猪飼野の奥座敷。JR大阪環状線で鶴橋駅のお隣、桃谷駅へ。商店全体の半数を在日韓国・朝鮮人が経営する「御幸通り商店街」は駅から徒歩一〇分ほどの距離にある。

入り口のアーチには堂々たる『KOREA TOWN』の文字。通りは東西五〇〇メートル、一三〇店が連なる。

店の軒先では、焼きたてのチヂミが売られ、食肉店では豚足が湯気を立てる。特に目立つのはキムチ店の多さだ。真っ赤なトウガラシの入った樽からは強烈な香辛料の匂い。近づけば、その値段にまた驚かされる。なんと、一キロ単位で買っても数百円程度。とにかく安い！　地元密着の商売で古い歴史を刻む。隠れた名店も数知れず。

ただし、訪れる際は時間配分に要注意。この界隈では、夜の七時ともなれば営業を終えて一家団欒という店が殆ど。家族を大切にするのが朝鮮古来の伝統である。

穏やかな空気と時間が流れる大阪の下町。じゃりんこチエで見た世界がここにある。

在日最大の聖地、全ての道は猪飼野に通ず
百済門
KOREA TOWN
オイソ
ポイソ
サイソ
韓国教会
ドォオオオオ
韓国大阪教会
す…スゴイインパクト…
壁面の文字の大きさが突き抜けているわね
ここは元々一九二二年に建てられた「鶴橋教会」が起源なのよ
いよいよ大阪最大のコリアタウン御幸通り商店街に行くわよ!!
お〜…
平野川
うわ…汚ねードブ川…
この平野川の改修工事がこの先の御幸通りに在日朝鮮人が定住する原因となったと一般に認識されているんだけど
鶴橋の時に説明した通りそれは正しくないわね
ここは済州島出身の人が多いのよね?
そう
一九二二年に大阪〜済州島間で「君ヶ代丸」という船が就航したことによって
済州島からの移住者が増えここに集落が出来たのよ
大阪
済州島
「君ヶ代丸」ってステキな名前ね…
そうそうその「君ヶ代丸」って実は二隻あるのよ

在日一世に語り継がれる「君ヶ代丸」はそもそもは「君ヶ代丸」ではなかったの
ええ!? どういうこと!!?
初代「君ヶ代丸」は一九二五年に台風が原因で座礁し
ロシアの砲艦「マンジュール号」こそが在日一世の語るところの二代目「君ヶ代丸」なの
この船は一九四五年四月米軍の爆撃を受け撃沈されるまで就航し続けたのよ
ロシアの船が日本の内地と外地の生活文化を結びつけることに一役買ったのね
こくり
百済門
KOREA TOWN
KOREA TOWN
オイソ ボイソ サイソ
このゲートが御幸通りの東ゲートよ
一九九三年につくられたんだって
この御幸通りは東・中央・西と三つに分けられ
中央が最も在日の比率が高いのよ
西 中央 東
70% 25% 50% 日本人
30% 75% 50% 在日
チヂミ
この御幸通り商店街は一九二四年頃から露天商が朝鮮の食材を裏路地で売り始めたのがきっかけとなって発展し
戦後にこの通りが表通りとなったの
かつては地元の人しか来ない通りだったようだけど
一九八八年のソウル五輪頃にキレイに整備され現在は観光客も来るようになったのよ
戦前にすでに形成されていた桃谷と戦後の闇市が発展して国際マーケットとなった鶴橋とは
分けて考えなければならないってことね
そーゆーこと
天下大将軍

〈ようこそ! コリアタウン
異文化、交流の家
キムチ
キムチ
それにしても
見事な
コリアタウンね
うきうき♡
荒川区三河島の
コリアタウンに
近い感じね
似たような
規模の
商店街だからなのか
済州島出身の
在日韓国・朝鮮人が
多いからなのか…
なつかしい
感じよね
K-WAVE
韓流
ショップだわ!
まさに
観光スポットだわね
入りましょ
う〜ん…
みづほ
何探してるの
テコンVの
DVD♡
……
やっぱり
なかったわね…
山野さんが
ソウルで買って
きたそうよ
ええッ!?
貸して
もらおっと♡
ん?
あれは…

サトコ!!
こんなところでも
デートしてる…
相手の男は
誰なの!?
ちょっとだけ
イケメンよね！
コソ
コソ
コソ
御幸森
小学校
ここが
在日韓国・朝鮮人の
生徒数が全体の
半分を占めるという
日本一の
在日在籍率を誇る
御幸森
小学校だよ
コソ
コソ
スゴーイ♡
しかもとなりの
小学校は我らが
朝鮮初級学校さ！
この地域は
在日韓国・朝鮮人の
お子さんが
驚くほど多く
いらっしゃるのね
コソ
コソ
ねえ
光二の通っていた
小学校って
どっち？
それは
内緒♡
いちゃ
いちゃ
いちゃ
プッ…
い…一体どんな
甘ったるい会話
しているのかしら…
サトコばっかり
許せないわね
!!!
あら？
みづほと沙菜
じゃないの…
奇遇ねぇ
ひくっ
何やってんの
あんた達
あんたこそ
何やってんのよ！
私？
光二の故郷で
デートよ

折角だし紹介するわ！私の彼氏の松本光二クンよ！
ビシッ！
ヨロシク!!
女二人でミジメねぇ…光二にトモダチ紹介してくれるように頼んであげようか？
ぼそぼそ
光二と比べたらちょっと落ちるでしょうけど
別にいいわよ！
行きましょ沙菜!!
え〜と…この辺よね…
あったあった！
「鶴の橋」跡よ！
この辺りは旧平野川が流れていたところなのよ
そしてここに橋が架かっていたというわけ
鶴の橋は元々「猪飼津の橋」跡と言われていて『日本書紀』にも記された日本最古の橋なのよ
「猪飼津の橋」と「つるのはし」じゃ全然違うじゃない
その名の由来については江戸時代の地誌である『摂陽群談』によれば「鶴が多く集まったため」とか
または「津の橋」が訛ったものだとかいくつかの説があるわ
「猪飼野」という地名はおそらく「猪飼津」に由来しているんでしょうね
一九七三年の町名変更で消滅したけどね…
うわッ！メタリカのロゴをパロった理容店だわ!!
METALLICA
BATTERY!
大阪府・猪飼野…日本一のコリアタウンに圧倒されてしまいました

御幸通り商店街中央ゲート。

第十四札所

大阪府 桃谷 MOMO DANI

現代に甦ったノアの箱船 君ケ代丸に乗り朝鮮人は一路大阪を目指した

生野区の韓国・朝鮮人人口が、全住民の二五%に達するというのはあまりにも有名な話だ。日本一のコリアタウン猪飼野は、東成区の鶴橋駅周辺と、生野区の桃谷・中川・中川西などの広範囲なエリアから成り立っている。前章では、鶴橋について触れたが、本章では桃谷における朝鮮人集落の成立過程を追ってみよう。

鶴橋と同様に桃谷のコリアタウンをつくったのも済州島から出稼ぎにやってきた朝鮮人労働者である。一九一〇年の日韓併合と同時に、寺内正毅朝鮮総督は汽船会社の設立を目指し動き出す。表向きは産業開発・振興を図る目的だが、裏にはもちろん大陸への軍事輸送上の要請も当然あり、強固な海運会社の設立が急務だったのである。

こうして一九一二年に創設されたのが、資本金三〇〇万円の朝鮮郵船株式公社である。一九二四年には咸鏡丸が大阪～済州島間に就航し、その後これに代えて京城丸を就航させた（『越境する民』新幹社）。

一方、官の肝煎りで設立された朝鮮郵船に対し、関西の財閥企業である尼崎汽船部は、一九二二年に君ヶ代丸を就航させた。初代君ヶ代丸は一九二五年に済州島南岸で座礁し、以後はソビエトから購入した砲艦マンジュール号が、二代目君ヶ代丸として取って代わった。同社は瀬戸内・九州航路を基幹とする海運会社だが、日露戦争の際にも自社の朝鮮航路を堅持し、その功をもって韓国皇帝より勲章を授与されている（『越境する民』）。朝鮮とは因縁浅からずの会社である。

この二社体制下、済州島民は続々と海を渡った。一九二七年には、日本在住の済州島出身者が三万人を超えるほどの盛況振りだった。当時の運賃は一二円五〇銭（『異邦人は君ヶ代丸に乗って』岩波書店）。貧しい済州島民にとっては余りにも大きな負担だったが、渡日希望者は引きも切らない状況だった。

だが、この運賃に対する不満は大きく、翌一九二八年には済州島民から値下げ要求が出ている。そして島民は、これが受け入れられないと知るや、東亜通航組合を結成。一世帯五円のカンパからわずか一ヶ月で六〇〇〇円を集めることに成功する。この六〇〇〇円を元手として同組合が就航させた船が蛟龍丸である。運賃は画期的な六円五〇銭だったという（『越境する民』）。盛況を極める大阪～済州島航路にはこの三隻の他、鹿児島郵船も参入。済州島民の脱出の架け橋となった。だが過酷な値下げ競争は各社の収益を圧迫し、やがて鹿児島郵船、次いで東亜通航組合が離脱。さらに朝鮮半島で船舶安全法が成立すると、残る朝鮮郵船も撤退。結果、残ったのは尼崎汽船部の君ヶ代丸のみとなり、大阪～済州島航路は一九三五年以後、君ヶ代丸が独占することになる。尼崎汽船の競争力の源は、大阪に住

桃谷の朝鮮寺、普賢寺。周辺民家と変わらない外観が特徴。

商店街を抜け、平野川を越えるとそこは中川・中川西地区。韓国・朝鮮系住民の家並みが続く。

む済州島出身の朝鮮人実力者を取り込んだ点にある。君ヶ代丸が到着する大阪築港桟橋で、尼崎汽船部は船客の取り扱いを在阪済州島出身者に委託していた。また、彼らは工場などでの働き手を斡旋する役割も兼ねており、君ヶ代丸に乗船する警官への接待を、上本町付近の旅館などで行っていたという（『越境する民』）。

　こうして大阪には、済州島出身者の人的ネットワークが張り巡らされた。なおかつ、それを受け入れる安価な密集住宅も、膨張を続ける大阪市周縁部に供給されていた。鶴橋耕地整理組合の事業は、当初の目的である農地改良から大きく方針を転換し、市街化を目的とする土地区画整理に主眼を置かれたのである。猪飼野の地は、一九二五年頃までに、戸数一万二〇〇〇を数えたという（『猪飼野郷土誌』）。そして職業探しについても、同地はまさしく彼らにうってつけの場所だった。一般的に彼らの職業観は職人・職工を志向しており、猪飼野周辺に多数進出していた零細工場は、その受け皿の役割を果たしたのである。大阪陸軍砲兵工廠を控え、金属加工業が活況を呈しており、他にも鍵屋、錠前屋、ゴム産業など、彼らの働き口はいくらでもあった。相互扶助精神の強い済州島出身者は、一人定着する度に故郷から知人を呼び寄せ、彼らのコミュニティを強化していったのである。

　後年になると、君ヶ代丸の乗客には出稼ぎの男性労働者だけではなく、大阪に移住する女性の姿も増えていった。船内でお産することもたびたびあったようで、君ヶ代丸の船長は「航海のたびに産着を準備していた」という。また、君ヶ代丸には棺桶も乗っていて、「年間少なくても数十体の亡骸が、君ヶ代丸で帰島していた」こともあったようだ（『越境する民』）。

　三河島の章でも述べたが、同船は済州島民の生活サイクルの一部になっていたのである。

　戦前の桃谷一帯には朝鮮市場があった。一九二五年に開設された鶴橋公設

地域のやすらぎ、民族系の総合病院。韓国・朝鮮語で受診可能。

大阪朝鮮第四初級学校。1991年までは東大阪朝鮮第四初級学校。

大阪市立御幸森小学校。

生野区を南北に貫く平野川。

市場を核として発展し、順次東へと拡大していったのである。間口一間半・奥行き二間ほどの小規模な店舗兼住宅が三〇軒ほど並んでおり、最盛期には毎月の一日と一五日に一〇人の警察官が交通整理のために出動するほどだったという。現在、地域のメインストリートである御幸通り商店街は、コリアタウンとして観光地化されている。在日韓国・朝鮮人商店の域内分布としては、東の区画が五〇%程度、中央部は七五%、西は三〇%程度だという（『猪飼野郷土誌』）。

　もともと猪飼野地区を形成している生野区と東成区は、自営業者の比率が高く、一九八五年の国勢調査では生野区が三五%、東成区が三一・三%という結果が出ている。済州島から出稼ぎにやって来た朝鮮人たちは日本語を巧く話せないことから企業に就職することができず、自営業の道を選ぶしかなかった。そして二世・三世の家業継承で状況は固定化されていった。

　一九四七年時点で、大阪市の在日朝鮮人は五万八三四〇人に対し、生野区は二万一三六一人という非常に高い割合になっている。終戦直後から、すでに生野区にはコリアタウンが形成されつつあった。一九七一年には、生野区の在日朝鮮・韓国人の総数は四〇〇〇〇人を突破しているが、驚くことに在住外国人総数が四〇六五五人に対して、在日朝鮮・韓国人の総数は四〇三九一人と外国人登録者の九九%が在日朝鮮・韓国人となっている。こうして鶴橋・桃谷は日本最大のコリアタウンとして、今日も多くの在日韓国・朝鮮人でにぎわっている。

　済州島から出稼ぎにやって来た朝鮮人にとって、君ヶ代丸はまさに日本への箱舟だったといっていい。

コリアタウン探訪

第十五札所

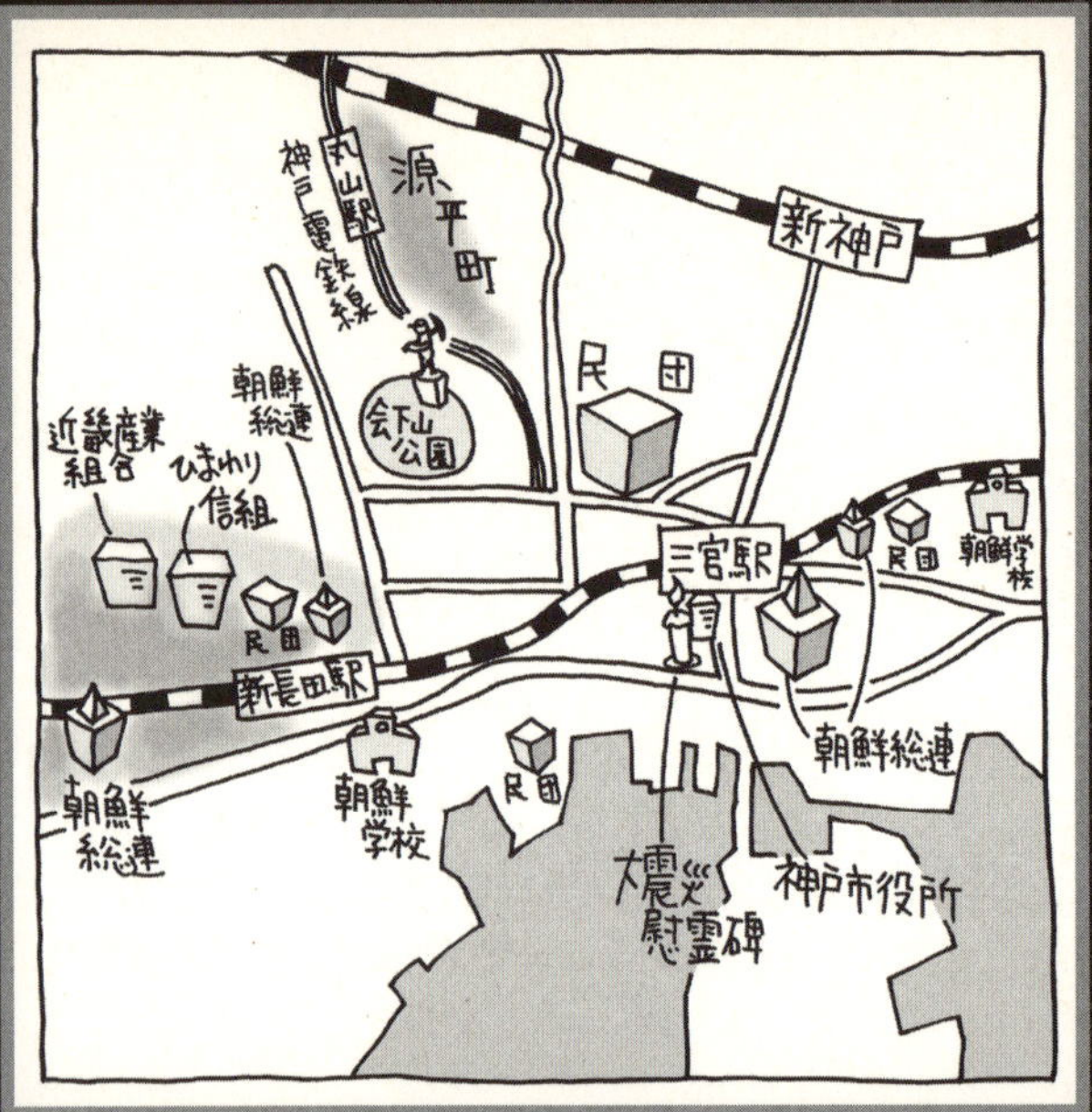

神戸市長田区源平町

KOBE NAGATAKU GENPEICHO

兵庫県

日本有数の港町、神戸。この街には国内はもとより世界各国の人々が訪れ、また定住している。異国情緒の溢れる街には観光スポットも多く、海外のファンも多いのだ。

中央区の元町に中華街を形成する中国人。ベトナム戦争後、難民の受け入れによって流入してきたベトナム人。アメリカ、カナダ、ヨーロッパ各地からも移民者は後を絶たない。

そんな中、定住外国人の半数を占めるのが在日韓国・朝鮮人である。彼らの多くは三宮から電車で一〇分ほどの長田区に昔から暮らしている。

縦長に広がる区の北部、源平町には神戸電鉄敷設工事に従事した人々の集落。南西部にはケミカルシューズ産業に携わる人々。彼らは地元に根を張り、生活を送っている。

一九九五年の阪神淡路大震災で壊滅的な打撃を受けるも、驚異的なスピードで復興を見せたのは、彼らの底力の表れだろうか。

大正時代には、すでに一五〇〇人近くの在日の人々が暮らしていたという長田の歴史は、韓国・朝鮮人抜きでは語れないのだ。

大震災から
蘇った
驚異の生命力
今日は神戸まで セレブ気分を 堪能しに 来ました
SHIN-KOBE STATION
神戸牛も 食べたいし
スイーツも 押さえなきゃね
港に 神戸を一望出来る ポートタワーが あるわよ
それは是非 行かなきゃね
へぇ～ この通り 横浜の 港町に 似てるわ
ポートタワーに 到着！
ここは昭和三八年に 竣工された世界最初の パイプ構造の観光 タワーなのよ
ステキな 眺め♡
神戸市といえば 社民党元党首 土井たか子氏の 出身地だったっけ
拉致は存在しません!!
さらに 土井たか子氏と いえば 神戸市定住外国人の 半数以上が在日 韓国・朝鮮人なのよ
……今日は 在日韓国・朝鮮人の 話題はナシね
土井たか子氏と いえばって何よ！
わ…… わかったわよ
神戸に来たからには 行っておかなければ ならないところが あるわ
え？ どこ？

阪神淡路大震災
慰霊と復興の震災
メモリアルモニュメント
一九九五年一月一七日に起こった阪神淡路大震災によって大勢の被害者を出したのよ
大震災
総被害状況
死者……………………6434人
負傷者………………43792人
全半壊棟数……249180棟
（神戸市消防局集計より）
ちなみに在日韓国・朝鮮人の被害者も一三〇余名にのぼるのよ
こんなときにまで在日ネタを話題にねじこむなんて…
長田区
長田区は阪神淡路大震災の被害がとりわけ激しかったんだけど見事に復興してるわね
まさしく「がんばろうKOBE」だわ
沙菜見て！韓流ショップがあるわよ
KAN KAN
韓館
…ってこの建物…民団…
長田区は兵庫県内でもダントツに在日韓国・朝鮮人が多い地域なのよ
ああ～ひょっとして私達は在日ネタから逃れられない運命!?
しらじらしい…
まあ運命なら仕方ないわね次の現場に行きましょう
何その無茶な屁理屈…
神戸市立
会下山公園

な…何
この狭い道…
一体どこに
行くのよ
神戸電鉄敷設工事
朝鮮人労働者の像
何なのよ
このキテレツな
階段…
神戸電鉄敷設工事
朝鮮人労働者の像
あったわ!!
…す…
すごい妖気…
雑草がスゴイし
あちこちクモの巣
はってるし……
絶対人が
来そうにない
この異様な空間に
建つこの像は何…!?
この銅像は
朝鮮人労働者の
像よ！
ドッギャーーン!
戦前
神戸電鉄の敷設工事中に
犠牲になった一三人の
朝鮮人労働者の
冥福を祈るため
また
日本と朝鮮との
友好を築く意味も
込めて建てられたのよ
そのような主旨
だとしたら
どうしてこんな
おどろおどろしい
像になるの？
冥福や
友好ではなく
むしろ成仏出来ず
彼らの怨念が
聞こえてきそう…
この像はいつ頃
建てられたの？
一九九二年に
慰霊式が行われた
ことがきっかけとなって
一九九六年に
モニュメントが完成
したんだって
あれ…？
阪神淡路大震災は
一九九五年
だったわよね
？
スルドイわね！
へ？
何が…？？

阪神淡路大震災で多くの在日韓国・朝鮮人も犠牲になったのはさっき説明したわね
……？
あれ…？
目の前の災害の多くの犠牲者よりもはるか昔の死者を優先した……？
震災被害
朝鮮人死者数
130余名
神戸電鉄事故
朝鮮人死者数
13名
これって変だわよね？
目の前で死んでいった多くの同胞の死をスルーするなんて…
それどころか「神戸電鉄追悼する会」のニュース四号の記述だと
在日震災犠牲者を追悼碑建設実現の誓いとしてのダシにしているのよ
そ…それって犠牲者的にはOKなの？彼らの遺族の了承は得ているの…？
さあねぇ…
「神戸電鉄追悼する会」にとっては亡くなったばかりの震災犠牲者よりも戦前の一三人の死者の方が重要なんだから
ど どうして…？
彼らにとっては天災による死者よりも日本によって殺された者の方が自分達の主義主張に都合が良いからじゃない？
主義主張…？…？何かよくわからないわ…？
後ほどまた説明するとして
神戸電鉄に従事した朝鮮人とその子孫が住むところを見に行きましょう
このトンネルをくぐった先よ

何だかファンタジーワールドへの
夢のトンネルみたいね
ワクワクするわ
あれ…？何ここ…？
神戸市長田区源平町よ
元々は神戸電鉄の労働者達の飯場跡だったのよ
人けがないわね…
ここは神戸電鉄の敷地に不法占拠していたコリアタウンだったのよ
「だった」？
現在はほとんどの世帯が家を退去して現在に至るってところね
街がなくなる前に来ることが出来てよかった…
次行きましょう！
いよいよ今回の旅行の本番よ!!

→つづく

集落の目の前を神戸電鉄線が走り抜けていく。

兵庫県 神戸市 長田区 源平町

KOBE NAGATAKU GENPEICHO

電鉄・造船・航空機… 軍需で巨富を集めた港町 神戸に今も残る朝鮮集落

韓国併合を控えた一九一〇年当時、神戸又新日報は市内で飴を売り歩く朝鮮人への取材記事を掲載している。
問：記者「お前の国が日本へ一緒にされて了ったら、お前は何う思ふ」
答：朝鮮人飴売り「何とも思わない。だが日本で朝鮮人が沢山暮らしているから皆其方が喜ぶだらう」

ぶっきらぼうな質問に対する鷹揚な答えが印象的な記事だが、すくなくとも韓国併合以前の神戸にはすでに朝鮮人がいたことが確認できる。「気楽な商売で、金が儲かる」「家の広さは奥の間が四畳半、中が二畳、表が四畳半で都合一一畳」とされた飴売り稼業には、多くの朝鮮人が従事していたという。

同紙は神戸在住の朝鮮人を紙面で

度々取り上げている。記事によると、釜山で生まれたその朝鮮人は、日本で交流するうちに日本の文明を学んで朝鮮に持ち帰り、開化させようと決心した。ところが、日本に渡ることを父親が反対して、家出。当然のことながら母国からの仕送りはなく、貧困に喘いでいた。同紙がこの話を紙面にすると、大きな反響を呼び多額の援助金が集まったという。『在日朝鮮人90年の軌跡』（神戸学生青年センター出版部）によれば、このときに寄せられた援助金は六円と浴衣一枚。米一石が六円だった時代背景に照らせば、過分な額と言えるだろう。朝鮮人と日本社会の関係性を示す、心温まるエピソードである。

朝鮮人飴売りは第一次世界大戦の頃、次第に姿を消した。大戦による好景気で、工場や鉄道建設の労働力が不足し、「気楽で儲かる」飴売り稼業から、賃金が高騰した建設作業に転身していったためだ。

兵庫県内では溜め池造成や山陰本線敷設工事などの土木工事が各地で行われていたが、従事していた朝鮮人労働者の数からいえば神戸電鉄敷設工事が代表格だろう。一九二七年八月七日に同工事の朝鮮人労働者がストライキに突入しており、この時の参加者は一万人を優に超えていたという（『在日朝鮮人90年の軌跡』）。

一九二七年から二八年にかけて、神戸の繁華街だった湊川と有馬温泉を結ぶ神戸有馬電気鉄道が敷設。神戸財界の大物たちが愛して止まない、広野ゴルフ場（「三木市」の項で後述する）へのアクセスを担うため、一九三六年から一九三七年にかけて三木電気鉄道が敷設された。両鉄道は後に合併し現在の神戸電鉄へ至っている。

長田区内の源平町地区には、三木電気鉄道敷設工事の飯場に由来する朝鮮人集落がすくなくとも二〇〇六年の本書取材時まで現存し、往時の長田

兵庫県内外国人登録者数（韓国・朝鮮人）

神戸市	19297人	高砂市	683
長田区	5088	三田市	503
須磨区	2826	三木市	288
中央区	2968	西脇市	231
灘区	1679	相生市	229
兵庫区	1597	小野市	148
東灘区	1548	赤穂市	138
垂水区	1263	たつの市	120
西区	1193	篠山市	92
北区	1135	豊岡市	87
尼崎市	8158	丹波市	78
姫路市	5545	加西市	74
西宮市	3779	淡路市	56
伊丹市	2094	洲本市	46
宝塚市	2024	南あわじ市	38
明石市	1312	宍粟市	25
加古川市	1035	朝来市	19
川西市	837	養父市	3
芦屋市	689		

「在留外国人統計」平成26年版

神戸電鉄丸山駅。駅施設には赤錆が浮かぶ。

区の様子を微かながらも今に伝えていた。度々神戸電鉄から立ち退きを求められたという同集落には粗末な家並みが続き、厳しい生活を送っていたことが容易に想像される景観だった。

　さて、神戸市といえば、戦前戦後を通して日本有数の朝鮮人集住地区である。一九二九年に行われた神戸市社会課の調査では、「一軒の労働下宿の存在はやがては多数朝鮮人の流入を刺激し、多数朝鮮人の蝟集はやがては更に労働下宿の開店を促す」と、急速に進む朝鮮人流入状況を報告している。

　彼らの日常生活は極めて切迫したものであり、度々生活保護の受給を求めて運動を行っていた。『兵庫のなかの朝鮮』（明石書店）では、一九五三年に兵庫県警が発行した『警察年鑑』からその様子を紹介している。「（朝鮮人の）生活は極度に窮迫している。したがって、生活保護法による被扶助者も在住総数の二一％強に達し」ていたという。彼ら貧困層は、特に長田区周辺に集住していた。一九五〇年には八〇〇名の朝鮮人が長田区役所に向けてデモを行い、一七九名が逮捕されている。

　こうした朝鮮人の攻撃性は戦後しばらくの間全国各地で発揮されていたが、特に兵庫県においてはひと際戦闘的だった。一九四八年四月二四日、いわゆる「阪神教育闘争」事件である。

　終戦後の一〇月、兵庫県の在日朝鮮人たちによって飾磨朝鮮初等学院が早くも開校した。朝鮮人たちは、「金のある者は金を！力のある者は力を！知恵のある者は知恵を！」をスローガ

神戸市会下山公園内、朝鮮人労働者の像。

ンに、民族教育学校の設立を推進した。翌年六月には、日本初の朝鮮人中学校が開設。全国で続々と朝鮮人学校が開校するきっかけとなっている。『兵庫のなかの朝鮮』によると朝聯系の学校は五七三校、生徒数は五万六〇〇〇人を超えていた。

一九四八年、GHQは共産主義の巣窟と化していた朝鮮学校へ閉鎖命令を下すが、朝鮮人から激しい反対運動が沸き起こり、特に神戸での反対運動は凄絶を極めた。兵庫県庁に押し寄せた朝鮮人は知事室を占拠し、閉鎖令の撤回を強要したのである。混乱収拾のために、GHQは神戸全域に非常事態宣言を発令せざるを得ないほどだった。逮捕者は一七三二人に上ったという。

ただし、貧しい朝鮮人の全てが反社会的な行動を取ったわけではない。手に職をつけ、地道に働き、地域に溶け込もうと努力する朝鮮人の姿を忘れてはならない。戦後から現代にかけての厳しい経営環境を生き抜いてきた、神戸市長田区のケミカルシューズ産業の経営者や家族労働者は、その好例だろう。彼らの多数は一九九五年の阪神・淡路大震災で被災し、同産業は壊滅的な打撃を受けた。

神戸市消防局の被害状況調査によれば、長田区の全焼家屋は四七五九戸。神戸市社会課の調査によると「震災により、日本ケミカルシューズ工業組合に加盟する市内一九二社のうち一五八社のビルが全半壊し、関連企業も含め、業界の八〇％以上が大きな被害を受けた」という。

ところで、大震災が発生する前の一九九三年に「神戸電鉄敷設工事朝鮮人犠牲者を調査し追悼する会」が発足している。同会の目的は、電鉄敷設工事で事故死した朝鮮人の慰霊だが、大震災による多くの同胞の犠牲を余所に、予定通りのスケジュールでモニュメントを完成させている。

往時を偲ばせる共同水場の跡。蛇口をひねるとまだ水が出た。

ポストから溢れる郵便物。捨てられたムラである。

コリアタウン探訪
第十六札所

相生市・三木市

AIOI/MIKI [HYOGO]

兵庫県

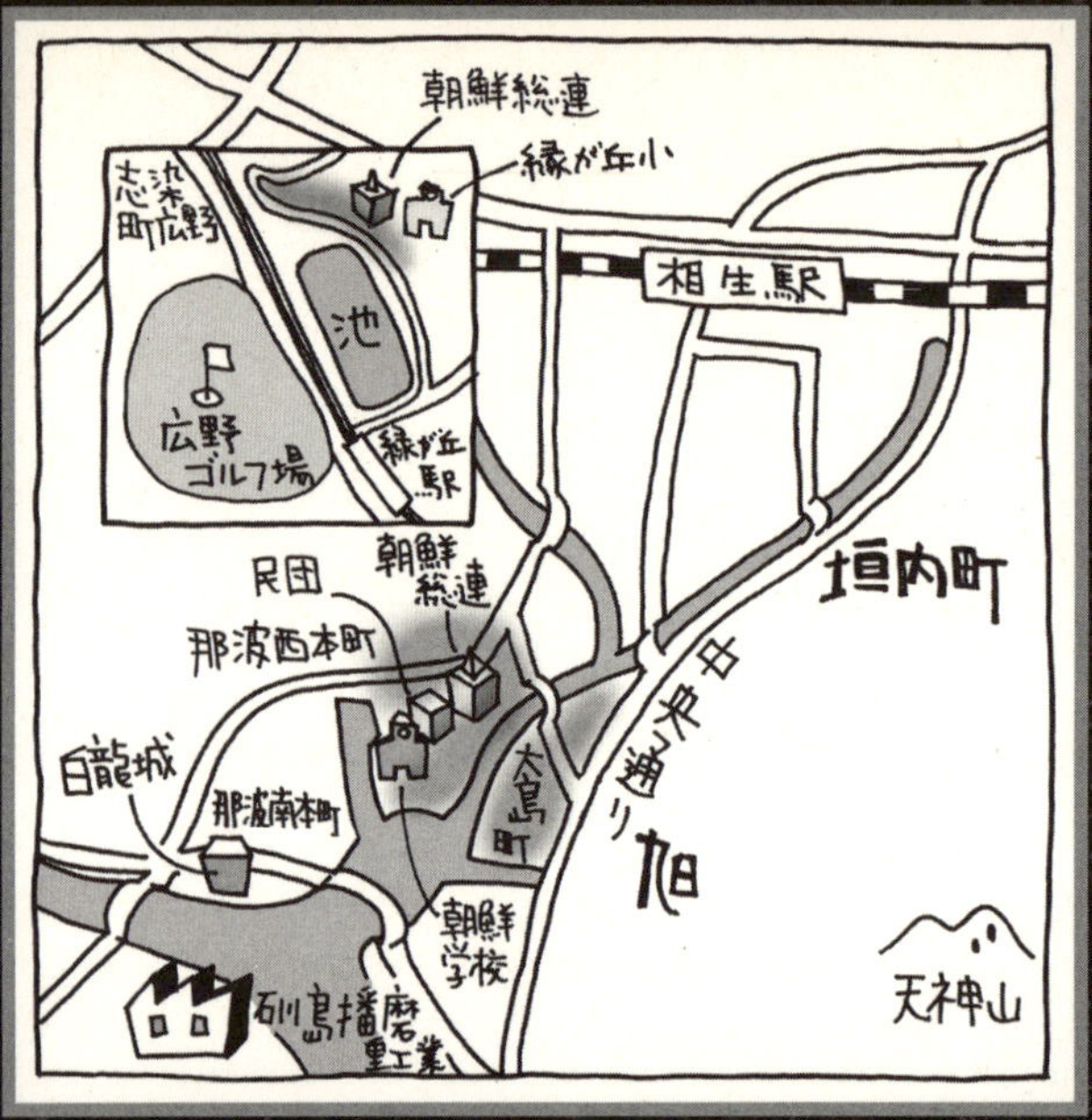

戦時中の兵庫県では、朝鮮人が各地の工事や工場労働に従事していた。いまもなお県内に小規模な韓国・朝鮮人の集落が点在しているのは、その名残に他ならない。

三河島や猪飼野のような華やかさはない。だが、野に咲く一輪の花のように、ひとり佇む小規模コリアタウン。相生市や三木市の韓国・朝鮮人集落はまさにそれだ。

県都神戸に隣接する三木市は、日本有数のゴルフ場地帯。神戸財界人が愛した美しいフェアウェイには、東播の風がよく似合う。アクセスは、中国自動車道、山陽自動車道、神戸電鉄など、移動の足には事欠かない。

片や相生市は、かつて瀬戸内海有数の造船の町。従業員の通勤用に企業が設置していた浮き船式の「皆勤橋」は相生名物。近年、六〇年の役目を終え撤去されたが、企業とともに歩んだ市民から、その記憶が当分消える事はない。風光明媚な相生湾の懐に抱かれて、牡蠣の養殖も盛んだ。相生駅には、山陽新幹線が停車する。

傷跡残した民団・総連の共同暴走危険行為

広野ゴルフ場の建設は 一九三二年まで さかのぼり 当時の造成工事には 多数の朝鮮人が 従事していたのよ
ってことは…… 「土木作業に従事して 飯場から そのまま定住」の パターンなの？
いえ… 直接の起源は ゴルフ場建設では ないのよ
戦争末期の爆撃で 川崎重工の明石飛行場が 壊滅して移転先に 決まったのが 広野ゴルフ場なのよ
その建設の ために集められた 三国人の労働者が この集落のルーツよ
過酷な現場 だったんでしょうね…
働け！
腹へった
う〜ん… 実際はここの現場では 一人あたり三人分の 食糧が支給されて いたようね
何なの その貧困な 発想は…
通常の三倍!!
三人分!?
戦時中だから 軍事優先ってことで どこの現場でも 手厚い食事が 出ていたのかも
終戦を迎えて ここの朝鮮人が 最も苦しんだのは 食糧難だった らしいからね
そっか… 三人分 もらえていた 食糧がなく なるんだもんね…
さぁ次に 行きましょ
まだ 行きたいところ あるの？
じゃあ お言葉に 甘えて
今度は現場に 行くのに時間 かかるから 寝てていいわよ
沙菜 着いたわよ
!!

在日大韓民国民団
兵庫県西播支部相生分団
こ…ここにも集落が…
民団と朝鮮学校 目の前には川… そしてバラック住宅… 全ての要素を備えた典型的なタイプのコリアタウンね
ここに集落があるのはどうして？
おそらく播磨造船所で働いていた朝鮮人達がここを故郷としたのではないかしら
播磨造船所の社史によると二〇〇〇人が仕事に従事していたとの記述があることだし
ここでの労働は結構過酷だったようね
でもこの現場でも食事は広野のように三人分とはいわないまでもきっちり三度出ていたようだけど
じゃあ当時の普通の日本人家庭よりは食事は摂れていたのかな………
そうかもね…
ここ相生には日本と朝鮮のお互いへの友好を示す「あるもの」が現存するのよ
そういうイイ話系のものなら見てみたい！
40
中央通りにある朝鮮人達が日本人に贈ったプラタナス並木よ

…え？彼らが日本人に向けてそんな善意を……？
日帝の被害者としてゴネてばっかりなんでしょ？
そのような有害な在日韓国・朝鮮人はごく一部よ
一部の人達の暴走を止められないことに対する責任は在日全体にあるだろうけどね
このプラタナス並木は一九五九年に北朝鮮への帰国事業が取り決められた際に
尽力してくれた日本人に向けて贈られたものなの
じゃあ帰国事業ってとても良いことだったんだね
帰国を希望していた祖国愛にあふれる朝鮮人にとってはね
かつて道路改修工事でプラタナス並木を切り倒す計画が持ち出されたけど
保存を訴える相生市民によって守られたのよ
いい話ねぇ～
帰国していった韓国・朝鮮人達の祖国愛は尊重したいし友好や善意の証しも残しておきたいわよね
次行きましょ
何…この山の中……
相生市営の東部墓園よ
何で兵庫に来てまでお墓参りしなきゃなんないのよ…
まあまああれ見てごらんなさいよ
これは…？
地元の民団と総連の共同計画で募金を集め一九九五年一一月に建立された韓国・朝鮮人無縁仏之碑よ

…ということはこれも
朝鮮人労働者の像と
同じく阪神淡路大震災の
直後に作られている…？
この無縁仏之碑は
震災の犠牲となった
遺骨も安置されて
いるけどね
じゃあ
真っ当な
ものなんだ
………
よく読んで
ごらんなさい
？
ん！
「強制連行」!?
真相調査団が、
調査中大島山善
りに前の戦争中強制連行
胞60体の無縁仏を預って
内の朝鮮総聯と韓国民団が
まだ歴史的評価の
定まっていない
「強制連行」という
言葉を使うのは
いかがなもの
かしらね
これはつまり
朝鮮人は「強制連行」や
日本での重労働の
被害者だという彼らの
歴史観を記念碑に刻み
未来永劫に残そうという
目論見なのよ
相生だけじゃなく
中央でも民団と総連の
歴史的和解があったわね
すぐ別れちゃったけど…
日本の被害者
であるという
主義主張においては
立場が同じだからこそ
彼らはここで
手を組んだんで
しょうね
我々は
日帝の
被害者
である!!
朝鮮人労働者像を見て
みづほが言ったのは
それね…
なぜそこまでして彼らは
被害者の立場を強調
したがるのかしら？
それはね…
祖国に棄てられ
祖国を捨てた
自分自身への
言い訳だったり
日本に対する
様々な権利要求や
彼らにとって都合の
悪いことを黙らせたり
するためかしらね…
被害者って何かと
便利な言葉なのね
彼らの主義主張は
日本人と朝鮮民族が
友好を深めるには
障害でしかないのよ
兵庫のなかの朝鮮は
日本と朝鮮との
正常な関係に
暗い影を落としていて…
憂うつな気分になって
しまいました

★第十六札所

相生湾に臨む石川島播磨重工の工場。市内の在日韓国・朝鮮人の多くが同工場の関係とされる。

兵庫県

相生市・三木市

AIOI/MIKI

播磨造船所の企業城下町
財界人御用達のゴルフ場
兵庫の外れのコリアの里

兵庫県内に多くの朝鮮人が出稼ぎに来ていたことは、神戸の章でも触れたが、神戸と同様に多数の朝鮮人労働者の存在が記録として残っているのが、相生市と三木市である。相生市には播磨造船所（現・石川島播磨重工業）があり、労働に従事していた朝鮮人は、社史によれば二〇〇〇人に上ったという（『朝鮮人強制連行調査の記録』柏書房）。この数字は一九九〇年に厚生省が発表した二二一五人とは、若干異なるが、いずれにしろ、播磨造船所に多数の朝鮮人労働者がいたことは確かなようだ。

相生に播磨船渠株式会社が設立されたのは、一九〇七年。それまで静かな漁村だった相生は工業都市としてにぎわうようになり、一九一一年に播磨造船株式会社と社名変更。一九四四年には軍需会社法に基づき軍需省の所管のもと、合計六八三社が軍需会社に指定されているが、同社は第一次指定を受けている。一九三七年から一九四五年にかけて受け入れた朝鮮人は、ピークの一九四四年には一七八九人を数えたという（『近代の朝鮮と兵庫』明石書店）。

後年、厚生省が発表した播磨造船所の名簿には、労働者の待遇は「旅費、帰鮮手当一人に付二〇〇円、徴用慰労金一人に付三〇円、食料品（現品）一五日分、衣服日用品」などが支給されている。肝心の食事は、一日三食（二合三勺）、一週間にビールが三本、夕張よりも播磨の方が十銭多くもらえたという証言も散見される（『近代の朝鮮と兵庫』）。当時の食料配給は、一九四二年以来、国民一人あたり「二合三勺」を基準量としており、これは戦局が極度に悪化する一九四五年春頃まで維持されていた。

兵庫県内最大の「強制連行事業所」と言われることの多い播磨造船所だったが、官斡旋で慶尚南道からやって来た一二三名の朝鮮人のうち大部分は脱走し、終戦時に残っていたのは二〇名というありさまだった。相生市史によれば、朝鮮人応徴士は「逃亡者が続出し、その定着率はかんばしくなかった」ようで、総計では全朝鮮人労働者のうちの三割にあたる六五一名が脱走している。これは相生に限らず、当時朝鮮人の逃亡は各地で見られた現象である。国家総動員法における「徴用」を、特定の勢力は長らく「強制連行」と主張してきたが、容易に脱走を許す労働環境だったことが明白な以上、歴史記述用語として見直しが必要であろう。

さらに、同造船所では五〇〇トン程度の輸送船の建造や、被弾した船舶の修理などを行っていたが、一九四四年一

相生朝鮮初級学校。廃校。

相生市内の民団施設。すぐ近くには、朝鮮総連相生支部の飲食店。

相生市東部墓園の一角、「韓国朝鮮人無縁仏の碑」。

三木市志染町の溜め池。朝鮮人集落は水辺に形成されるケースが多い。

一月以降の本土爆撃により、施設の大半が損害を受けて仕事にならない日ばかりだった。

　当時の兵庫県は、播磨造船所のほかに、神戸市に三菱重工業、川崎重工業といった造船所があり、三菱で四〇〇〇人、川崎で一六〇〇人の朝鮮人が従事していた（『朝鮮新報』）。川崎重工業の神戸造船所は、「瑞鶴」、「飛鷹」といった戦史に名高い航空母艦をはじめとする合計五一隻を建造する日本屈指の大工場だった。

　このように、神戸は軍事関連施設が多く立地する日本有数の軍都でもあった。多くの神戸財界人は軍との関係を緊密に保ちつつ、同地を拠点として幅広く事業を展開していったのである。前項神戸の章でも触れたが、神戸財界人が出資して一九二六年に神戸有馬電気鉄道が設立された。この時工事を請け負った日本工業社長の小林長兵衛は神戸有馬電気鉄道の有力株主の一人で、神戸電鉄へと改称後に社長にも就任している。神戸有馬電気鉄道と三木電気鉄道の工事は、有馬温泉へのアクセスと広野ゴルフ場へのアクセスという目的を担っていた。広野ゴルフ場は一九三二年に完成。工事はアウトコースとインコースの二班に分かれて行われた。アウトコースは沢田組、インコースは原組が請け負っている。この原組は在日朝鮮人の会社で、約四〇〇名の朝鮮人を率いて作業にあたっていた。

　広野ゴルフ場の工事終了から一〇年後。ゴルフ場横に突如として朝鮮人集落が出現する。広野ゴルフ場を飛行場に改造する工事のために朝鮮人が集められたのだ。

　同飛行場建設の経緯は、川崎重工業の明石飛行場が爆撃で壊滅したために、この地へ疎開を余儀なくさせられたものだ。軍の至上命令を遂行するため労働者の待遇はすこぶる良く、「労働者一人あたりに三人分程の食糧が与えられた。だからたらふく食べられた」という（『兵庫のなかの朝鮮』明石書店）。工事の進展は早く、あっという間に滑走路二、三本が完成した。

　飛行場建設と同時に、ゴルフ場南側にある雄岡山と雌岡山に地下工場を建設するために川崎重工業が作業用の機械を持ち運んでいる。しかし敗戦で飛行場は廃止され、地下工場の建設作業は放置されたままだったようだ。突如食料配給を打ち切られた朝鮮人労働者は、飛行場跡地にイモ畑をつくって空腹をしのいでいたという。

朝鮮人労働者は一般に軍事関連施設や鉄道建設工事に従事していたが、兵庫県においては、もう一つ特徴的な傾向がある。同県の朝鮮人労働者の多くが、溜め池造成の土木工事に従事しているのだ。兵庫県は日本一溜め池が多い県としても知られている。東播磨一帯は一九二四年に記録的な干ばつに見舞われ、収穫がまったくない地域もあった。そうしたことが引き金となり、国と県が補助をして地元に加東郡北部耕地整理組合を設立して、昭和池の築造工事に着手している(『在日朝鮮人90年の軌跡』)。

昭和池工事には一〇六人の朝鮮人労働者が従事していたとの説があるが、正確な資料はない。昭和池工事の作業場での乱闘事件を報じる朝日新聞記事中には「七〇名の朝鮮人が」とあり、七〇人以上が工事に従事していたことが微かに読み取れるだけである。

工事は連日の事故で難航を極め、七人の死者を出したという。

池の畔には慰霊塔がひっそりと立ち、殉職者の名前を後世に伝えている。

広野ゴルフクラブ。非会員のプレーには、会員の同伴が必要。

【広野ゴルフ場創立メンバー】

鋳谷正輔	川崎重工社長
南郷三郎	日本綿花社長/神戸桟橋社長
岡崎忠雄	神戸岡崎銀行社長/同和火災社長/兵庫電軌鉄道専務/神戸商工会議所会頭/神栄生糸役員
小曽根喜一郎	神戸市会議員/阪神電鉄社長/播磨造船所社長/阪神内燃機社長
高畑誠一	日商岩井創業者

広野ゴルフ場は現在でも日本有数の名門コースとして知られる。その設立メンバーもまた、まさしく絢爛豪華。神戸財界の中心で活躍していた重鎮ばかりが名を連ねている。

まず、設立なったばかりのゴルフ場初代社長に就いた鋳谷は、川崎重工業の四代目社長。一九三六年以来、日本は各地で戦線を拡大していくが、それを軍需面で大いに支えた人物である。終戦まで社長職にあり、戦後はGHQにより公職を追放されている。

その他のメンバーについても、現在に続く大企業の重役たちだ。南郷三郎が社長を務めた日本綿花は、後に総合商社ニチメンとなり、高畑誠一の日商岩井との合併により、双日グループへ。岡崎忠雄といえば、神戸岡崎銀行のオーナーとして辣腕を振るった人物。金融を介して神戸の企業と密接な関係を保った、地元財界の中核である。不動産投機で財を築いた小曽根は、数々の投資事業を手掛けた。上記の肩書きがそれを雄弁に物語っている。

コリアタウン探訪

第十七札所

京都市東九条

KYOTO/ HIGASHIKUJO

京都府

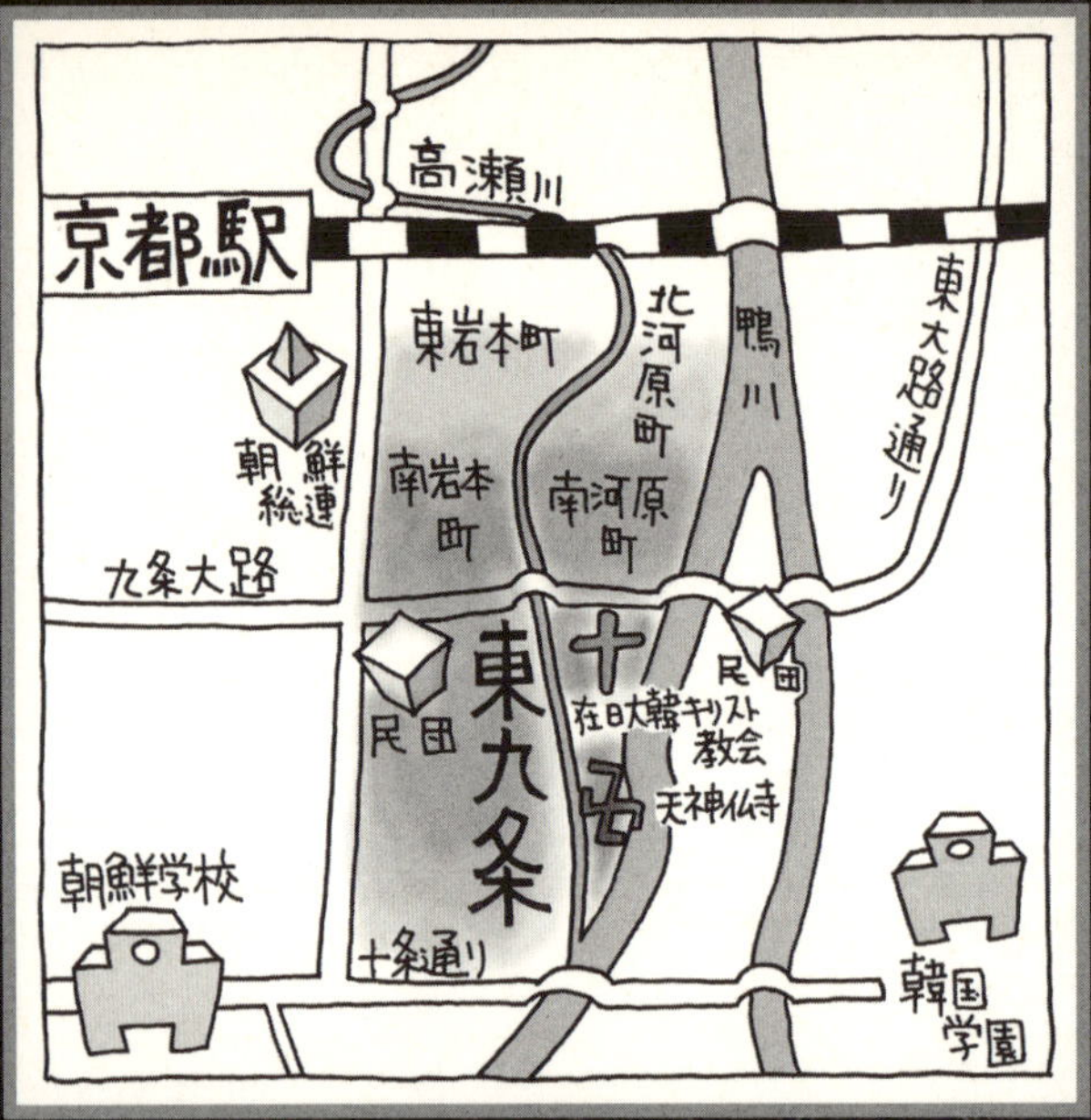

一二〇〇年の歴史を湛える平安の都。神社仏閣をはじめ、歴史的建造物は数知れず。京都独自の文化も相まって、国際観光都市として外国人観光客にも人気は高い。

このうるわしの都、しかも京都駅至近の好立地に、在日韓国・朝鮮人の集住地区が存在する。

京都駅を降り、まずは近代建築の粋を凝らした駅ビルを拝見。開業当初は景観論争が喧しかったが、今ではすっかり古都の一景として馴染んでいる。少々歩いて河原町通りへ着いたら、あとは右へ曲がって一直線。やがて焼肉屋がちらほらと見えてくる。ここはもう、京都市南区東九条。戦前戦後を通して古都に流れ着いた朝鮮人が、自らの手で築き上げた、彼らだけの都である。

さらに歩を進め、森鴎外で名高い高瀬川へ。市内への物資輸送を担った高瀬舟は、罪人の輸送にもしばしば使われた。京の都の悲喜こもごもである。

変わりゆく街並み、微かに聞こえる鴨川のせせらぎ。京都を満喫するとはこういうことだろう。

憩いの清流
高瀬川のせせらぎが
子守歌
今回は連休を利用して京都まで観光にやって来ました
五重塔
金閣寺
五山送り火
京都といえば伝統の街だし八ッ橋だし楽しみね♡
私も京都は見どころがたくさんあってドキドキだわ♡
まずは京都駅のすぐ近くにある京都タワーに登りましょ
高いところに登るのは基本よね
あッおみやげ屋さんだわ!
八ツ橋レッド
新撰組ブルー
たわわちゃん
舞妓はんピンク
京都古都戦隊とたわわちゃんをゲット!!
うはぁ〜ッ! 京都が一望出来るわ!!
ステキ!!
ん? どこを見てるのみづほ
?
!
!
じゃあ今度は銀閣寺に行ってみましょうか
修学旅行以来ね!
銀閣寺参道

あれ？
となりのコマが
銀閣寺の入り口
なんだけど
裏手の
山道なんか登って
どこ行くのよ？
京都朝鮮学園
朝鮮中・高級学校
進入路
朝鮮学校よ!!
ま まるで何かの
秘密基地…!?
こんな手の込んだことしてまで来なくても…
ステキ…♡
京都市は戦前から
在日朝鮮人の
多住地域で
京都市社会課の
調査によれば
一九三六年の
時点ですでに
三万人以上の
朝鮮半島出身者が
居住していたのよ
ちなみに
二〇〇六年の
データでは
京都市に住む朝鮮人は
四万五〇〇〇人で
そのうち特別永住者は
二万二〇〇〇人よ
そしてしかも……
みづほ!
はい？
今日は花の京都の
楽しい観光に
来たのよ
朝鮮絡みの
話は止めて
ちょうだい!
じゃ…じゃあ
木屋町通りに
行きますか…
沙菜
コワイ…
木屋町
ステキ♡
風情があって
さすが京都だわ!!

ここは京都の代表的な歓楽街だけど今から一五〇年前の幕末には若い志士達が日本の未来をかけて戦った場所なのよ
沖田総司ってステキよね♡
その木屋町の歴史は高瀬川が作られたことに端を発するのよ
水運が開け商業が栄え材木商が多くなったことから「木屋町」と呼ばれるようになったといわれているわ
この歴史的にも名高い高瀬川は下流の方では鴨川と合流しているわ
見に行ってみる?
うん!
……でここなわけね…
か…川の上の家ってのも風情があるわね……
ここは京都駅からすぐ近いのよ
鴨川
JR京都駅
河原町通り
九条大路
地下鉄九条駅
高瀬
鴨川に合流するところまで歩いて風情を楽しみましょう
バ…バラック住宅ばかり…
どうして…?
?
?

え？ え？ 知りたい？ 教えてさしあげましてよ♡
う…うん…
この辺りは東岩本町 南岩本町 北河原町 南河原町 合わせて四ヶ町と呼ばれ
JR京都駅
東岩本町
北河原町
南岩本町
南河原町
地下鉄九条駅
ドドン！
この辺り一帯はコリアタウンなのよ!!
な…何ですって!?
さっき説明した通りここは京都駅に近い地区だから
戦後居住者が流入したことによってバラック住宅が急増してしまったの
しかし一九五〇年に京都国際文化観光都市建設法が制定され
一九五三年頃から立ち退きが始められた……
それによって追い出された住民は東九条松ノ木町四〇番地…通称「〇番地」に移り住んだのよ
「ぜろばんち」？
あそこが通称「〇番地」と呼ばれていた場所よ！
どうして「〇番地」と呼ばれたの？ 四〇番地なんでしょ？

この土地は国が所有し京都府が管理する鴨川河川敷にあることから
「番地がない地域」「不法占拠」地区であることから「〇番地」と呼ばれるようになったの
ここは「不法占拠」地区だからかつては水道も電話も街灯もなかったのよ
それじゃ住民達にとっては不便じゃない!?
何てったって「不法占拠」だものね…
住民達は「歴史的な経過や事情があって住み続ける権利がある」と主張してきたけど……
「不法占拠」という事実の下で住み続ける権利があるのかどうか
私にはわからないわ…
そもそもどうして京都に在日韓国・朝鮮人がいるの?
日本に渡ってきた多くの朝鮮人は主に肉体労働に従事することが多かったようだけど
京都市の場合は伝統産業に従事する朝鮮人が多かったの
京都府在住朝鮮人の職業
●織布仕上工…116人
●機織工 …….720人
●撚糸工 …….453人
●染色工及び捺染工……1969人
●漂白工及び精錬工 …….327人
●裁断工及び裁縫工 …….148人
(1930年国勢調査報告より)
また京都市には大韓帝国を保護国にする前から朝鮮人留学生が来ていて
その流れは韓国併合後も続き一九四一年には一八〇一人も朝鮮人学生がいたのよ
あれ…? いつの間に在日韓国・朝鮮人の話題に…??
うおお乗ってきたァ〜ッ…
みづほ、次は清水寺を見に行きま…
これから京都府でのもう一つの在日韓国・朝鮮人の多住地域に行くわよ!!
えぇぇぇぇぇぇぇ
………

つづく

京都府

高瀬川に架けられたコンクリート橋と水上バラック群。

京都市東九条

KYOTO / HIGASHIKUJO

川面に浮かぶバラック群は
現代によみがえる高瀬舟
京都最大の在日集落を歩く

古来から京都と朝鮮半島とは切っても切れない関係にあった。仏教信仰をはじめとして、様々な大陸文化が半島経由で伝来している。そしてその担い手は主に朝鮮人であった。大陸の進んだ知識や高度な技術をもたらす彼らはいわゆるエリート階層。戦前に来日した朝鮮人たちとの対照は、歴史の皮肉だろうか。

戦時期に海を渡った朝鮮人の大半は、土木や建築などの肉体労働者だった。『京都に生きる在日韓国・朝鮮人』（京都市国際交流協会）によれば、既に一九〇六年の京都においても、山陰本線敷設工事に、数十人の朝鮮人労働者が従事していた。山陰地方の山間部を貫くこの工事は、国家を挙げての一大プロジェクトだったために、工員が不足しており、そうした労働力不足を補ったのが、朝鮮半島から職を求めてやって来た朝鮮人だったのだ。当時、鉄道網の整備は大阪・京都で盛んに行われており、一九二七年には新京阪電鉄の工事にも多くの朝鮮人労働者が従事し、労働争議なども頻繁に行われていた。

ただ、京都における朝鮮人の職業状況は、他地域と若干異なる。一九二〇年頃から朝鮮人が急増しているが、『一九二〇年国勢調査報告』によると、京都在住朝鮮人一〇六八人のうち、繊維工業従事者は四六〇人。対して土木建築業従事者は一六五人に留まっている。すなわち、京都の朝鮮人の場合、京都の伝統産業である西陣織や友禅染といった伝統産業に従事しているケースが多かったのである。

以降、京都の朝鮮人人口は、隣接する大阪府内での朝鮮人人口の激増に影響される形で飛躍的に増加していくことになる。一九二七年に全国で一六万人いた朝鮮人のうち、京都府内に在住していた朝鮮人は一万人を超えていた。さらに一九三三年には三万人を、一九三七年には五万人を突破した。ピーク時の一九四一年には、優に八万人以上もの朝鮮人が京都府内に在住していたという。この数字は、当時の京都府総人口の実に五%を占める巨大なものだった（『京都に生きる在日韓国・朝鮮人』）。補足であるが、戦時動員体制が確立された一九四一年に、早くも減少傾向を見せているが、これは京都の朝鮮人の職業状況と無関係ではない。「贅沢は敵だ」のスローガンの元、西陣織や友禅染工場が閉鎖、業種転換を強いられたことにより、職を失った朝鮮人が他府県に転出したためである（『京都市在住韓国・朝鮮人生活史・意識調査報告書』京都市総務局国際化推進室）。

とはいえ、『在日朝鮮人の歴史』（金英達）によれば、終戦直後の一九四五年十一月時点でも約六万人の朝鮮人

謎の文句を貼り付けた民家。「鬼死婆」「敵泥婆」「悪婆殺」。何かの悪口だろうか。

謎のオブジェ。「トルナバカ」と書かれた棒を取ると、一体何が起きるのだろうか。

高瀬川に沿うて、十数戸連なる水上バラック。
現住建造物なのだろうか。鍵は閉まっていた。

がいたというから、戦時体制下の京都が朝鮮人の大集住地域だったことは揺るがない。当然、彼らは劣悪な住環境のもとで日々を暮らしていた。『京都に生きる在日韓国・朝鮮人』では、京都市社会課による調査として、「朝鮮出身労働者の住宅は、河川敷やその他の空き地を利用して無造作に建て連ねられた掘立小屋、町外れのほこりっぽい地域にゴミゴミと群集した長屋」と記している。

朝鮮人が増え続ける京都市内で、もっとも大きな朝鮮人集住地区となったのが東九条だった。明治期の東九条村はのどかな田園地帯だったが、一九一八年に京都市へ編入されて以降、周辺地域での土木工事労働者を吸収していったのである。当時の京都では、東海道線の複々線化工事、東山トンネル工事、鴨川護岸工事、九条通りの拡幅工事などが一九三八年にかけて目白押しであった（『京都に生きる在日韓国・朝鮮人』）。前述の『京都市社会課調査』では、東九条岩本町や東九条松ノ木町などへの集住が見られる。

さらに終戦後、多くの朝鮮人が祖国へ帰っていく中、むしろ東九条の朝鮮人人口は増加を続ける。彼らの人口動向については、『在日のいま』（全国在日朝鮮人教育研究協議会京都）に詳しい。同書によれば、「八条竹田街道、西岩本町付近に闇市が広がり、戦中の強制疎開で空き地となっていた河原町通り、須原通り、国鉄線に囲まれた土地（東七条東ノ町・西ノ町付近）にバラック住宅が急増しはじめました。年を追うごとに、より東の高瀬川・鴨川堤防敷にもバラック住宅が建ちはじめ、居住者の多くは在日朝鮮人」だったという。

しかし、戦後復興期を迎え、行政当局は「国際観光都市京都の玄関口を汚す」として、一九五〇年に京都国際文化観光都市建設法を制定し、まず京都駅南側のバラック住宅に立ち退きを迫った。ただ、その後も行政側の意に反してバラック群は増加していく。ようやくクリアランスが実施されたのは一九六〇年代のことだ。京都国際会議場の建設や新幹線の敷設に伴い、同地のバラック住民は「改良住宅」への入居、もしくは退去させられるに至ったのである。

そして、バラック群から退去させられた住民はさらに南の東九条地区を目指す。同地区内の東岩本町、南岩本町、北河原町、南河原町、いわゆる「四ヶ町」は度重なる火災が起きたことで行政の施策の対象とされており、彼ら退去バラックの住民はさらに先の土地へ居を定めた。これが東九条松ノ木町四〇番地である。鴨川と高瀬川との間の南北七〇〇メートルほどの細長い地域に、一五〇軒ほどの住宅が建ち並び、住民の八割は韓国・朝鮮人。国有地である河川敷の不法占拠であり、水道・電話・街灯など行政の施策が及ばない地域であることから、「〇番地」と呼ばれていたという（『京都に生きる在日韓国・朝鮮人』）。

現在、旧「松ノ木町四〇番地」におけるバラックはほぼ解体され、高瀬川は埋め立てられた。付近には京都東松ノ木団地市営住宅が建設されている。往時を偲ばせるのは高瀬川の浅瀬のせせらぎと、わずか数戸の残バラックだけである。

鴨川と高瀬川の合流地点付近にて。京都市が立てた、不法投棄・不法占拠への警告標識が酷く空しい。

同地区から鴨川を望む。左方の洋風建築は韓国教会。

コリアタウン探訪
第十八札所

宇治市ウトロ

UJI UTORO [KYOTO]

京都府

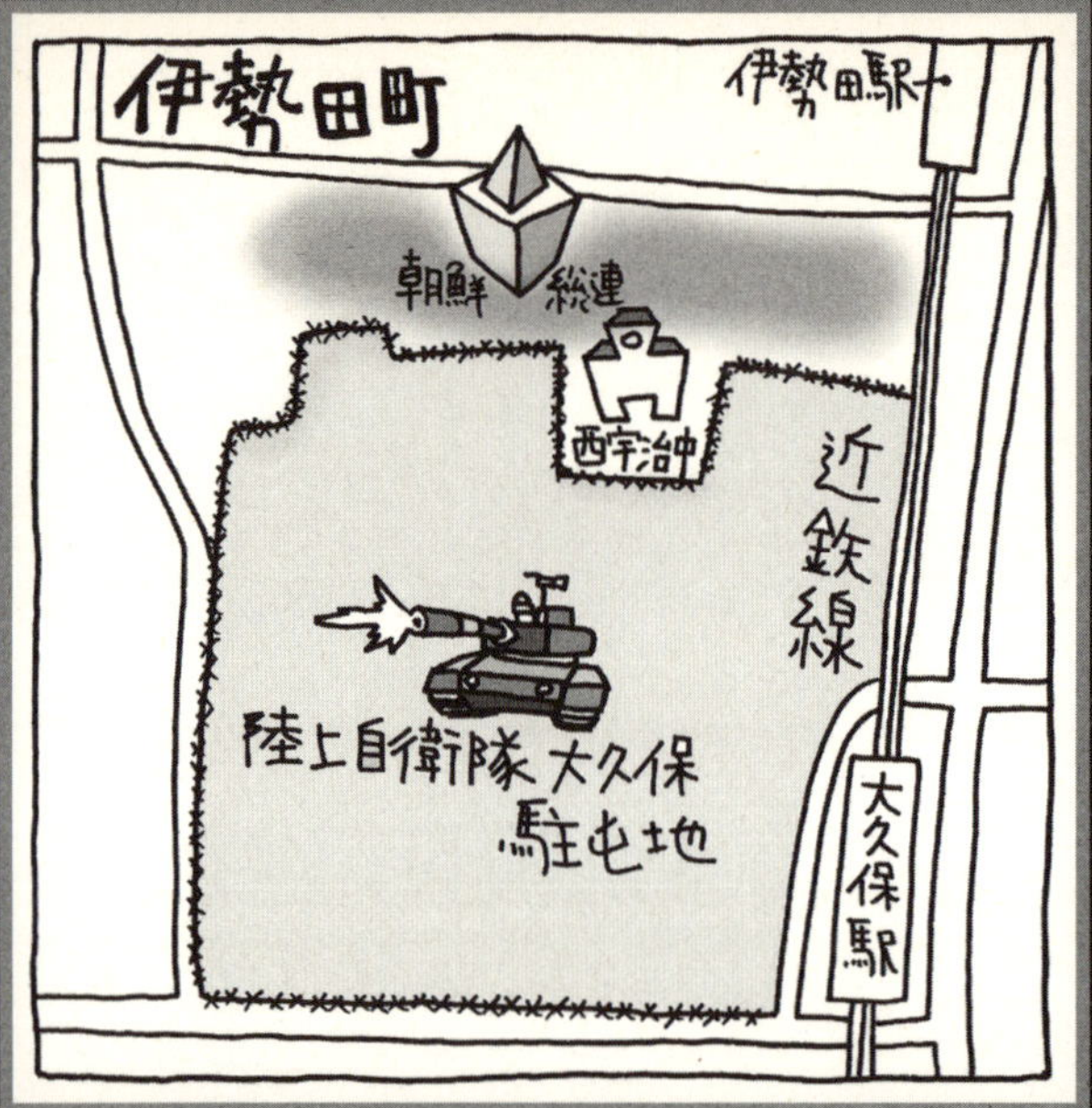

京都駅から近鉄京都線に揺られ、伊勢田駅へ。所要時間は約二〇分。途中、明治天皇の伏見桃山御陵を左に見つつ、電車は澱川鉄橋を渡っていく。単純トラス橋構造としては日本最長、眼下には宇治川の眺望。鉄道ファンならずとも一見の価値ありだ。宇治市内には名高い平等院鳳凰堂をはじめ、名所旧跡数知れず。宇治を見ずして京都は語れない。

宇治市伊勢田町ウトロ五一番地。彼らの町へは駅から徒歩五分ほど。愛称や別称ではなく、なんと正式な行政上の町名である。

ただならぬ気配を感じつつ訪ねた集落には、立て看板が林立する。刻まれた文字は、彼らの戦いの歴史と、流された血と汗と涙だ。土地所有権を巡る裁判で敗れ、彼らは長年立ち退きを求められてきた。しかも相手は、なんと同胞なのだ。弱者を虐げる無理無道な係争「他に行くところない」。年齢など忘れたかのような、高齢と思しき老婆が言った。義憤。哀号。誰しも涙腺の奥が熱くなる。

ウトロを見ずして宇治は語れない。

不法占拠から半世紀、土地所有権は誰のもの？

住みなれたウトロ地区を絶対強制執行させない
ウトロを守りたい 行政の力と周辺住民の理解を下さい
京都府・宇治市はウトロの中をまず見て下さい
強制立ち退きは国際人権規約に反する
あなたたちに
強制退去
死反対
ブロロロロロロロ
沙菜 着いたわよ
アレ
別に普通の住宅街じゃないの…
許さぬ
不審者の侵入
ウトロの子ども明日をくだ
ここで生きたい
私達は屈しない
ウトロを守
強制執行反対
우토로는 우리의 고향
우토로는 반전의 기념비
우토로는 우리의 생명
な何!? このインパクト絶大な看板群は!!?
ここで一体何が起こっているの!?
ここは京都府ウトロ…コリアタウンよ
コ…コリアタウン…
やっぱり…
まずは……何故この地に多くの在日韓国・朝鮮人が住んでいるのかの説明からはじめるわね

フェンスのすぐ向こう側に自衛隊駐屯地があるんだけど
元々あの辺りには一九四〇年一月に京都飛行場の建設が決定され　同年四月に工事が開始されたの
そこで動員された朝鮮人労働者が寝起きした飯場が
ここウトロなのよ!!
ここの現場も兵庫県広野の現場のように労働者にとって条件の良い職場だったとされているわ
彼らは太平洋戦争の敗戦にともなって職を失ったが
GHQが出した半島への帰国指示を受け入れることなく戦後もこの地に住み続けてきたのよ！
しかしそんな中
とある問題が起こった
お岡田さん!?
労働組合の…
ど どうしてここに!?
親戚の家に用事があるから来たのよ
それよりもあなた達こそどうして?
みづほどうして?
………
さて…
お二人ともいいこと?このウトロは住民にとってかけがえのない土地なの
なのに！
土地所有者である「日産車体」は住民の知らない間に不動産業者「西日本殖産」へ売却してしまったのよ!!
「日産車体」は京都飛行場建設に動員した私た…いや在日韓国・朝鮮人に対して
歴史的責任を果たしているのかしらね!?
あれ?………どうして土地所有していただけの「日産車体」に歴史的責任が…?
?
?
ぼそッ
ぼそぼそ
「日産車体」の前身は当時の軍事企業なのよ

ウトロ住民を無視したこの土地取引は大問題でしょ!
岡田さん
「日産車体」が土地を売った相手は「平山枡夫」という個人ですよ?
日産車体
↓ 3億円で売却
平山枡夫
↓ 4億4500万円で売却
西日本殖産
そしてこの「平山枡夫」というのは…
本名「許昌九」
ウトロ自治会の会長なのよ!!
あ あぐぐ…
じ…自治会長というのは平山の自称でしょ…関係ないわ!
あれ? 岡田さんは「許昌九」って人のこと知ってたんですね
…………
どうして言わないの?
ちなみに平山こと「許昌九」は西日本殖産の役員でもあるのよ
うえぇエ…
そして「西日本殖産」はウトロ住民を被告として立ち退き訴訟を起こしたの
しかも「許昌九」はウトロから逃亡
………け 結構深刻な内輪モメなのね…
内輪モメじゃないわ!!
ううう… この問題は単純な土地所有権を巡る争いに矮小するのではなく
土地所有権
歴史・政治責任
歴史や政治責任を問う問題として扱われるべきなのよ…
だからこそウトロ住民は一九八九年三月に「地上げ反対!ウトロを守る会」を発足させ問題の根本原因である日産車体・日産自動車・行政への申し入れを行ったし
さらにウトロ住民の活動は韓国の新聞に掲載されたりNYタイムズ紙に全面意見広告を掲載したり問題は拡がっていくのよ

そういう活動も虚しく裁判の方はというと…
ウトロ住民側は取得時効の成立をタテに住み続ける権利を主張していたのが
一九七〇年二月にウトロ住民が「日産車体」に送った「土地の売却」要望の文書を「西日本殖産側」に提出され時効の主張がくずれたの
そんな折裁判所は和解案を出したけどウトロ住民はそれを拒否した
1997年1月
第三次和解交渉
京都地裁和解案
総額14億円
(ウトロ住民の土地買取金額)
やれやれ
結局二〇〇〇年一一月に最高裁でウトロ住民側の敗訴が確定しているわ
その裁判は歴史的経緯を無視した不当な判決よ!
「日産車体」と行政は責任を明確にすべきなのよ!!
くわっ
「日産車体」はウトロ自治会会長の「許昌九」に土地を三億円で譲ったし
でしょ?
行政が責任を負うとするならば彼らの祖国が負うべきだし…
うん
本来なら彼らが日本から生活保護を受給していることも大問題なのよ
このウトロ地区の生活保護受給率は20%にものぼるのよ
スゴ…
ウトロ住民は何故祖国の政府に責任を問わないの?
韓国政府は関係ないわ!
それについては二〇〇四年一一月に韓国外交通商省の李局長がここを視察に来て
韓国政府がウトロ問題をこれまで見過ごしてきたことにも問題がある(略)
と話しているわよ
そしてウトロ住民からも
韓国政府は我々を無視し続けた
との発言もあったそうよ

在日韓国・朝鮮人に対して事実上の棄民政策をとっているとはいえ
最近になって責任を感じる韓国人も現れてきたってわけね
そうね韓国では支援募金活動が行われたり
ウトロ住民も韓国を訪ねて政府高官に直接支援を訴えたりしているそうよ
彼ら自身での健全な解決を温かい目で見守りたいわね
………
んで肝心の土地所有権は?
二〇〇四年一月に「西日本殖産」は井上正美に土地を転売したんだけど
この取引に不正があったとして「西日本殖産」と井上正美の間で所有権争いが起きるの
井上?誰??
「西日本殖産」の元役員に契約を強要した人物よ
二〇〇六年六月に逮捕監禁致傷と強要容疑で大阪府警に逮捕されているわ
………
そいつよ!その日本人が全て悪いのよ!!
くわッ
あ!言い忘れていたけど井上は住民と同じ在日同胞だそうよ
ぷぎゃー～…
「日産車体」が土地を手放して以降は全部日本人とは関係ないのね
京都府宇治市最も日本らしさが残るところと思いきや日本を置き去りにして内輪モメが積み重ねられていることにあきれました…
JR 京都

ウトロ地区の正面入り口。通行人や見学者へ思いの丈を伝えるべく、刺激的な看板が並ぶ。

宇治市ウトロ

UJI UTORO

真実は一体どこにある!?
騙して騙され混迷の度を深める在日同士の内紛劇

一九三八年末、日中戦争の激化を受け、逓信省は航空兵力を整備するために全国五ケ所に飛行場と五年制の航空乗員養成所を建設するプランを作成した。その一つが京都飛行場である。

ウトロに朝鮮人が移り住むきっかけがこの建設工事であり、敷地の隅に建てられたバラック長屋の飯場は、一三〇〇人ともいわれる朝鮮人作業員で溢れていた。朝鮮での貧しい生活を脱するために来日し、東京や大阪で生活するも定職に就けず、不安定な状況にあった朝鮮人が、職を求めて大挙この地に集まってきたのだった（『ウトロ』かもがわ出版）。

一九四〇年二月、九七万一千坪の広大な建設用地が決定された。航空局分の用地三二万坪については、航空局長官と京都府知事の間で「京都（仮称）飛行場建設設置ニ関スル協定書」が締結され、並行して国策会社・日本国際航空工業もウトロを含む六五万一千坪を三二七万八六〇円で買収した（『イウサラム』議会ジャーナル）。しかし、工事は資材不足などの影響で遅々として進まず、完成を見る前に敗戦を迎えてしまう。工事は中止され、ウトロの朝鮮人たちは再び失業状態に陥ったのである。

一方で、土地所有権者の日本国際航空工業は、一九四六年二月に「日国工業」へと社名変更し、同年一〇月の企業再建整備法により、新旧二つの会社に分離した。新会社は旧軍需会社の民需生産部門を継承し、旧会社は旧軍需企業時代の債務清算のみを目的とした資産管理会社となったのである。この時、ウトロの土地も旧会社に引き継がれた。

新会社は一九五〇年、朝鮮戦争特需で生産を飛躍的に拡大させたが、その光の陰で、失業したウトロ住民は、やむなく鉄クズ拾いや土木作業に従事して日銭を稼ぎ、時によっては大挙して市役所に押し掛け、就職斡旋と生活保護、民族教育、民族文化の保障などの要求を次第にエスカレートさせていく。

また、朝鮮戦争の激化に伴い、住民の矛先はアメリカにも向けられた。京都飛行場を接収した米軍の補給基地に対し、「一発の弾丸も祖国に送らせない」と反対闘争を展開したのである。後に米軍基地は陸自大久保駐屯地として返還されたが、この時の運動により、ウトロ地区は米軍の接収を免れ、旧日国工業の所有のままに朝鮮人集落として残ってしまう。

この後の住民の暮らしは、『ウトロ』に詳しい。彼らは、生活保護を不正受給（一九五五年に逮捕者五名）しつつ、養豚業、ヤミ米、密造酒、土建業などで徐々に経済的基盤を確立

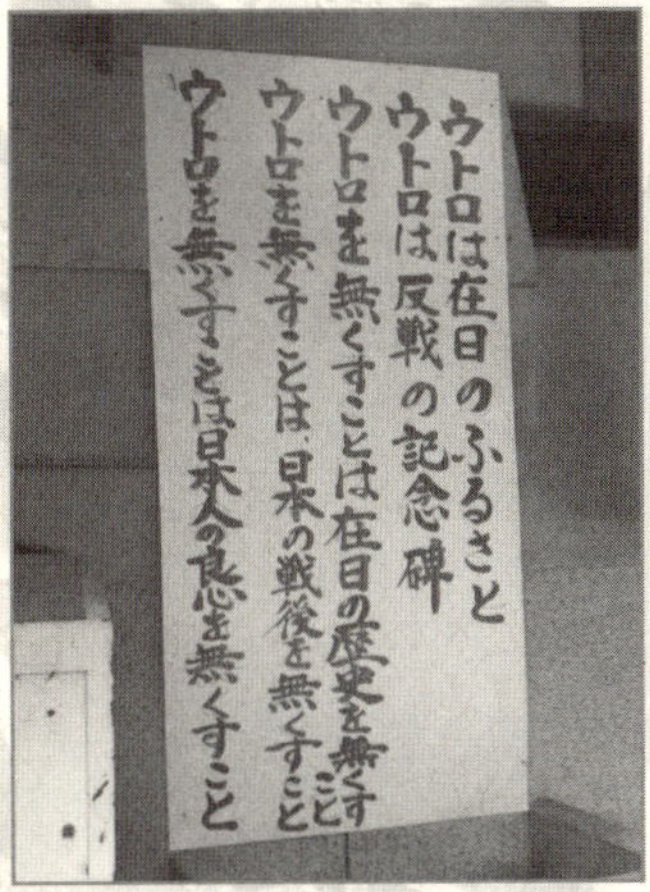

あまりにも有名なウトロの反戦反日看板。

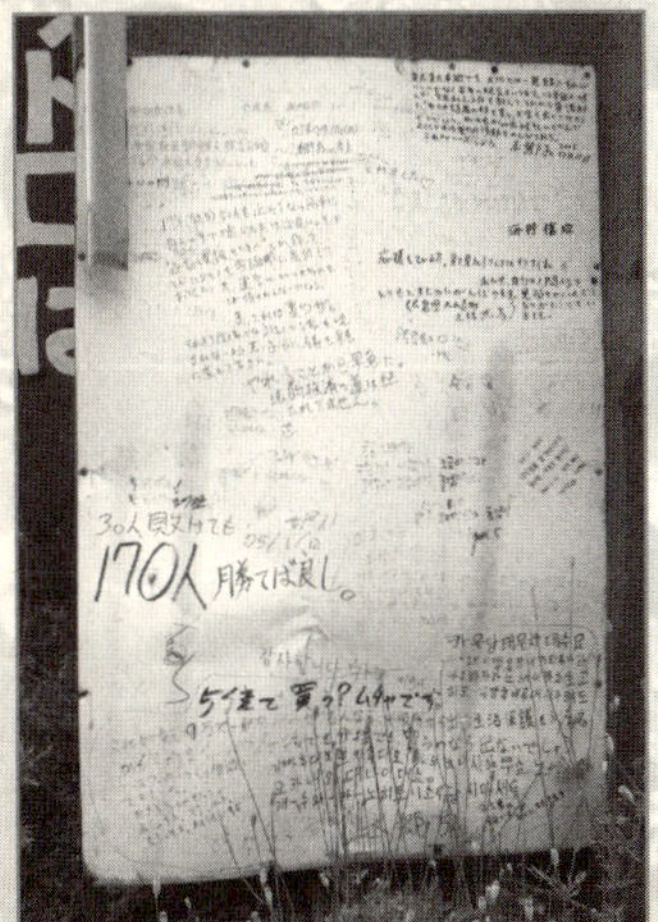

訪れた在日同胞や支援者の寄せ書き。日本語を覚えたてなのか、たどたどしい筆致多数。

血の涙流れる看板の向こうは、陸自大久保駐屯地。

していった。未整備だった上水道についても、一九八八年、住民の度重なる要望に応える形で、ついに配管が敷設された。前年の一九八七年三月九日、土地所有権者の「日産車体」（旧日国工業の後身）が、ウトロ自治会長の「平山枡夫」（本名：許昌九）との間で土地売買契約を締結し、配管敷設工事に同意したためである。

もっとも、同社がウトロ地区の売却を持ちかけた相手は平山（許）が初めてではなく、一九六一年以来、同社はたびたび住民側との折衝を行っている。結論から言えば、同社にとってもウトロ住民にとっても、平山（許）への売却は不幸だった。

ウトロの土地を三億円で買った後の、平山（許）の動きは謎に満ちている。続く一九八七年四月三〇日、自身が取締役を務める不動産会社「西日本殖産」（代表取締役：吉田重光）を設立。五月九日、同社へ四億四五〇〇万円で土地を転売。同月二二日、同社代表取締役に就任。同年九月五日、土地所有権の移転を伏せ、住民各戸から土地購入希望を募集するも、話はまとまらなかった。翌一九八八年二月、土地転売を知った住民が騒然とする中で平山（許）はウトロから姿を消したのである（『イウサラム』）。

一九八九年二月二日、西日本殖産は、土地の明け渡しと建物の撤去を求めて京都地裁に提訴。これに対し住民の法廷闘争は、「日本の国策による飛行場建設へ半強制的に従事させられ、終戦によって飛行場建設が中断されると何の補償もなく今までこの地に居住してきた」ことを強調し、民法一六二条の取得時効を主張した。加えて法廷外闘争も、日産車体と親会社の日産自動車へ向けて活発に展開された。住民に無断で土地を転売した経緯を非難し、日産車体が西日本殖産から土地を買い戻すよう要求したのだ。直接行動は、日産自動車銀座本社へも及んだ。

それでも住民側の不利は自明だった。平山（許）は行方不明、日産車体は紛争当事者ではなく、頼みの取得時効も要件を満たしていなかったのだ。土地買取による和解も模索されたが、京都地裁の提示一四億円に対し、住民側の提示は七億四〇〇万円。一九九七年の第三次交渉は決裂し、二〇〇〇年一一月までに全住民

ウトロ地区土地所有権変遷史

1938年12月	政府、京都飛行場建設計画発表
1940年2月	京都飛行場建設事業を正式決定
1940年4月	起工式開催
1491年8月	ウトロ地域を用地買収し、日本国際航空工業名義で所有権登記
1943年	工事現場に人夫用のバラック長屋（ウトロ飯場）建設
1945年8月	敗戦により建設工事中止
1945年9月	アメリカ占領軍により飯場を残して工場接収
1946年2月	日本国際航空工業が日国工業へ社名変更。
1946年10月	日国工業、2社へ分離。新会社は車体の製造、旧会社は旧軍需会社の資産を継承、清算処分を担当（ウトロ地域含む）。
1951年6月	新日国工業、日産自動車と提携
1962年1月	新日国工業、日産車体工機へ改称
1962年7月	日産車体工機、ウトロ地域が未処分のまま、旧会社を合併。
1970年2月	ウトロ住民代表、日産車体工機へ土地売却を求めて要望書
1971年6月	日産車体工機、日産車体へ改称
1987年3月	日産車体、ウトロ地域を自治会長平山枡夫（許昌九）へ3億円で売却
1987年4月	西日本殖産設立。平山は同社取締役就任
1987年5月	平山、西日本殖産の代表取締役就任
1987年5月	平山、西日本殖産へウトロ地域を4億4500万円で売却
1989年2月	西日本殖産、ウトロ住民に対し立ち退きを求めて提訴
1989年4月	ウトロ住民、日産車体京都工場へ抗議デモ
1989年11月	ウトロ住民、日産車体本社（神奈川県）と日産自動車本社（東京都）へ抗議
1991年5月	平山、証人尋問へ出廷せず。その後も行方不明
1991年11月	第一次和解交渉開始
1992年6月	第一次和解交渉決裂。以後、第三次和解交渉に至るまで全て決裂
2000年11月	最高裁上告棄却、ウトロ住民全員の敗訴が確定
2004年1月	ウトロ所有権、約3億円で井上正美へ移転、西日本殖産はこの取消を求めて提訴
2005年3月	西日本殖産、敗訴。上告へ
2005年4月	井上、ウトロ住民へ11億円での売却を提示
2005年11月	西日本殖産逆転勝訴。井上は上告へ
2006年9月	上告棄却。西日本殖産の土地所有権確定
2007年9月	ウトロ町内会と西日本殖産の合意成立

の敗訴が最高裁で確定している。

だが、ウトロの土地を巡る争いはその後も続く。『統一ニュース』によれば、二〇〇四年一月に西日本殖産から約三億円で「在日同胞」の井上正美へと所有権が移転されているが、この土地取引に関して西日本殖産側は「元役員の独断」「取締役の過半数の決定を経ていない」として契約無効を主張して提訴。二〇〇五年一一月の二審判決で敗れた井上は、最高裁へ上告するとともに、二〇〇六年三月、複数の共犯とともに元役員を拉致監禁。土地譲渡承諾書や委任状への署名捺印を強要したという。井上はこの容疑により、同年六月逮捕された（『朝日新聞』）。

二〇〇六年九月、最高裁は井上の上告を退け、西日本殖産の土地所有権が確定。そして翌年には、韓国本国の官民からの支援金を背景として、ウトロ町内会は同地区の半分を五億円で買い取ることを決め、西日本殖産と合意に至った。かくして、日本企業を巻き込んだ在日同士の骨肉の争いにようやく終止符が打たれた。

その後、同地区ではなぜか国交省、京都府、宇治市を中心として約三〇億円の日本の税金を投入しての住環境整備計画が進んでいる。

コリアタウン探訪
第十九札所

下関市

SHIMONOSEKI [YAMAGUCHI]

山口県

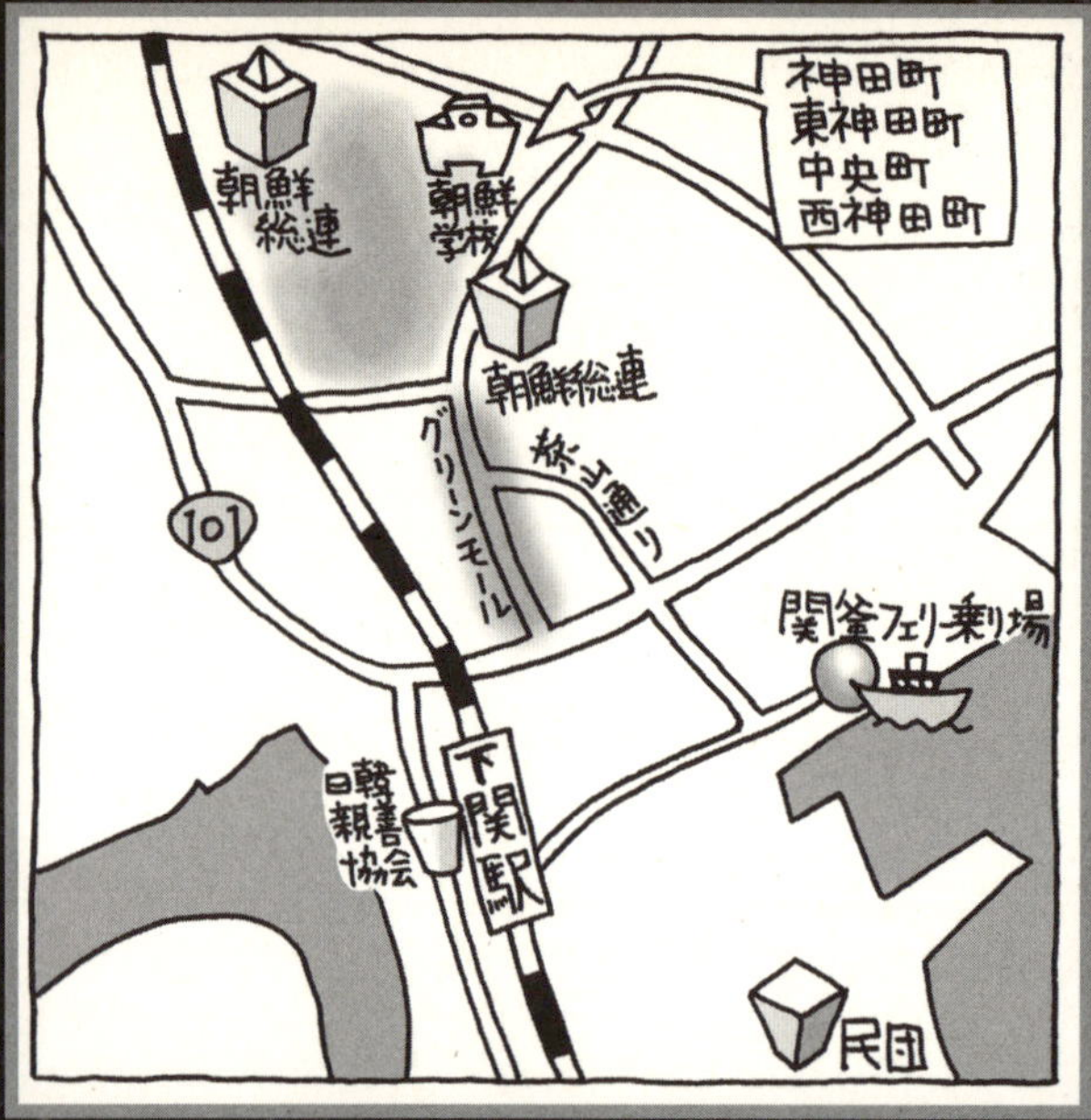

南氷洋捕鯨の発祥地にして、フグの水揚げは全国の八割を占める。かつては大洋漁業本社のお膝元。下関の歴史は常に海とともにあった。

新幹線駅を降り、山陽本線へ。やがて潮の香りに鼻底を撫でられたら、そこは下関だ。維新の雄藩、長州の昔日の栄光を振り返りつつ、駅前商店街を歩いてみよう。

と、旅人は気付くだろう。どぎつい原色の看板群がそこかしこに。そう、下関は、在日韓国・朝鮮人の街でもあるのだ。

一九〇五年に関釜航路が開設されると、夥しい朝鮮人が海を渡りこの地を踏んだ。日韓の国交回復に伴い、同航路が再開されたのは一九七〇年。奇しくもこの頃、欧米発の反捕鯨ムーブメントが下関をいよいよ追い詰める。アジア、欧州から日本へ押し寄せた世界の荒波。下関は、列島の玄関口として、常に変化の波打ち際にあったのだ。

しかし、いかに異邦人が根を張ろうが、維新以来の保守本流の伝統は、びくとも揺るがない。長州出身の宰相は全国最多。安倍晋三総理は、ここ下関から出ている。

JR山陽本線下関駅前の歩道橋上にて。優しい看板が異邦人を出迎える。

愛国政治家アベ先生も取り込んだ在日パワー

次は下関市最大の商店街であるグリーンモールに行きましょう
ん…？な何かイヤな予感…
ここはJR山陽線に並行してるでしょ
もともとは戦後すぐに出来た闇市がはじまりなのよ
マッコリ 1本¥1000 いかキムチ
ジンロ(韓国の焼酎) 1本¥500 チャンジャ
ん…？何かこの商店街韓国系のお店が多いような…？
下関市最大の商店街のわりに人通りは少ないわね
まだお昼前だからかしら？
ん？あれは…？
朝鮮総連!!
ど…どういうこと…!?
実はこの地は…
巨大なコリアタウンなのよ!!
だ…だから来ようっていったのね
フグに釣られたか…
この商店街は二〇〇一年からリトル釜山フェスタが毎年催されているし
また下関は釜山広域市と友好都市でもあるのよ

そういえば松田優作も下関出身だっけ?
なんじゃこりゃあぁお
その通りだけど似てないわよ…
この商店街だけがコリアタウンじゃないわよ!
とほ〜〜ッ
本当のコリアタウンに足を踏み入れてみましょう!!
ここが在日大韓基督教下関教会よ
カワイイ♡
急な上り坂の先に建っているこの「曹渓宗」って何?
韓国仏教の最大宗派よ
ソウルにある総本山では血みどろ肉弾戦の対立が起こったわよね
この体育館スゴイ建て方されてるわね…
恐怖のつっかえ棒建築ね…
ちなみにここの学校の元校長は覚醒剤密輸容疑で指名手配中よ
かなり広範囲で朴さんとか李さんとかの表札をみかけたけどどうしてここに在日韓国・朝鮮人の方々が住んでいるの?
ここって朝鮮半島と近いでしょ
船で釜山と結ぶ「関釜フェリー」もあるし

そういえば「関釜フェリー」って定期国際フェリーとしては日本初なんだって
半島からの入り口なのね
んで日本の敗戦後は故郷に帰ろうと朝鮮人が続々とこの地「大坪町」へ集まったのよ
【旧大坪町】
神田町
東神田町
中央町
西神田町
残った人はどうして帰らなかったの?
西日本新聞の記事によると「港に集結した荒れた群衆にあきれ下関にとどまった」と残留を選んだ朝鮮人の証言があるし
総連絡みのサイトによると「下関港は米軍による関門海峡の機雷封鎖で使用できず(略)そのままこの地に移り住むことになった」とのことよ
戦前のこの下関朝鮮初中級学校があった場所には「昭和館」という朝鮮人収容施設があったのよ
「内鮮融和施設・昭和館の概要」というパンフレットによると
一九三三年には六三四七人が宿泊していたそうよ
この「昭和館」は戦後すぐの頃は朝鮮人帰国者のための宿舎として使用されたという歴史があるわ
ヘエー
どんな理由にせよ現在も故郷に帰っていないということは…
彼らは日本を選んだということよね…
韓国政府の事実上の棄民政策はもちろん批判すべきことだけど
感情的には同意出来る面もあるわね
国籍は韓国だったとしても彼らが定住地として選んだのは日本だものね
ニッポンで暮らす!
ファイナルアンサー?
ファイナルアンサー!!

たしかな野党が必要です
日本共産党
住民が主人公
福祉とくらし ささえる 新しい政治を
日本共産党
遠慮なく 書いてるね。
しんぶん赤旗
この辺り一帯が残った朝鮮人の街「大坪」ね
共産党や護憲のポスターがあちこちに貼られてある…
何だかな〜
現在は「大坪」って地名は公園や交番などになごりを残しているだけよ
一九六九年に神田町　東神田町　西神田町　中央町などに分けられているわ
………
ふう…
帰るわよ！下関はパーフェクトに満喫したわッ!!
えええ!? フグは……？
今すぐ駅に向かわないと東京へ帰れないの！食べてるヒマなんてないわよ!!
だだだだだだ
えええ…
このお土産でガマンしなさい!!
ふぐパイ
………
フグ〜…
ゴットン ゴットン
ゴットン
山口県下関——日本時代の朝鮮だけでなくその後の日韓の歴史もかいまみえる場所でした…
フグ〜…

下関駅前から続く、グリーンモール商店街にて。

山口県 下関市 SHIMO NO SEKI

出稼ぎ朝鮮人が続々上陸 内鮮結ぶ日本海の大動脈 関釜連絡船は今日も行く

下関駅は、一九〇一年に馬関駅として開業（翌年に現駅名へ改称）。当初から朝鮮半島との連結拠点として位置づけられていたという。一九〇五年一月、日本資本によって京釜鉄道（ソウル－釜山）が開業すると、いよいよ山陽鉄道会社（現・JR山陽本線）の関心は下関と釜山を結ぶ鉄道連絡船に注がれた。関釜フェリーが就航したのは一九〇五年九月のことだ（『下関駅物語』近代文藝社）。以来、貧困に喘ぐ朝鮮人の多くが仕事を求めて日本へ渡っていった。

一九二〇年代から一九三〇年代半ばの期間に、同航路で釜山から渡ってきた朝鮮人は年間一〇～一六万人（『越境する民』新幹社）。最盛期の一九四二年には四隻が海峡を往復し、一日で一万四〇〇〇人もの朝鮮人を運んでいた（『朝鮮新報』）。

しかし、彼らの中には、さしたる計画も頼る先もないままに乗船した者も多数おり、下関市街は路頭に迷う朝鮮人で溢れた。彼らはやがて港の近郊や、現在の朝鮮人集住地区として知られる大坪町（現在の神田町、東神田町、西神田町、中央町）に粗末な家を作り、集住生活を始めた。

この状況を受けて、下関市は大坪町に昭和館と呼ばれる朝鮮人収容所を建設。下関市史によれば、「昭和館は朝鮮人の保護救済のために建設され、一九三三年当時には、六〇〇〇人以上の朝鮮人が宿泊」していたという。

彼らは土木や港湾労働者として生計を立てていたが、生活は苦しかった。近年、昭和館の館長が書き残したメモが発見されているが、それによると一九四四年一二月一三日付けで、「市内ノ半島人人口約三万人。家族ノ有ルモノ七割。独身者三割。子供一家平均五人以上。一日ノ収入一〇円。一〇円デハ食ベテイケヌ」とあり、戦前の集住生活の状況を伝えている。

戦後は、関釜フェリーでの帰国を望む朝鮮人が下関に殺到した。しかし同港は戦中に米軍が敷設した機雷によって封鎖されており、実際の帰国船は長門市仙崎港と福岡博多港から出港していた。それを知らずに下関へ来た朝鮮人群衆の一部は、そのままこの地に滞留していった。

一九四七年頃の大坪の朝鮮人集落は三〇〇世帯以上（『別冊宝島39　朝鮮・韓国を知る本』JICC出版局）、七〇〇人が住んでいたという。

現在、下関市には民団、総連ともに県本部が置かれ、山口県在日社会のいわば中核都市である。在日韓国・朝鮮人はこの街に深く根を下ろし、各方面への浸透も盛んだ。地元共産党市議によれば、下関を地盤とする安倍代議士の自宅は、父親の代に地元パチンコ業者から買い取ったもので、「パチンコ御殿」と呼ばれているという（『週刊現代』）。また、この業者と民団県本部、安倍代議士の下関事務所は互いに目と鼻の先にある。

朝鮮総連下関支部。

民団下関支部。

安倍代議士下関事務所。

コリアタウン探訪
第弐十札所

福岡市東区金平団地

FUKUOKASHI HIGASHIKU-KANEHIRADANCHI

福岡県

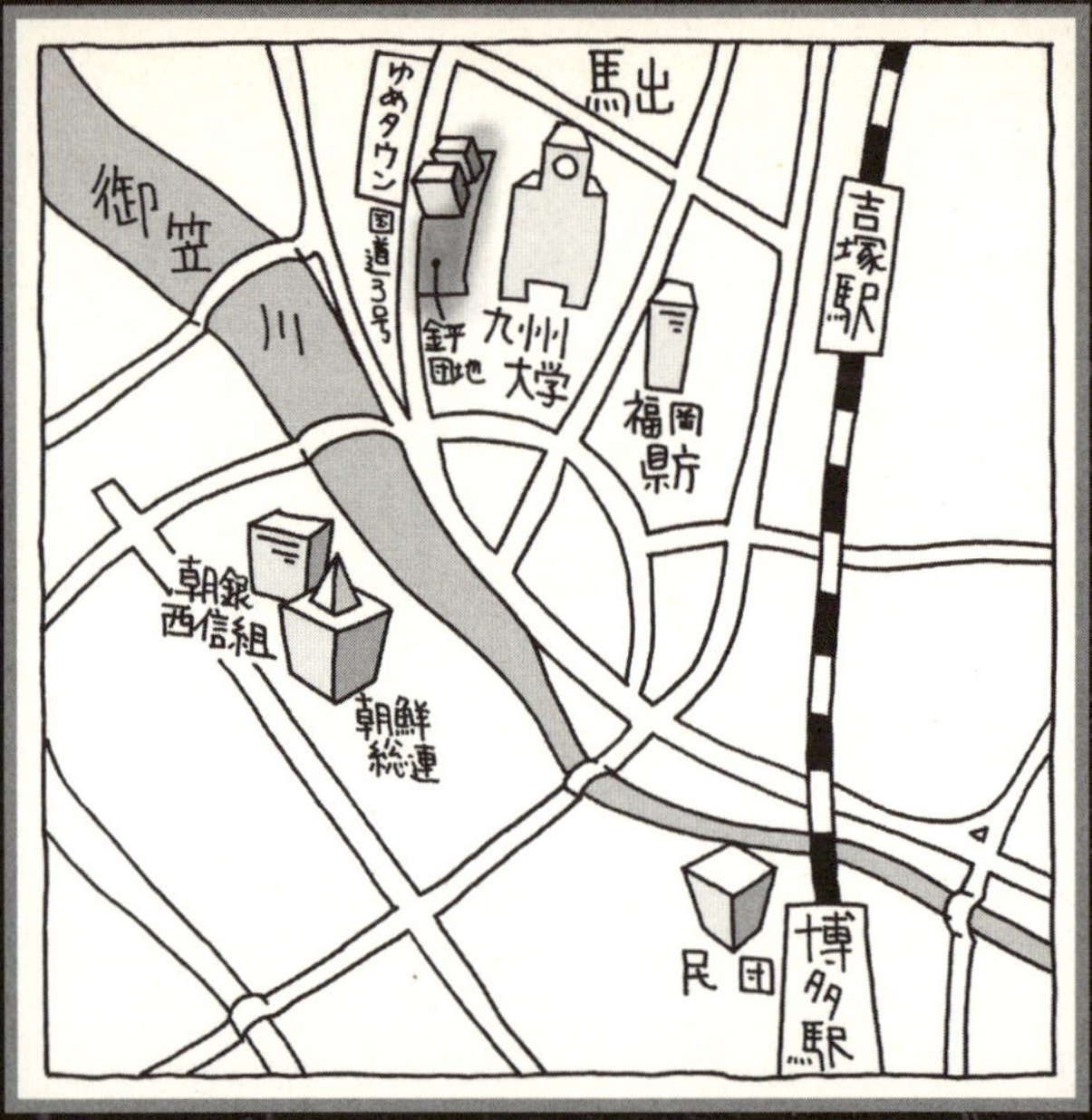

博多っ子の街、福岡市。祇園山笠やどんたく祭りで知られるこの土地は、長浜ラーメン、お土産には辛子明太子と、ビジネスマンの出張先としても愛される九州最大の都市だ。

この街に残るコリアタウンは、市街の中心部からクルマで五分ほどの距離にある浜松町団地。通称、金平団地である。戦後日本に残った在日朝鮮・韓国人のために作られた木造住宅は取り壊され、現在はマンションが建設されている。

およそ二〇〇〇年前から中国、朝鮮との交易拠点となってきた博多港。釜山との定期航路を有し、二〇一三年の国際船旅客数は六三万人。日本最大の乗降人員を誇る大陸への玄関である。

このように異文化を受け入れる風土が整った街では、いたるところでハングルの表記を見ることができる。その様子は天神、中洲といった繁華街では特に顕著だ。近年、韓国からの観光客はますます増加傾向にある。

在日、ニューカマー、そして生の韓国との触れ合いが可能な街。それが福岡なのだ。

炭坑労働者
哀歌
〜玄界灘の波は高く〜
私達は今回
福岡まで日帰り旅行に
来ました
久留米ラーメンが
楽しみ♡
国内では
朝鮮半島から
最前線♡
萌え〜♡♡
今日は朝鮮絡みは
ナシだからね！
ハイハイ
早速レンタカー
借りて廻りましょ
ボタ山
ステキな
筑豊富士
わざわざ福岡まで
来てボタ山…
何言ってるの！
日本の近代化は
このボタ山が
象徴しているように
筑豊の石炭の
おかげなのよ!!
それに大物政治家の
麻生太郎氏は
麻生炭鉱を
経営していた
麻生商店の
後継者なのよ
そんなわけで
田川市にある
石炭歴史博物館を
見学しましょう
へえ〜
こうやって
石炭を掘って
いたのね
あの丘の上に
炭鉱殉職者
慰霊碑があるわ
行って
みましょう

彼らの犠牲があるからこそ今の日本の繁栄があるのよね
こっちの石碑は何かしら？
!?
韓国人徴用犠牲者慰霊碑!!
韓国人徴用犠牲者慰霊碑
このような朝鮮人が絡んだ慰霊碑は大牟田市の甘木公園にもあるのよね
山野さんが実際に行こうとしたけど福岡には甘木公園が二ヶ所あって間違って行けなかったそうよ
あほだわ…
また飯塚市にある飯塚霊園にも朝鮮人強制連行犠牲者追悼堂が建てられているわ
国際交流広場
きょ
強制連行犠牲者って…
朝鮮民族や国内の反日勢力は朝鮮半島から炭鉱現場に強制連行されたと主張しているようだけど
実際は通常の労働力として朝鮮人を雇用していただけなのよね
炭鉱労働における悪名高い「納屋制度」はすでに一九二二年の国会決議で廃止されており労働環境についても向上が図られていたのよ
納屋制度
社員
納屋頭
労働者
一九三二年には麻生家経営の炭鉱で労働争議が行われた史実も残っているわね
労働争議？
朝鮮人労働者は低賃金と解雇に抵抗して三週間のストライキを打ったのよ
低賃金と解雇に反対するなんておかしな話ね…
強制連行した労働者にわざわざ給料を払ってたの？強制連行されたのに解雇に反対するの？
次の現場に行きましょう

こ
ここは…？
一九四三年三月で休校になった筑豊朝鮮初級学校よ
休校…それにココって高台にあるから京都にあった朝校と似てるような…
ちなみに福岡朝鮮初中級学校も高台にあるわよ
ここの朝鮮学校は初級部に十四名校舎内の付属幼稚園に五名の生徒がいたみたい
じゃあ休校の原因は生徒数の減少なんだ
そういえば…
この学校の教員って休校の前日にひき逃げ事件を起こしているのよね
ひき逃げ!?
小学四年生男児をはねて右足を骨折させる重傷を負わせて逃げたのよ
次の日の朝には県警に出頭してきたようだけど
ひき逃げした教員は生徒にこれまで一体どのような教育をしていたのかしら…
福岡市内に行きましょう
みづほダムがあるわよ
犬鳴ダムね
いかにも観光スポット然としているけど
実はこの辺りは有名な心霊スポットなのよ
犬鳴ダム
心霊スポット？
この辺りでは一九八八年に少年グループによるリンチ殺人があったり
死体遺棄があったり
日本国憲法通じずという看板があったり
色々と事件や噂があるの

このダムの底には犬鳴村がしずんでいるのよね
水位が下がっているときには村の一部が見えるそうよ
西日本に展開しているスーパーマーケット「ゆめタウン」よ
ようやく楽しいショッピング！
…って歩道橋渡ってどこへ？
金平団地よ!!
な…何…!?
ビルが建ち並び九州の大動脈である国道三号沿いの一等地にここだけが異様な環境だわ…
こっち側には九州大学医学部があるのね
ここは一九五九年に福岡県と福岡市が建設し
県と市は二〇〇七年には駐車場付きマンションを完成させてここの住民を入居させる予定のようね
かつてこの辺りには朝鮮初級学校があったの
朝鮮初級学校
金平団地
ところでどうしてここにたくさんの在日韓国・朝鮮人がいるの？
それはね…一九四五年八月一五日をもって太平洋戦争が終結したでしょ
そこで朝鮮人は朝鮮半島に引き揚げるために博多港に集まったのよ

しかし朝鮮半島ではコレラが流行していたり
当時は国外へ持参できる財産が制限されていたり
また朝鮮戦争が勃発したことによって彼らは祖国に帰らず
この辺りにバラックを建てて住み始めたのよ
つまり彼らはどんな理由であれ祖国より日本を選んだってことね
ごくり
祖国に帰ろうと思えば現在は誰でも普通に往来しているんだからいつでも帰れるのに…
六〇年間も祖国に帰ろうとしない彼らの主張する民族のアイデンティティって疑わしいわよね
はッ
いや～んもうすぐ飛行機の時間だわ!!
早く戻りましょ!
ええエ…　…ショッピングも久留米ラーメンもまだなのに…
買いたいモノあれば通販でいいじゃないの!
久留米ラーメンも東京で食べれるわよ!
そんな～
ええと…ひよ子まんじゅう…はと…
ひよ子まんじゅうって東京のお菓子じゃないの?
たしか韓国がこのお菓子をパクっていたわよね
名菓ひよ子が生まれたのは大正元年の筑豊飯塚よ
飯塚は長崎の出島に砂糖が輸入され小倉まで運ばれる長崎街道に沿っていたからお菓子づくりが盛んだったのよ
小倉
飯塚
また炭鉱で働く人々が甘いものを欲していたし出稼ぎ朝鮮人労働者が故郷への土産としていたかもね
福岡県・筑豊と福岡市東区――今も漂うブルースは石炭の忘れ形見だったのでしょうか…

浜松団地、通称金平団地にて。

福岡県 福岡市 東区 金平団地

FUKUOKA

帰国船を目前にUターン 戦後、彼らが選んだのは 祖国ではなく日本だった

一八七二年、明治政府が鉱山開放令を発布すると、福岡県筑豊地方は炭鉱開発が盛んに行われるようになった。一九〇一年には、八幡製鉄所が操業を開始し、大規模資本による炭田開発が推し進められると石炭の需要はさらに伸び、筑豊地区の炭鉱開発は活気に溢れた。多くの労働者が集まり家族を成し、「ヤマ」は地域経済の核として賑わうことになる。こうした筑豊炭田の活況は、第二次世界大戦後、エネルギー革命が起こる一九五〇年代半ばまで続く。その大きな流れの中でも、麻生芳雄によって忠隈炭坑の採掘が開始されたことは、重要なポイントだ。以後繁栄を極める福岡炭鉱王国の先駆けという点で、麻生炭鉱は大きな役割を果たしている。

政府はすでに官営三池炭坑、唐津の海軍炭坑といった炭田開発を進めていたが、麻生家による炭田開発が大規模に拡大していくにつれ、三井、住友、三菱といった巨大財閥も続々と追随。しかし、大規模開発の結果として、各社は慢性的な炭鉱労働者不足に悩まされていた。

もともと炭鉱開発における労働環境には問題点が多く、特に指摘されていたのは「納屋制度」だった。同制度は江戸時代から続く前近代的なシステムであり、労働者に極度の劣悪な生活を強いるものだった。制度の特徴としては、炭鉱企業と坑夫との間に、直接の雇用関係がないことである。直轄の職員や職工は炭鉱住宅に住んでいたが、一方で一般の坑夫については納屋（飯場）に住まわせ、納屋頭と称する中間管理職の支配下に置かれていたのだ。企業が影響力を行使できるのは納屋頭までで、その下層の状況については把握が難しいようなシステムだったのである。そのため納屋頭は人員の募集、管理など、炭鉱労働者に対して絶大な権限を持っており、納屋頭による賃金ピンハネなどが日常的に行われていたという。他にも、日用品の購入は鉱山内の割高な売店（売勘場）に限定されており、こうした搾取システムは重労働ともあいまって労働者の生産意欲を減退させ、現場の能率を低下させるだけだった。

富国強兵の末端における、採炭システムの非効率を政府は憂慮し、納屋制度は一九二二年の国会決議以降、およそ一九三〇年代半ばにかけて全国的に廃止された。労働者が忌避した旧態依然の環境が改善されたことで、多くの朝鮮人労働者が炭鉱労働に職を求める素地が整ったのである。朝鮮新報は「労働力不足を解消するため、日本政府が朝鮮半島から労働者を連行し始めた」と記述しているが、さらに「朝鮮半島から鉱山での労働を希望して来日した朝鮮人の数は、筑豊地区だけで約一五万人にも及んだ」とも言っている。納屋制度の廃止による炭鉱労働者の近代的管理、そして朝鮮人労働力の積極的な移入無しでは日本の炭鉱産業は成り立たなかったのだ。

敗戦後、炭鉱で働いていた朝鮮人労働者をはじめ、多くの朝鮮人たちが母国に帰国しようと博多湾へ詰め掛けていた。だが、彼らの一部はその地に留まり、定住生活を始める。

当時の博多港は大陸からの日本人引揚船でごった返してはいたが、それでも

団地内の朝鮮幼稚園。

田川市石炭歴史博物館遠景。

船舶不足は否めず、帰国できる人数には制限があった。また、半島ではコレラが大流行していたことも、朝鮮人が帰国を断念した理由となったようだ。引き揚げ者から伝え聞く祖国の政治的、経済的混乱もこれに拍車をかけた。福岡市近郊の残留朝鮮人は二万五〇〇〇人に及んだという。

さらに、朝鮮戦争勃発が、帰国を望みながら残留していた朝鮮人に決定的な追い討ちをかける。帰国を断念した朝鮮人たちは、御笠川流域などにバラックを建て始めて、そこに定住するようになった。

一九五九年、北朝鮮による帰国事業が始まる。自力で帰国した一般帰国者もいるので、正確な統計ではないが、一九五九年に朝鮮人帰国者（日本人随伴家族を含む）は二九四二人、翌一九六〇年には四万九〇〇〇人ほどの朝鮮人（同）が北朝鮮へ向かい、祖国への帰還を果たしている。この帰還事業は、各種メディアや知識人、とりわけ朝日新聞などが盛んに喧伝したことで説得力を持ち、韓国系の人間も少なからず参加の憂き目に遭っている。在日朝鮮人総体から見てこれが多いか少ないかは別として、大多数の者はすでに日本での固定住の意志を持っていたと言えるだろう。

現在は福岡市東区に、朝鮮人の集住地区である浜松団地、通称「金平団地」が存在する。これは、前述の日本に残留することを選択した朝鮮人に対して提供された公営住宅である。彼らは御笠川流域にバラック式の水上住宅を建設して住んでいたが、国道三号線の延伸工事により、退去を余儀なくされた。その代替地は議会の議題にもあがり、『参議院会議録情報　第四一国会　社会労働委員会』の議事録には下辻ノ堂町という博多駅前の朝鮮人市場、大浜町の川岸にあるスラム街の一部を取りこわして新たに朝鮮人が居住する金平団地を建設するといった主旨の発言を見ることができる。

金平団地の敷地（約一万五〇〇〇平方メートル）は、表通りの旧路面電車の線路（現・国道三号線）と、隣接する九州大学医学部病院の高いコンクリート塀に囲まれた位置にあり、「空間的に孤立性の高い地域」だったと福岡県立大学の調査報告がある。同調査報告には、木造二階建ての長屋式住宅三一一棟（二二〇戸）が並んだ団地内には共同浴場や集会所、商店、食堂、民族学校も立ち、「衣食住、教育、娯楽、仕事の機会など、生活を団地内で完結させることができた」とも書かれている。

金平団地を建設する理由は、麻薬卸元の大部分が朝鮮人で、炭鉱閉鎖による失業で不正取引が横行したことも原因にあったようだ。

バラックを出た朝鮮人は、こうして建設された金平団地に移住した。同団地は年月とともに老朽化したため、長屋はもう取り壊されている。跡地には駐車場付きの一四階建てマンション二棟が公金で建設された。

二〇一三年の統計では、福岡県内の韓国・朝鮮人の外国人登録数は約一万八〇〇〇人。九州他県と比べても飛び抜けた数字であり、朝鮮系の民族学校は九州では福岡県にしかないほどだ。

韓国人徴用犠牲者慰霊碑。「朝鮮人」ではない点に注目である。

廃校になった筑豊朝鮮初級学校。

福岡朝鮮初中級学校。

コリアタウン探訪
第弐十壱札所

熊本市

KUMAMOTO [KUMAMOTO]

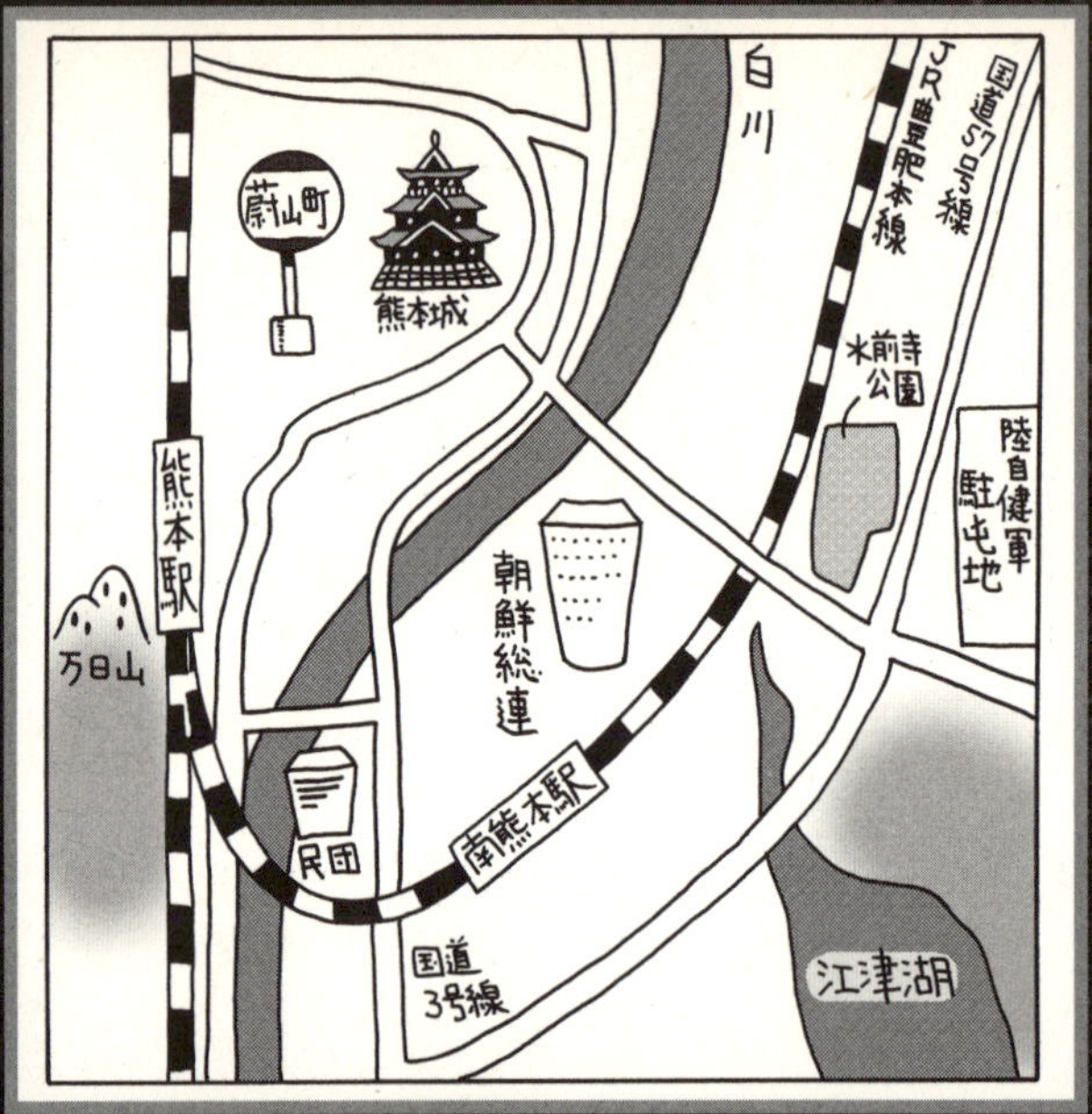

一八七七年の西南戦争で城も街も焼け落ちた熊本だが、九州中心部に位置する戦略的重要性は変わらない。熊本城内に陸軍第六師団が編制されたのは一八八八年のこと。以来、軍施設の拡充も相まって発展を続け、一九〇〇年の鉄道唱歌に「九州一の大都会」と歌われるほどの繁栄に至る。ゆるキャラ「くまモン」を擁し、二〇一二年には全国二十番目の政令指定都市へ移行した。

そして、そんな熊本の基礎を建てた人物こそ、県民が愛してやまない加藤清正。必然的に熊本と朝鮮の関係も生まれた。

朝鮮出兵では、敵王子を捕獲するなど勇名を馳せ、蔚山城攻防戦では明・朝鮮連合軍を大いに恐れさせた加藤清正。彼が築いた城下には、一九五〇年代まで「蔚山（うるさん）町」の地名が存在し、いまも市電の停留所名として残っている。

同市出身の姜尚中東大名誉教授も「いとしくてたまらない」とノロける熊本には、在日と日本の不思議な関係が横たわっている。

熊本県

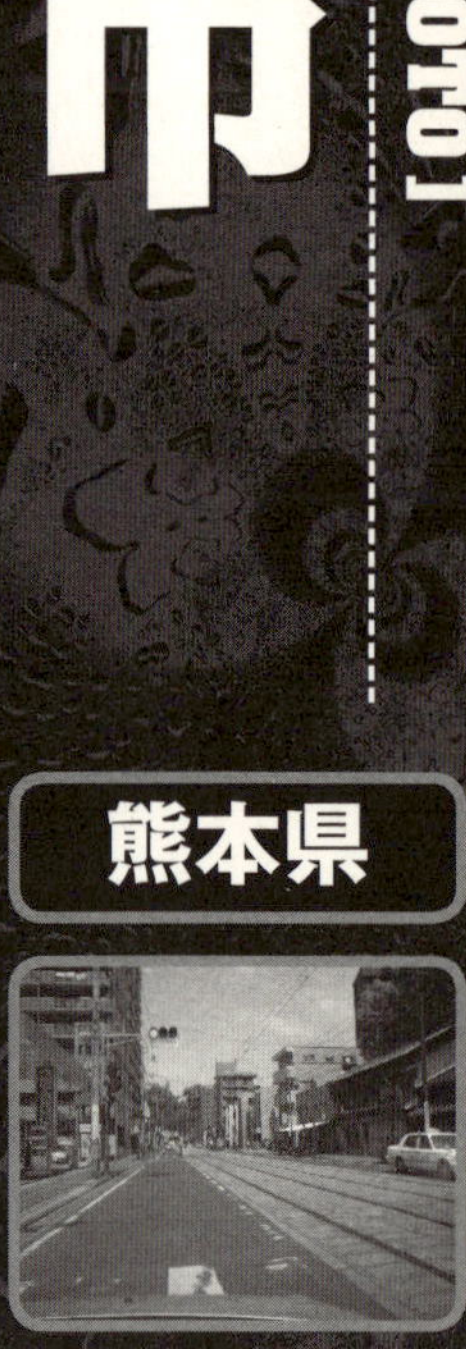

熊本市電の蔚山町電停にて。

市長と在日系
廃品回収業者の
不思議な関係
ラーメンじゃなくって太平燕よ
寝台特急はやぶさ
ふ～廃止になる前に乗れてよかったわ～
あんたが鉄ちゃんだったなんて意外だわね
さっそくいきなり団子と辛子レンコンに馬刺し食べなくちゃー
朝鮮飴もあるわよ～
とりあえず観光よ！ベタなところだけどまずは熊本城よね！
熊本城
どーん
豊臣秀吉による朝鮮征伐の先鋒で名を上げた加藤清正が築いた城なのよね
加藤清正は治水や農政に実績を残したため地元の評価は細川の殿様よりも高いらしいわよ
だから今でも清正公の行列をかたどった祭りが続いてるのよ
また朝鮮の話題にもっていこうとしてない？
ただ……このお祭りかつては「ボシタ祭り」と呼ばれていたんだけど
……

朝鮮を「滅ぼした」清正軍の凱旋行列に由来していると訴えて在日韓国・朝鮮人などが言葉狩りを行ったため「ボシタ」の呼称は廃止されたのよ
長く続いたお祭りの名前を変えさせるなんて乱暴な話ねえ……
水前寺成趣園
こっちは熊本城と違って細川家がつくった大名庭園よ
ステキな庭園ね……
この池は江津湖と繋がっていてそのほとりにも朝鮮人集落があったそうよ
またまた朝鮮の話題……
うんざり…
水前寺駅
戦前・戦中はこの水前寺駅から引き込み線が延びていたのよ
どこに繋がっていたの?
当時の三菱飛行機健軍工場よ
引き込み線
水前寺駅
三菱飛行機健軍工場
江津湖
※昭和一五年熊本市周辺地図より
現在は陸上自衛隊健軍駐屯地があるわ
陸上自衛隊部隊編制および総監部配置図
札幌 北部方面隊
朝霞 東部方面隊
仙台 東北方面隊
伊丹 中部方面隊
健軍 西部方面隊
九州の真ん中に位置する健軍には西部方面総監部が置かれているのよ
熊本出身の在日といえば東大の姜尚中教授が有名だわね
姜尚中
自伝書によれば彼は熊本駅裏の万日山のふもとにあった韓国・朝鮮人集落に生まれ……
のちに立田山ふもとの方へ引っ越したと書いてあったわ
在日
姜尚中
『在日』（講談社刊）

この頃
姜尚中東大教授は「永野鉄男」という通名を使っていた
一家は『永野商店』という廃品回収業を営んでいた
永野鉄男
現在「永野商店」は姜尚中東大教授の兄が跡を継いでいるわ
この南熊本駅の北側も韓国・朝鮮人集落があった場所ね……
お肉屋さんが多いわね……
この辺りには食肉処理センターがあるのよ
かつてこの一帯は春竹と呼ばれていて現在の南熊本駅の名称も当時は春竹駅だったけど
その地名は一部に残っているだけだわね
隣りには熊本大学……福岡で見た九州大学隣りのコリアタウンを彷彿とさせる立地ね……
朝鮮総連熊本支部
ここがあの有名な現場なのね……
??
熊本市長である幸山政史は総連施設に対する固定資産税減免に異常に執着していて
福岡高裁でも
朝鮮総連による会館の使用は公益性がなく減免措置は違法
という判決が出たのにもかかわらず……
しかも熊本市が赤字財政であるにもかかわらず……

総連施設への優遇措置を続けるため高裁判決を不服として最高裁へ上告したのよ
固定資産税減免という「在日特権」を市長自ら守ろうとしていたわけね
結局上告は棄却され総連施設への税減免の違法性は確定しているけどね……
熊本市長の幸山政史は熊本市内に住む在日わずか七〇〇人との間に特殊な関係でもあるの？
熊本市では大手ゴミ業者からの強い要望を受けて「資源ゴミ持ち去り禁止条例」を推進していたわね
資源ゴミ持ち去り禁止条例
資源ゴミを勝手に持ち去った者は罰金20万円
(2007年3月施行)
なにそれ？
二〇〇六年頃から世界的な商品価格の高騰を受けて資源ゴミの持ち去りが話題になっていたでしょ？
そこで資源ゴミは市の所有物であるとして市の委託を受けていない者によるゴミ回収を禁止したってわけよ
でもさ……ゴミを持ち去られて困る人なんているの？
行政とゴミ回収の委託契約を結んでいる大手ゴミ業者にとって中小業者によるアパッチ行為は死活問題でしょ
本来ならゴミ業者は集めた資源ゴミを市から買い取りそれを資源化して売却益を得るのよ
行政
企業
回収業務委託
行政の所有物
分別・加工して資源として販売
資源ゴミの対価を支払う
ゴミ業者
ゴミ集積場

ところが熊本市の資源ゴミ回収業務を独占する大手二社は資源ゴミの対価を市に払っていない上に回収委託料として約三億五千万円を毎年受け取っているのよ
二重に利益を上げているわけね
熊本市
企業
資源化して売却益
委託料 3億5000万円
資源ゴミの対価 0円
A社
B社
その大手ゴミ業者二社が……
A社
B社
在日あるいは元在日業者というわけよ
これって……いわゆる「在日特権」!?
たとえ帰化していても「在日」を武器に使って特権を手に入れたならそう言えるでしょうね……
これに対して業界三位の元在日業者を筆頭に熊本のゴミ業界は対立が激化
一位&二位のゴミ業者 VS 三位以下のゴミ業者
だけどとても不思議なことに……
今ではなぜか業界三位の元在日の業者も委託利権を享受する側に回っているのよ
うわ……要領よすぎ……
「在日特権」を正すどころかかえって強化されちゃったってわけね……
熊本市民はさまざまな施策で在日や元在日を優遇する行政により不利益を被っているのよ……
熊本県熊本市……
在日韓国・朝鮮人はわずかだというのにいまだ「在日特権」という「在日の影」が現在進行形で残っていたのでした

固定資産税減免の可否が最高裁まで争われた熊本朝鮮会館。

熊本市

KUMAMOTO

第弐十壱札所

加藤清正以来伝わる「ボシタ」が消える一方で熊本市長は呑気に在日詣で

熊本と朝鮮の関わりにおいて、加藤清正は決して遠い過去の人物ではない。熊本市の藤崎八旛宮が毎年九月に五日間かけて行う例大祭は、通称「ボシタ祭り」として市民に深く愛されてきた熊本最大の祭りだが、清正との深いゆかりを今に伝えている。

江戸時代には熊本総鎮守として細川藩に手厚く庇護されてきた歴史と格式を誇る同宮の祭りは、最終日の「神幸式」に最高潮を迎える。三柱の祭神を遷した三基の神輿を騎馬の神官が先導し、その後に「随兵（ずいびょう）」や獅子舞、子ども神輿、「飾り馬」などが続く勇壮な光景は、熊本市民の共通体験だ。この随兵行列が、加藤清正に始まると伝わっている。

朝鮮出兵から帰国した加藤清正は、

藤崎八旛宮秋季例大祭の随兵行列。

陣中の無事を藤崎八旛宮の御加護と感謝し、自ら随兵頭として兵を率いて神幸式に供奉したという。加藤家の改易後も「随兵行列」は細川藩によって継承され、祭りの代表的行事として江戸時代を通じて藩兵が任に当たっていた。そのため、かつては「随兵」が祭り自体の名称として用いられていたほどだ。

　そして、明治維新以後、「随兵行列」以上に市民の関心を集めるのが問題の「飾り馬」である。紅白の布で馬の鞍を飾り付け、鉦や太鼓を鳴らして威勢良く追い立てるもので、この時の掛け声が「ボシタ、ボシタ」なのである。

　この特異な掛け声は幕末の松江藩士が旅行日記に記しており、少なくとも一三〇年以上の歴史を持つ。の由来は諸説あって定まらないが、戦前においては、作中の「加藤清正の軍勢が朝鮮を滅ぼした説」がもてはやされ、市民にもこの説明がほぼ定着していたようだ。また、一九五〇年には「熊本日日新聞」が「ボシタ祭り」の呼称を使い始め、以後、一般へも急速に浸透し、やがて公式の場面でも用いられるようになっていく（『ボシタ祭りの起源　戦後編』熊本大学教養学部現代社会研究会）。

　だが、かつて余りにも「朝鮮滅ぼした」を強調してきたことが仇になり、戦後四五年を経た一九九〇年八月、民団と総連などから「民族差別を助長する」との申し入れを受け、「ボシタ祭り」は名称変更の憂き目に遭ってしまう。以来、祭りの名称は「藤崎八旛宮秋季例大祭」へ、掛け声は「ワッショイ」「ドーカイ」へそれぞれ変更され、いまに至っているのだ(『韓VS日「偽史」ワールド』水野俊平)。

創氏改名を批判し、日本語教育を与えられたことなどで日本を非難する韓国・朝鮮人が、地域住民に親しまれてきた伝統ある祭礼行事の名前を奪ったのである。極めて皮肉な話と言うべきだろう。

ところで、こうした事件の背景には、強要を唯々諾々と受け入れる側にも問題が残る。愚直なまでに自己の主張を貫徹すると言われる「肥後もっこす」。その意気を、熊本市民に期待したい。

だが、そんな熊本市民の前に立ちふさがっていたのが、二〇一四年まで三期にわたって市長を務めた幸山政史氏だ。熊本県議を二期務めた二〇〇二年、熊本市長選挙に挑んだ幸山は、自公が推す現職を破って初当選。三七歳の若さは県庁所在地の市長として当時最年少となる快挙であり、「無党派の風」として話題を呼んだ。さらに、二〇〇六年一一月の市長選では一六万票を獲得して圧勝している。

しかし、熊本市民の期待を背負った若手市長も、在日韓国・朝鮮人の関連案件では不審な動きが目立つ。特に、朝鮮総連施設への税減免措置を巡る行政訴訟では、ひときわの異常性が印象的だ。そもそも、二〇〇三年一一月に熊本市監査委員は、「施設の公益性が認められない」として、熊本朝鮮会館に対する固定資産税と都市計画税減免措置を取り消すよう、同市に勧告している。だが、幸山はこれを拒否して減免を継続したため、二〇〇四年一月、いよいよ問題は法廷に持ち込まれたのである。

一審の熊本地裁では「利用状況からみて会館は公益性を備えた公民館類似

江津湖のほとりには朝鮮人集落があった。

施設と評価でき、減免に違法性はない」として、市長側の主張を全面的に認める判断。ところが、二〇〇六年二月の控訴審福岡高裁判決では、「同施設はもっぱら北朝鮮の国益のため、在日朝鮮人の私的利益のための活動しか行っておらず日本社会一般の人々の利益になるような活動を行っていない」と認定し、同市に徴税を命じたのだ。朝鮮総連施設の公益性を否定した点で画期的判決である。当時は、同様の問題を抱える一三三自治体のうち九八団体が減免措置を実施していたが（総務省調査）、これを契機に見直しが加速していく。

　だが、こうした状況下でも幸山は自説を曲げず、福岡高裁判決を不服として最高裁に上告。七月には北朝鮮のミサイル発射実験が世を騒がせたが、翌年一一月に棄却されるまで頑として上告を取り下げることはなかった。

　在日韓国・朝鮮人に対する幸山の態度は不可思議だが、その真意と目的を窺うヒントは、二〇〇七年、資源ゴミの持ち去りに罰金を課した条例だろう。作中にもあるが、特定業者のみに回収を許し、行政が他の業者を排除するのは、いくら抗弁しようと公正さを欠く。しかも、その三社がいずれも在日系企業とあっては、誰しも疑問を持つところである。

　熊本市の在日社会は、幸山氏が市長だった二〇一四年の外国人登録数で七〇〇人にも満たない。彼は、誰の声を聞き、誰の側に立っていたのだろうか。

写真奥に見えるのは万日山。

陸上自衛隊健軍駐屯地。

総括

コリアタウン形成史

彼らは何処から来て何処へ往くのか

戦前 1906-1945

出稼ぎ 貧困の朝鮮半島から逃れて

韓国併合以前、朝鮮半島は窮乏と混乱の中にあった。国民の大多数を占める農民は、自給自足の原始的な生活を送っていたし、貨幣制度の未発達により国内商業は長らく停滞していた。産業についても小規模な家内工業ばかりであり、近代的工業は、その萌芽すら見出すことが出来ない状態だった。そもそも、近代国民国家のベースとなる「国民」意識を住民が持っていたかも怪しい。つまり、歴史的区分で当時の朝鮮半島を評するなら、まさに「中世」と言えるだろう。

朝鮮半島が近代化の端緒を掴むのは、一九一〇年のことだ。韓国併合である。この時一三〇〇万弱に過ぎなかった人口は、日本統治の終了までに三〇〇〇万強へと激増している。教育・医療・食糧生産など各分野において、貧困の半島は目覚ましい発展を遂げた。

しかし、マルサスが『人口論』で述べるように、いくら食糧生産が伸びたところで、人口の増加に追いつくことは出来ない。また、農村の余剰人口を吸収するべき都市の近代工業も、いくら日本が莫大な投資を行ったところで、まだそれだけの段階に達することは出来なかった。李氏朝鮮統治による数百年の遅れは、いかんともしがたかったのだ。

では、食にも職にも窮した貧しい朝鮮人は、どうしたのか。当然のことながら、彼らは絶望の半島を捨て、国外に活路を探した。十九世紀以降、半島北部の人間は中国東北部やロシア沿海州へ移住していたが、韓国併合により、半島南部の人間にもようやく生きるチャンスが与えられたのである。

併合以後、日本に在留する朝鮮人の数は急激に増加していく。

内務省警保局資料によれば、併合翌年は二六〇〇人。一九一四年からの第一次世界大戦により日本経済は飛躍的な伸びを見せるが、未曾有の好景気を背景に朝鮮人は着々と増加し、大戦終結の一九一九年には三万人に迫ろうとしていた。日本側としては、逼迫する労働需要に安価で応えてくれる朝鮮人は非常に魅力的だったし、朝鮮人もまた、新天地日本に期待するところ大であった。貧困によって押し出され、繁栄によって引き寄せられる。この二つの要素が車の両輪となって、朝鮮人の急増へとつながるのである。

関釜連絡船は半島本土から日夜大量の朝鮮人を運び、また済州島からは大阪への直航便が就航した。かくして終戦の前年に、日本在住の朝鮮人は約二〇〇万を数えるに至った。

こうした巨大な人口移動の流れの中、日本各地に朝鮮人の集住地域が形成される。その代表例が大阪猪飼野である。君ヶ代丸の就航により、済州島と直結されたためだ。関釜連絡船を経て各地の土木工事などに携わり、最終的に大阪へ辿り着いた朝鮮半島の本土出身者もいたはずだが、その大多数は終戦と共に帰国したとされる。

在日韓国・朝鮮人の中で済州島出身者の構成比率は高く、彼らの渡日志向の強さを雄弁に物語っている。東京にも大阪同様、済州島出身者によって形成された街として荒川区三河島があり、両者ともに、「在日の街」の代名詞的存在である。

一方で、河川の改修や港湾の埋め立て、炭鉱、軍需工場での単純肉体労働などに従事していた半島本土出身者も、やがて日本各地で大小の集落を作り、定住生活を始めた。いまもなお彼らとその子孫が残る街としては、川崎をはじめとする東京湾臨海部や、京都、尼崎、名古屋、福岡、小倉、広島、下関などが挙げられる。ただし、ダム建設や鉱山開発など、山間僻地の土木工事跡で限界集落を形成しているケースも見られる。

在日韓国・朝鮮人総人口の推移

『内務省警保局調査』『朝鮮人、中華民国人、台湾省民及本籍を北緯三十度以南（口之島を含む）の鹿児島県又は沖縄県に有する者登録集計』―『在日朝鮮人の歴史』（金英達　明石書店）より

1911年	2,527人
1912年	3,171人
1913年	3,635人
1914年	3,542人
1915年	3,917人
1916年	5,624人
1917年	14,502人
1918年	22,411人
1919年	26,605人
1920年	30,189人
1921年	38,651人
1922年	59,722人
1923年	80,415人
1924年	118,152人
1925年	129,870人
1926年	143,798人
1927年	165,286人
1928年	238,102人
1929年	275,206人
1930年	298,091人
1931年	311,247人
1932年	390,543人
1933年	456,217人
1934年	537,695人
1935年	625,678人
1936年	690,501人
1937年	735,689人
1938年	799,878人
1939年	961,591人
1940年	1,190,444人
1941年	1,469,230人
1942年	1,625,054人
1943年	1,882,456人
1944年	1,936,843人
1945年	1,155,594人
1946年	647,006人

統計数字は各年とも12月31日現在。45年は11月1日。46年は3月18日。

戦後 1946-1965

密航
騒乱の朝鮮半島から逃れて

敗戦により三六年間に渡る日本の朝鮮半島統治は終わりを告げる。戦後処理上の問題は関係各国ともに山積みだったが、GHQ及び日本政府が重視したのは、遠く南洋や中国大陸に展開中の軍属と邦人の速やかな引き揚げだった。そしてその復員船が戻る際に、朝鮮人の本国帰還も並行して進められた。当時、関釜連絡船発着港の下関、仙崎、福岡など西日本の港は殺到する朝鮮人で溢れ、大混乱を起こしていたことを受けての措置である。

一九四五年一一月一日のGHQ「非日本人の日本よりの引揚に關する覚書」を受けて、日本政府は朝鮮人の祖国引き揚げ計画を打ち出した。その際、彼らに対して無料輸送と帰国までの食糧を提供し、現金一〇〇〇円までの国外持ち出しと二五〇ポンド（一一三キロ）までの手荷物を認めていた。また、日本政府の引き揚げ船の他にも、自費で帰国を図る朝鮮人も多く、終戦直後の短期間で、実に約一三〇万人が祖国の土を踏んだ。

しかし、祖国の「解放」を歓喜で迎えた朝鮮人に、やがて失望が広がっていく。突如日本が去った朝鮮半島に、自主的な国家経営能力はいまだ存在せず、それは米ソの介入を呼んだ。国土の二分、進展しない経済再建。祖国は生活手段を見い出せる状況にはなく、政治的混乱が広がるばかりだった。

こうして日本への逆流現象が始まる。帰国を待っていた朝鮮人は祖国に見切りを付け、すでに帰国した者も密航という手段で再び日本へ舞い戻ったのだ。事実、日本当局に「不法入国」として逮捕された朝鮮人は一九四六年時点で二万人に迫ろうとしていたし、法の網を逃れて入国を達成した者はその数倍に上るとされる。

密入国朝鮮人
五、六万から廿万人
法務省「北鮮帰還」で協議

『朝日新聞』1959年6月19日付け

加えて一九四八年の「済州島四・三事件」、一九五〇年の朝鮮戦争は大量の難民を産み出した。彼らは日本へ向かって海を渡り、同胞が住む猪飼野、三河島、浅草や上野などへ逃げ延びていったのである。一九五九年の『朝日新聞』は、こうした密入国者の数は五、六万から二〇万人と書いている。

彼らの入超傾向が一時的に逆転したのは、一九五九年から一九六五年の日韓国交回復を経た一九六七年。北朝鮮への帰国事業が行われ、半島北部と無縁な在日韓国・朝鮮人九万三〇〇〇人が死出の旅路についたことによる。

現代 1966-

一攫千金

繁栄の日本列島を目指して

過去の清算と、将来に渡る両国の友好関係樹立を約束した点で、一九六五年の日韓基本条約締結は極めて重要な意味を持つ。

しかし日本から莫大な経済協力金を得てもなお経済格差は大きく、出稼ぎ目的の韓国人渡航者は増加の一途を辿る。政治的には、朴正熙大統領の軍事独裁体制が、民主化要求運動に対して徹底的な弾圧を加えていた。一九七〇年には関釜フェリーの運航が再開され、渡航者は七万人を超えている。

韓国人ニューカマーは主に大都市部の飲食店や風俗店に職を求め、入管当局の目を逃れながら、コリアタウンを形成していった。一九七〇年代から一九八〇年代の赤坂はまさに典型である。繁華街とその周辺には、ニューカマーの経営者や従業員によるコリアタウンが生まれ、この傾向は以後も各地で続く。

海外旅行が自由化された一九八九年、韓国からの渡航者は八〇万人へ激増。韓国経済が破綻し、IMFの管理下に置かれた打撃により一九九八年には大幅な減少を見せるが、翌年以降は再び増加に転じている。そして二〇〇五年、武装スリ団など韓国人犯罪の増加が社会問題化する中、二〇〇万人の大台を超えた。

法務省統計によれば、国籍別の不法在留者数で韓国人は毎年トップの座を占めている。

さらに昨今の取締り強化を受けて、大都市部から地方への浸透現象も多々見られるという。

オールドカマーの在日韓国・朝鮮人のルーツは、その多くが出稼ぎか密航者か難民。今日本に来ているニューカマーの姿は、かつての朝鮮人の映し絵なのだろう。

在日韓国・朝鮮人出身地分布

光州市	2,314人
釜山市	25,103人
ソウル市	60,161人
開城市	17人
平壌市	87人
大田市	2,267人
慶尚南道	148,496人
慶尚北道	109,702人
全羅南道	35,418人
全羅北道	9,521人
済州道	86,231人
忠清南道	10,306人
忠清北道	8,531人
京畿道	32,160人
江原道	4,365人
平安南道	573人
平安北道	340人
咸鏡南道	586人
咸鏡北道	286人
黄海道	530人
黄海南道	25人
黄海北道	9人
両江道	13人
慈江道	12人

※数字は2012年の日本国内において外国人登録された韓国・朝鮮人数である（『在留外国人統計』）。

COLUMN

外国人が日本の公金で衣食住を保証されているのはなぜなのか

在日韓国・朝鮮人の生活保護事情

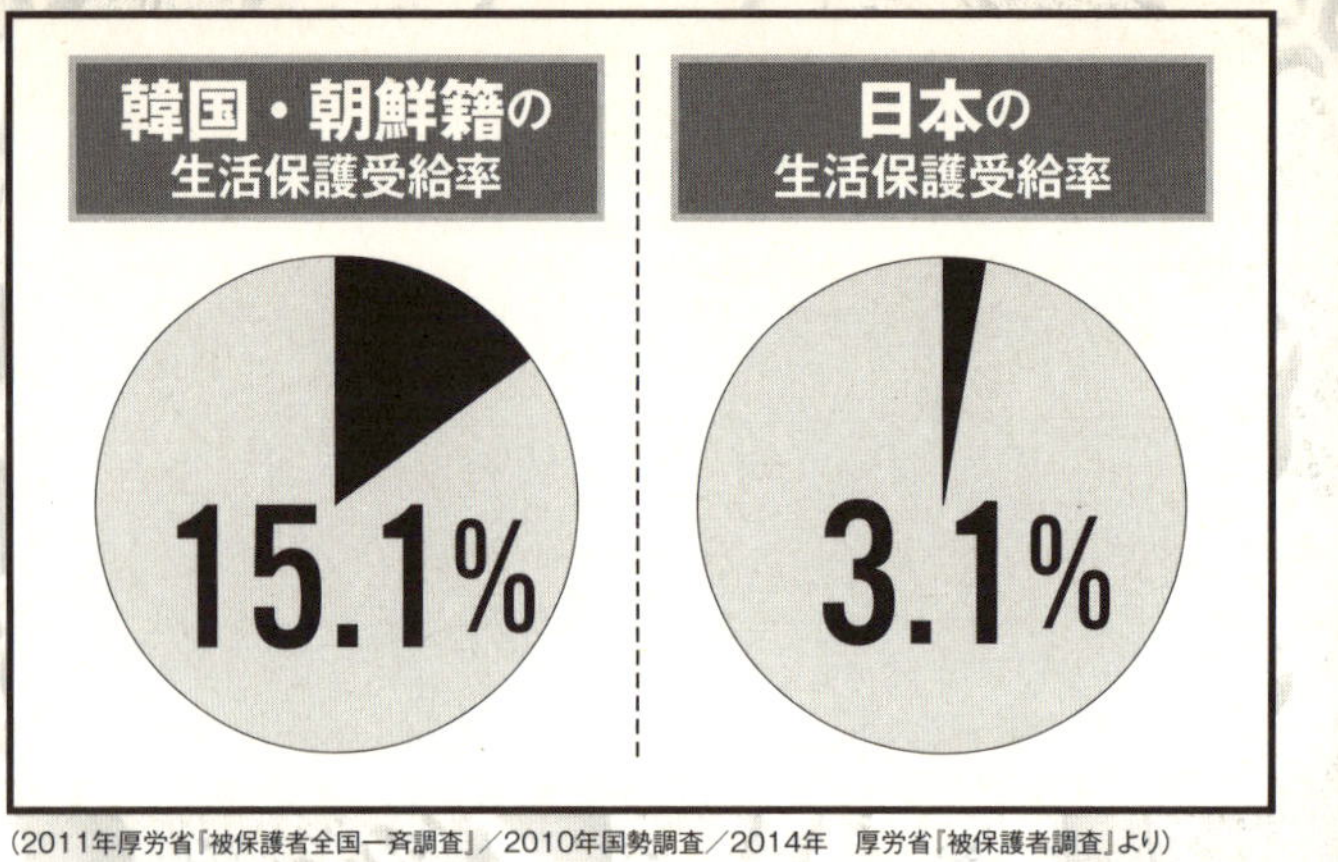
韓国・朝鮮籍の
生活保護受給率
15.1%
日本の
生活保護受給率
3.1%

（2011年厚労省『被保護者全国一斉調査』／2010年国勢調査／2014年　厚労省『被保護者調査』より）

★「当分の間」は「元日本人」に対しても日本人並みの保護を

韓国・朝鮮籍の生活保護受給世帯数は、二万八七九六世帯（二〇一一年厚労省『被保護者全国一斉調査』）。韓国・朝鮮籍の総世帯数一九万二五六世帯（二〇一〇年国勢調査）に占める比率は、一五・一％にもなる。日本全体での被保護率三・一％と比べれば、際立って異常な数字である。また、国籍別の被保護世帯数で見ても、フィリピン四九〇二世帯、中国四四四三世帯、ブラジル一五三二世帯、ベトナム六五一世帯と続き、韓国・朝鮮籍は他の追随を許さない。

こうした状況に注目が集まった契機は、二〇一二年に始まる「芸能人生活保護不正受給問題」だろう。片山さつき参議院議員はこれを活発に追及する中で、「外国人に払っている生活保護費は年間一二〇〇億円弱。そのうち三分の二が朝鮮半島出身の方だそうです」と指摘し、日本国民に事態の異常性を訴えたのだ。

そもそも一九五〇年に成立した生活保護法は、原則として日本国民に限り適用される。在日韓国・朝鮮人は、一九五二年のサンフランシスコ講和条約の発効により日本国籍を失ってしまうが、「元日本人」という歴史的経緯と生活困窮者の多さも考慮して法を準用されてきたのだ。

左ページの棒グラフのように、生活保護法成立の翌年から、韓国・朝鮮人の受給数は急増している。彼らは行政に対して集団で威圧的な権利要求をたびたび行ない、一九五四年の厚生省社会局長通知「当分の間、生活に困窮する外国人に対しては一般国民に対する生活保護の決定実施の取扱いに準じる」は、現状を追認した。結果、一九五五年末には一三万八九七二人（在日韓国・朝鮮人の登録数の二四・一％）に達して一気に社会問題化する。

その後彼らの生活実態に調査のメスが入るようになると打ち切りが急増。一九六〇年にはピーク時から約六万人も減ったのは、それまで不正受給者がいかに多かったかを物語る。一連の生活保護不正受給問題では「タダで貰えるんなら貰っておけばいい」という河本準一の言葉が報じられたが、当時の在日韓国・朝鮮人の考え方はこれとまったく同じだったのである。

一九六五年には、日韓法的地位協定が結ばれ、第四条に「日本国政府は、日本国で永住することを許可されている大韓民国国民に対する日本国における教育、生活保護及び国民健康保険に関する事項に妥当な考慮を払うものとする」と明記された。ここで言う「考慮」の具体的な中身としては、「当分の間従前どおりとする」と議事録にある。この「当分の間」が、五〇年も続いているのは異常と言わざるを得ない。

現代においても、在日韓国・朝鮮人による生活保護不正受給は後を絶たない。左上の表はその一部をまとめたものだが、特に注目すべきは大阪府警に逮捕された林啓一の特異な経歴だ。彼は本書二二ページでも紹介しているように、「在日特権を許さない市民の会」（在特会）と対立する団体の元代表である。それが生活保護費の不正受給に関わる詐欺容疑で逮捕されてしまったのだから、在特会の主張を自ら補強してしまった形だ。

しかも林が受けた判決に対して、彼の同志は「類似の案件はきわめて多数であり『凛七星（注・林の偽名）氏のみを告発することは公平性を欠く』」との声明を発している。語るに落ちるとはまさにこのことで、在日韓国・朝鮮人社会では生活保護の不正受給が極めて身近な収入源であることを、自ら吐露している。

不正受給による逮捕事例

2013年5月◉許愛栄
年商数千万円のクラブ経営しながら約 840 万円の保護費を詐取（東京）

2014年1月◉朴永錦
ポルシェを乗り回す男が保護費約 470 万円を詐取（神戸）

2014年2月◉朴順京
クラブ経営で 1 億円を稼いだ女が約 230 万円の保護費を詐取（東京）

2014年4月◉林啓一
「友だち守る団」元代表が約 112 万円の保護費を詐取（大阪）

2015年2月◉玄成美
分譲マンションを所有する女が約 1100 万円の保護費を詐取（大阪）

韓国・朝鮮籍の生活保護受給数（単位／人）

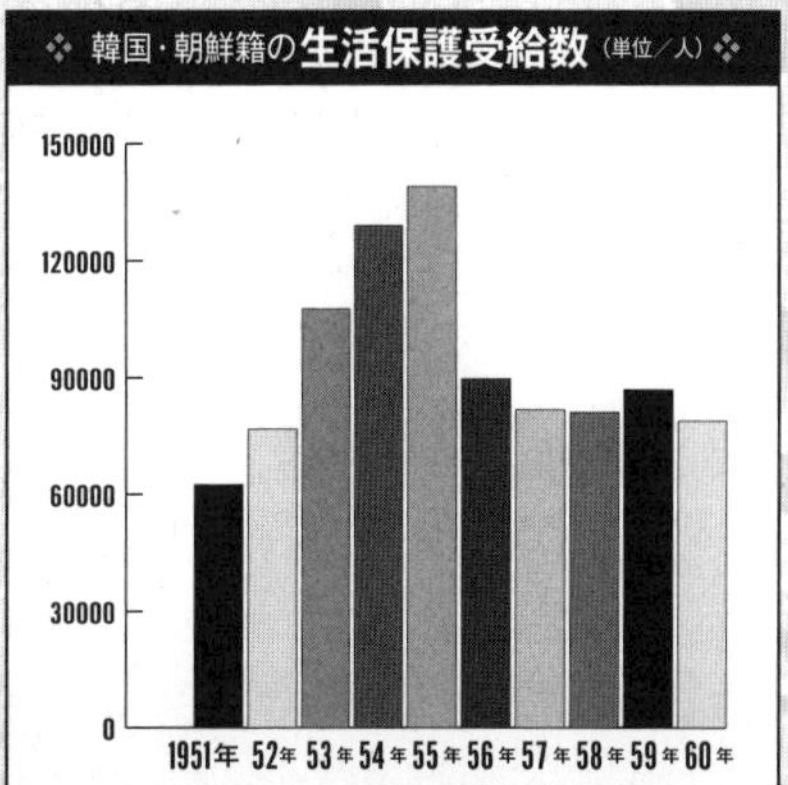

150000
120000
90000
60000
30000
0
1951年
52年
53年
54年
55年
56年
57年
58年
59年
60年

（厚生省社会局統計より）

コリアタウン探訪

在日韓国・朝鮮人統計資料集

資料出所：『日本統計年鑑』『出入国管理統計年報』『在留外国人統計』『朝鮮人、中華民国人、台湾省民及本籍を北緯三十度以南（口之島を含む）の鹿児島県又は沖縄県に有する者登録集計』――金英達著『在日朝鮮人の歴史』（明石書店）より

1961年	1963年	1965年	1967年	1969年
567,452	573,284	583,537	591,345	607,315
9,770	9,394	8,858	8,505	8,070
2,889	2,494	2,258	2,022	1,952
2,186	1,948	1,800	1,671	1,610
3,566	3,371	3,294	3,243	3,265
1,513	1,309	1,238	1,165	1,116
782	753	681	686	689
2,867	2,649	2,513	2,309	2,208
3,335	3,272	3,355	3,438	3,613
1,953	1,934	1,946	1,933	1,961
2,528	2,584	2,645	2,731	2,736
4,349	4,930	5,751	6,438	7,424
6,564	6,592	6,944	7,308	7,943
61,375	64,338	66,678	68,460	70,353
23,855	24,550	25,592	26,299	27,439
2,874	2,723	2,644	2,622	2,619
2,074	1,950	1,889	1,875	1,878
3,245	3,264	3,242	3,204	3,194
5,333	5,148	4,973	4,903	4,739
2,385	2,263	2,124	2,073	1,898
5,063	5,033	4,913	4,810	4,773
10,636	10,761	10,654	10,648	10,753
7,158	7,452	7,533	7,701	7,793
41,821	43,915	46,207	47,549	50,061
7,426	7,566	7,360	7,406	7,542
6,298	6,237	6,156	6,224	6,312
37,800	38,485	39,487	40,219	41,270
141,540	150,806	158,596	162,319	169,561
54,758	56,968	58,786	60,140	62,958
5,242	5,214	4,927	4,976	5,073
5,368	5,098	4,892	4,822	4,821
2,032	1,830	1,710	1,594	1,511
3,411	2,465	1,984	1,758	1,567
8,900	8,132	7,935	7,962	7,815
14,659	14,207	14,406	14,319	15,063
20,140	17,490	16,166	15,645	14,996
364	337	347	301	268
866	813	825	887	885
2,591	2,260	2,173	2,158	2,050
1,138	1,064	968	951	949
27,550	26,004	25,518	25,556	25,203
2,290	1,903	1,730	1,654	1,541
6,070	4,723	4,114	3,607	3,156
2,829	2,429	2,168	2,021	1,820
5,251	4,263	3,571	3,369	3,132
1,702	1,409	1,249	1,179	1,117
1,106	934	737	685	618
—	—	—	—	—

資料1 【都道府県別／年別】韓国・朝鮮人人口

	1946年	1949年	1951年	1953年	1955年	1957年	1959年
総数	647,006	598,507	544,903	535,065	577,682	575,287	607,533
北海道	7,213	7,073	8,421	9,163	10,058	10,623	10,938
青森	1,313	1,288	2,185	2,849	3,688	3,877	3,821
岩手	2,847	2,549	3,347	3,112	3,010	2,895	2,725
宮城	5,131	4,584	5,822	5,270	5,187	5,064	4,772
秋田	2,830	1,774	2,239	2,255	2,032	2,014	1,977
山形	2,186	1,758	1,493	1,262	1,192	1,203	1,056
福島	6,520	6,416	5,093	4,879	4,333	4,138	3,826
茨城	6,968	5,519	5,827	5,431	5,115	4,877	4,493
栃木	4,158	2,738	2,834	2,792	2,698	2,533	2,421
群馬	4,690	3,660	3,449	3,139	3,157	2,991	2,965
埼玉	6,985	4,090	4,090	4,150	4,601	4,548	4,489
千葉	11,530	8,285	9,547	8,835	8,266	8,038	7,472
東京	33,304	33,143	42,653	42,965	51,938	54,097	60,085
神奈川	27,936	21,266	17,898	17,590	21,376	22,423	23,845
新潟	2,610	3,725	3,836	3,540	3,288	3,441	3,310
富山	4,309	2,594	2,544	2,590	2,567	2,676	2,648
石川	5,641	3,894	3,963	3,808	3,839	3,828	3,839
福井	8,685	5,199	6,693	6,480	6,495	6,388	6,395
山梨	4,306	3,364	3,326	3,320	3,085	2,903	2,681
長野	9,077	5,896	7,043	6,726	6,327	6,182	5,990
岐阜	15,327	13,045	10,011	10,633	10,723	10,919	11,223
静岡	8,949	7,938	7,685	7,183	7,387	7,477	7,549
愛知	48,968	37,012	35,429	34,715	38,139	38,759	40,792
三重	10,492	10,922	8,543	7,994	8,493	8,410	8,340
滋賀	9,991	12,727	8,627	7,648	7,846	7,868	7,850
京都	46,356	43,918	36,417	35,564	38,620	39,156	40,264
大阪	102,262	105,086	103,742	102,448	117,219	109,669	133,069
兵庫	63,990	66,858	53,802	49,024	51,257	52,302	55,193
奈良	7,545	6,834	4,806	4,176	4,856	4,794	5,061
和歌山	9,346	7,702	5,221	5,005	6,343	6,394	6,105
鳥取	3,687	2,840	2,926	2,747	2,702	2,702	2,553
島根	9,880	6,638	5,845	5,827	6,008	5,779	5,475
岡山	17,876	17,535	14,409	12,960	12,986	12,835	12,070
広島	24,410	19,812	16,163	16,269	16,975	17,110	17,248
山口	31,639	29,420	27,046	27,197	28,506	28,699	28,212
徳島	895	816	732	701	608	565	540
香川	1,619	1,436	1,707	1,470	1,277	1,208	1,086
愛媛	5,056	3,334	3,099	3,172	3,337	3,401	3,195
高知	1,722	2,004	1,277	1,266	1,308	1,328	1,425
福岡	33,859	35,094	31,745	30,045	32,451	32,847	33,661
佐賀	3,917	4,002	3,530	3,469	3,530	3,398	3,174
長崎	10,424	8,487	8,704	8,547	8,830	8,938	8,664
熊本	4,506	4,772	4,350	4,150	4,462	4,452	4,076
大分	7,975	11,262	7,962	7,414	7,694	7,518	7,170
宮崎	3,249	4,130	2,492	2,340	2,521	2,653	2,427
鹿児島	1,232	1,475	1,451	1,441	1,352	1,367	1,353
沖縄	—	—	—	—	—	—	—

1985年	1987年	1989年	1991年	1993年	1995年	1997年	1999年
683,313	673,787	681,838	693,050	682,276	666,376	645,373	636,548
7,063	6,624	6,358	6,410	6,374	6,365	6,083	5,955
1,807	1,647	1,590	1,553	1,500	1,489	1,420	1,383
1,430	1,322	1,277	1,276	1,212	1,228	1,118	1,117
3,864	3,851	3,994	4,114	4,132	4,198	4,195	4,371
1,041	935	938	921	907	913	866	851
621	582	731	875	984	1,083	1,170	1,680
2,255	2,198	2,220	2,214	2,201	2,178	2,128	2,114
4,634	4,543	4,808	5,258	5,370	5,549	5,517	5,738
2,386	2,395	2,626	2,817	2,910	2,976	2,989	3,082
3,104	3,008	3,067	3,130	3,165	3,133	3,066	3,121
11,838	12,224	13,708	14,871	15,595	16,051	16,121	16,903
12,282	12,759	14,304	15,729	16,178	15,880	15,948	16,868
82,247	83,788	88,227	95,796	94,689	94,055	93,046	95,335
30,957	30,613	32,685	34,157	33,815	32,908	32,201	32,961
2,719	2,576	2,726	2,701	2,665	2,709	2,588	2,574
1,929	1,850	1,867	1,855	1,885	1,861	1,754	1,767
3,426	3,253	3,193	3,094	3,040	2,987	2,831	2,712
5,127	4,982	4,860	4,807	4,737	4,661	4,530	4,458
1,469	1,409	1,434	1,561	1,712	1,845	1,963	2,123
4,726	4,568	4,518	4,550	4,537	4,588	4,515	4,614
10,622	10,221	9,925	9,701	9,264	8,764	8,172	7,667
7,961	7,766	7,813	8,105	7,782	7,465	7,134	6,903
57,056	55,606	55,315	55,207	54,206	52,407	50,180	48,570
8,725	8,319	8,281	8,377	8,218	7,986	7,700	7,438
7,827	7,644	7,811	7,875	7,804	7,764	7,613	7,325
47,942	47,297	47,263	46,920	43,248	45,182	43,522	41,848
189,053	187,503	187,307	186,182	180,121	174,017	166,232	160,676
71,710	70,660	70,619	71,336	70,863	68,944	67,383	65,965
6,490	6,459	6,639	6,779	6,844	6,617	6,345	6,170
4,844	4,570	4,502	4,473	4,364	4,175	3,981	3,858
1,800	1,715	1,678	1,704	1,710	1,667	1,638	1,595
1,486	1,374	1,384	1,361	1,349	1,303	1,265	1,173
8,808	8,672	8,618	8,601	8,515	8,468	8,249	8,070
17,188	16,534	16,229	16,151	15,810	15,248	14,455	13,759
14,984	14,389	14,098	13,708	13,134	12,487	11,690	11,129
459	434	412	466	451	441	429	457
1,206	1,147	1,141	1,149	1,196	1,177	1,148	1,180
2,109	2,048	1,917	1,872	1,864	1,828	1,757	1,710
945	910	896	874	876	866	820	828
27,555	26,309	25,870	25,780	25,291	24,407	23,485	22,503
1,348	1,277	1,223	1,200	1,203	1,170	1,132	1,065
2,171	1,987	1,927	1,796	1,748	1,658	1,532	1,464
1,448	1,365	1,335	1,343	1,353	1,320	1,244	1,261
2,932	2,836	2,865	2,844	2,784	2,672	2,539	2,454
959	920	934	905	904	862	826	805
496	438	435	468	450	484	480	507
264	260	270	284	316	340	373	441

資料出所『在留外国人統計』(各年度版)

資料1 【都道府県別／年別】韓国・朝鮮人人口

	1971年	1973年	1975年	1977年	1979年	1981年	1983年
総数	622,690	636,346	647,156	656,233	662,561	667,325	674,581
北海道	7,593	7,208	7,059	7,079	7,065	6,974	7,012
青森	806	859	1,853	1,930	2,002	1,919	1,867
岩手	1,535	1,534	1,502	1,495	1,524	1,466	1,430
宮城	3,676	3,658	3,634	3,652	3,667	3,710	3,867
秋田	1,103	1,085	1,058	1,085	1,060	1,077	1,094
山形	658	673	693	688	707	669	630
福島	2,210	2,150	2,173	2,215	2,257	2,259	2,242
茨城	3,796	3,868	3,878	2,914	4,104	4,190	4,351
栃木	2,088	2,087	2,101	2,145	2,261	2,324	2,343
群馬	2,693	2,741	2,850	2,965	3,015	3,025	3,089
埼玉	8,379	9,295	9,927	10,436	10,806	11,236	11,601
千葉	8,478	9,292	9,975	10,471	10,993	11,435	11,838
東京	71,892	73,019	74,047	74,128	73,780	74,687	76,709
神奈川	28,323	28,783	29,141	29,446	29,539	29,806	30,390
新潟	2,583	2,532	2,638	2,656	2,681	2,672	2,720
富山	1,918	1,924	1,932	1,971	1,938	1,910	1,964
石川	3,167	3,318	3,323	3,390	3,379	3,386	3,441
福井	4,662	4,736	4,927	5,055	5,093	5,112	5,152
山梨	1,713	1,665	1,645	1,641	1,580	1,513	1,454
長野	4,760	4,901	4,876	4,871	4,892	4,728	4,730
岐阜	10,764	10,930	10,971	10,980	11,021	10,881	10,780
静岡	8,067	8,333	8,230	8,220	8,171	8,178	8,085
愛知	52,320	53,739	54,807	55,781	56,303	56,700	57,043
三重	7,651	7,836	8,001	8,183	8,356	8,486	8,575
滋賀	6,440	6,774	7,186	7,401	7,410	7,689	7,823
京都	42,727	43,863	44,962	45,495	46,503	47,074	47,539
大阪	175,911	179,851	181,621	184,147	185,796	186,548	187,463
兵庫	64,987	66,936	68,177	69,540	70,100	70,486	71,437
奈良	5,291	5,536	5,689	45,884	5,974	6,226	6,347
和歌山	4,830	4,925	4,963	4,950	5,260	5,208	5,232
鳥取	1,502	1,479	1,561	1,614	1,729	1,777	1,840
島根	1,440	1,375	1,396	1,404	1,411	1,402	1,443
岡山	7,949	8,085	8,503	8,636	8,705	8,823	8,957
広島	15,285	15,772	16,292	16,653	16,885	17,039	17,158
山口	14,696	14,667	14,958	14,998	15,019	14,978	14,999
徳島	265	264	322	346	397	423	422
香川	918	952	1,033	1,087	1,101	1,146	1,170
愛媛	1,991	2,049	2,024	2,068	2,112	2,081	2,115
高知	913	928	932	974	993	959	985
福岡	25,263	25,458	26,010	26,446	26,997	27,291	27,449
佐賀	1,417	1,318	1,339	1,350	1,393	1,363	1,386
長崎	2,778	2,578	2,554	2,425	2,353	2,298	2,240
熊本	1,670	1,671	1,609	1,623	1,543	1,524	1,504
大分	3,011	2,980	2,998	3,072	3,039	3,002	3,006
宮崎	1,025	1,008	1,003	963	913	924	944
鹿児島	546	506	468	521	515	485	475
沖縄	—	205	305	239	242	236	240

資料1 【都道府県別／年別】韓国・朝鮮人人口

	2001年	2003年	2005年	2007年	2009年	2011年	2013年
総数	632,405	613,791	598,687	593,489	578,495	545,401	519,740
北海道	5,797	5,687	5,533	5,524	5,359	5,226	5,080
青森	1,367	1,313	1,221	1,128	1,072	1,010	958
岩手	1,114	1,126	1,138	1,152	1,131	1,055	1,039
宮城	4,606	4,624	4,625	4,512	4,429	4,109	3,920
秋田	876	825	811	800	772	711	666
山形	1,932	2,032	2,135	2,175	2,099	1,965	1,804
福島	2,142	2,099	2,089	2,072	2,062	1,844	1,741
茨城	5,795	5,853	5,878	5,829	5,822	5,470	5,122
栃木	3,173	3,210	3,168	3,223	3,160	2,959	2,821
群馬	3,186	3,095	3,057	3,047	3,150	2,887	2,805
埼玉	18,011	18,222	18,461	19,526	19,750	18,377	17,602
千葉	17,711	17,999	18,080	18,414	18,853	17,630	16,443
東京	100,870	100,528	103,419	112,310	114,273	104,915	98,966
神奈川	34,430	34,154	33,833	34,552	34,233	32,525	30,859
新潟	2,564	2,399	2,355	2,310	2,265	2,150	2,067
富山	1,713	1,575	1,482	1,442	1,372	1,291	1,198
石川	2,551	2,458	2,367	2,201	2,091	1,913	1,824
福井	4,329	4,065	3,829	3,667	3,380	3,116	2,906
山梨	2,400	2,442	2,540	2,676	2,536	2,290	2,137
長野	4,698	4,732	4,738	4,755	4,710	4,462	4,209
岐阜	7,238	6,832	6,383	5,971	5,598	5,275	5,046
静岡	7,028	6,946	6,786	6,573	6,402	6,216	5,799
愛知	47,206	45,006	43,434	42,252	40,643	38,438	36,569
三重	7,194	6,802	6,569	6,384	6,147	5,751	5,419
滋賀	7,009	6,752	6,451	6,242	5,961	5,669	5,339
京都	40,048	37,902	35,685	33,834	32,305	30,815	29,317
大阪	155,707	149,164	142,712	136,310	129,992	124,167	118,398
兵庫	63,844	61,387	58,597	55,915	53,142	50,438	48,157
奈良	5,796	5,421	5,207	5,023	4,702	4,405	4,244
和歌山	3,745	3,507	3,312	3,058	2,867	2,672	2,555
鳥取	1,566	1,501	1,448	1,367	1,295	1,242	1,168
島根	1,142	1,058	991	934	877	841	807
岡山	7,884	7,619	7,308	7,088	6,771	6,268	5,843
広島	13,112	12,347	11,845	11,330	10,792	10,334	9,692
山口	10,496	9,731	9,014	8,395	7,824	7,288	6,901
徳島	444	442	407	392	381	379	364
香川	1,176	1,147	1,119	1,066	1,021	1,016	1,003
愛媛	1,690	1,677	1,675	1,624	1,566	1,467	1,435
高知	794	799	785	742	682	648	612
福岡	21,764	20,980	20,196	19,623	19,087	18,390	17,811
佐賀	1,037	999	1,014	921	879	848	801
長崎	1,396	1,419	1,314	1,290	1,304	1,276	1,262
熊本	1,255	1,215	1,165	1,160	1,152	1,122	1,111
大分	2,706	2,826	2,652	2,834	2,675	2,565	2,312
宮崎	765	761	685	666	649	639	630
鹿児島	548	547	553	575	582	555	542
沖縄	520	566	621	605	670	772	795

資料2 【韓国・朝鮮人外国人登録者数】上位100位自治体

	市・区	人数
1	大阪市生野区	25,768
2	大阪府東大阪市	11,997
3	東京都新宿区	11,678
4	兵庫県尼崎市	8,158
5	東京都足立区	7,997
6	東京都荒川区	6,118
7	大阪市東成区	5,753
8	兵庫県姫路市	5,545
9	神戸市長田区	5,088
10	京都市南区	4,817
11	大阪市西成区	4,671
12	東京都江東区	4,662
13	大阪市平野区	4,643
14	東京都江戸川区	4,613
15	東京都世田谷区	4,165
16	京都市伏見区	4,074
17	東京都練馬区	3,992
18	京都市右京区	3,931
19	川崎市川崎区	3,839
20	兵庫県西宮市	3,779
21	東京都港区	3,764
22	東京都大田区	3,736
23	東京都台東区	3,651
24	東京都葛飾区	3,511
25	大阪府八尾市	3,474
26	東京都板橋区	3,279
27	埼玉県川口市	3,191
28	大阪市中央区	2,987
29	大阪市城東区	2,977
30	東京都中野区	2,974
31	神戸市中央区	2,968
32	山口県下関市	2,871
33	大阪市東淀川区	2,862
34	神戸市須磨区	2,826
35	東京都北区	2,804
36	東京都豊島区	2,752
37	東京都杉並区	2,735
38	大阪市天王寺区	2,672
39	大阪市淀川区	2,639
40	京都市左京区	2,464
41	横浜市中区	2,396
42	東京都品川区	2,386
43	大阪府豊中市	2,279
44	京都市西京区	2,212
45	滋賀県大津市	2,200
46	愛知県春日井市	2,181
47	兵庫県伊丹市	2,094
48	岡山県倉敷市	2,051
49	福岡市東区	2,025
50	兵庫県宝塚市	2,024

	市・区	人数
51	東京都墨田区	2,019
52	大阪市浪速区	2,011
53	東京都八王子市	1,999
54	東京都文京区	1,985
55	北九州市小倉北区	1,982
56	大阪府吹田市	1,975
57	大阪市住吉区	1,935
58	大阪市北区	1,933
59	三重県四日市市	1,886
60	名古屋市中川区	1,873
61	大阪市東住吉区	1,860
62	堺市堺区	1,764
63	千葉県船橋市	1,728
64	横浜市鶴見区	1,722
65	大阪市西淀川区	1,712
66	横浜市南区	1,705
67	神戸市灘区	1,679
68	東京都小平市	1,666
69	名古屋市中村区	1,661
70	千葉県松戸市	1,646
71	東京都渋谷区	1,636
72	京都市北区	1,624
73	名古屋市港区	1,621
74	名古屋市守山区	1,609
75	大阪市住之江区	1,606
76	福岡市博多区	1,600
77	神戸市兵庫区	1,597
78	和歌山県和歌山市	1,592
79	名古屋市南区	1,570
80	神戸市東灘区	1,548
81	千葉市中央区	1,547
82	愛知県豊橋市	1,542
83	大阪府守口市	1,536
84	京都府宇治市	1,532
85	愛知県岡崎市	1,514
86	東京都目黒区	1,508
87	岐阜県岐阜市	1,505
88	名古屋市北区	1,493
89	広島市西区	1,492
90	千葉県市川市	1,488
91	岡山市北区	1,477
92	愛知県豊田市	1,440
93	名古屋市千種区	1,419
94	大阪府寝屋川市	1,395
95	大阪市都島区	1,359
96	大阪府高槻市	1,346
97	北九州市八幡西区	1,341
98	大阪府枚方市	1,321
99	兵庫県明石市	1,312
100	山口県宇部市	1,297

資料出所：『在留外国人統計』（2014年版）

	1989年	1991年	1993年	1995年	1996年	1997年	1998年
	234,184	231,418	227,272	221,606	217,495	213,454	208,267
	165,084	164,033	161,667	157,688	154,652	151,911	148,317
	56,535	55,763	54,662	52,769	51,437	50,478	49,143
	117,687	117,513	117,110	115,958	114,716	113,694	112,048
	11,951	12,223	12,192	11,914	11,834	11,704	11,372
	13,467	13,938	13,529	13,008	12,770	12,551	12,216
	11,258	11,355	11,289	10,991	10,835	10,653	10,401
	8,329	10,744	12,244	12,868	13,068	13,479	14,280
	28,793	38,354	43,397	44,478	43,907	43,524	43,399
	17,501	19,692	21,123	21,449	43,907	21,175	21,150
	4,144	4,345	4,345	4,299	4,330	4,242	4,205
	1,120	1,077	1,077	978	959	937	886
	159	152	150	145	143	141	131
	607	584	560	541	542	533	516
	1,043	990	952	934	32	887	865
	467	463	450	432	427	420	406
	955	926	881	844	823	810	772
	32	37	36	32	32	33	35
	22	22	22	20	21	20	19
	7	7	6	6	8	8	7
	22	22	22	19	20	21	21
	32	31	30	28	28	28	27
	177	698	999	1,140	1,191	1,240	1,325
			536	795	935	932	1,019
			1,521	1,772	1,955	2,301	2,647
	3,564	3,553	2,149	2,079	2,050	1,983	1,899

資料3 【出身地別／年別】韓国・朝鮮人人口

	1959年	1964年	1969年	1974年	1985年	1987年
慶尚南道	231,352	221,698	233,730	246,638	245,408	239,554
慶尚北道	153,636	145,743	153,038	158,683	171,420	168,056
全羅南道	62,132	59,115	59,498	61,423	60,362	58,181
済州道	85,036	86,490	93,331	101,378	117,382	116,683
全羅北道	13,997	12,439	11,733	12,064	12,608	12,103
忠清南道	14,017	12,918	12,830	13,053	13,650	13,425
忠清北道	12,377	11,272	11,349	11,459	11,735	11,480
京畿道	5,646	5,243	5,062	5,410	6,364	6,725
ソウル市	4,061	4,307	5,856	9,462	19,872	22,684
プサン市					15,344	16,244
江原道	6,530	5,715	5,253	4,971	4,270	4,185
平安南道	2,380	1,948	1,714	1,867	1,252	1,169
平壌市	341	279	252	217	179	161
平安北道	1,354	1,086	934	1,134	701	641
咸鏡南道	2,612	1,993	1,851	2,173	1,207	1,094
咸鏡北道	1,165	834	807	700	546	497
黄海道	2,451	1,853	1,647	1,284	1,122	1,018
黄海南道	5	33	38	102	35	35
黄海北道	2	19	27	85	28	25
両江道	3	3	4	2	6	7
慈江道	29	65	16	18	20	21
開城地区					35	34
光州市						
大田市						
その他						
不詳	8,407	5,519	4,742	6,683	3,589	3,937

	2005 年	2006 年	2007 年	2008 年	2009 年	2010 年	2011 年	2012 年
	177,623	172,343	169,582	164,855	161,447	157,071	152,984	148,496
	128,730	125,392	123,535	120,744	118,479	115,779	112,908	109,702
	42,286	41,102	40,355	39,396	38,508	37,510	36,447	35,418
	102,019	99,421	97,651	95,247	93,162	90,882	88,510	86,231
	10,807	10,627	10,641	10,571	10,498	10,287	9,993	9,521
	11,384	11,220	11,232	11,160	11,136	10,889	10,666	10,306
	9,595	9,449	9,460	9,299	9,196	9,012	8,841	8,531
	24,602	26,523	28,876	31,348	33,308	33,968	34,427	32,160
	55,825	57,574	60,404	63,176	64,967	64,850	63,797	60,161
	24,726	25,213	26,233	26,901	27,329	27,035	26,571	25,103
	4,567	4,579	4,643	4,752	4,720	4,710	4,615	4,365
	748	735	701	682	661	636	609	573
	113	105	105	102	97	97	92	87
	423	417	405	389	378	365	354	340
	736	695	683	660	647	632	616	586
	342	336	333	320	316	304	288	286
	651	620	612	592	581	568	549	530
	33	33	32	32	30	30	27	25
	13	11	11	10	10	10	10	9
	8	8	9	12	15	15	12	13
	18	18	14	14	14	14	13	12
	23	23	21	20	20	20	19	17
	2,047	2,148	2,280	2,488	2,587	2,600	2,499	2,314
	1,807	1,878	2,116	2,263	2,472	2,480	2,466	2,267
	6,715	6,693	6,812	7,034	7,276	7,394	7,385	7,100
	1,578	1,506	1,473	1,422	1,385	1,337	1,291	1,248

資料出所『在留外国人統計』(各年版)

資料3 【出身地別／年別】韓国・朝鮮人人口

	1999年	2000年	2001年	2002年	2003年	2004年
慶尚南道	204,109	200,039	195,959	191,293	186,940	181,763
慶尚北道	145,517	142,993	140,453	137,727	134,986	131,338
全羅南道	48,115	47,210	46,331	45,361	44,421	43,184
済州道	111,058	109,973	109,022	107,666	106,072	103,839
全羅北道	11,310	11,352	11,327	11,302	11,136	10,885
忠清南道	12,120	12,059	11,943	11,829	11,735	11,558
忠清北道	10,254	10,208	10,134	10,031	9,874	9,701
京畿道	15,416	17,264	19,201	21,380	22,472	23,211
ソウル市	44,130	47,030	50,107	53,242	54,150	54,389
プサン市	21,523	22,263	23,195	24,038	24,434	24,450
江原道	4,318	4,417	4,498	4,606	4,598	4,548
平安南道	872	849	825	808	780	765
平壌市	129	125	126	123	121	120
平安北道	496	483	472	463	447	434
咸鏡南道	861	839	824	804	780	748
咸鏡北道	396	381	371	365	358	351
黄海道	755	738	725	708	690	676
黄海南道	34	34	33	33	33	33
黄海北道	17	17	17	17	16	12
両江道	7	8	8	8	9	8
慈江道	19	19	19	18	18	18
開城地区	27	27	27	26	25	25
光州市	1,414	1,560	1,724	1,897	2,031	1,987
大田市	1,062	1,234	1,430	1,550	1,701	1,747
その他	3,029	3,643	4,737	5,386	5,926	6,388
不詳	1,840	1,783	1,761	1,724	1,669	1,613

あとがき

二〇一二年、韓国の李明博大統領（当時）が不法占拠を続けている日本の領土である竹島に上陸し、その数日後には天皇侮辱発言を犯したことによって、日本メディアは掌を返すかのように韓国批判を始めました。週刊誌では毎号のように嫌韓特集が組まれ、書店には嫌韓コーナーが常設されて韓国を批判する書籍やムックなどが平積みにされ、多数のベストセラーが生まれています。嫌韓本がほぼ『マンガ嫌韓流』しか存在しなかった一〇年前と比べると隔世の感があります。

内閣府調査によると、韓国に対して「親しみを感じない」国民は七割近くにも達してしまいました。もはや「一億総嫌韓」といって差し支えないほどに日本人は韓国を嫌うようになってしまったのです。

嫌韓ムーブメントが訪れ、韓国批判が活発化していますが、日本の中の韓国であるコリアタウンや日本に住む在日韓国人の問題についてメスを入れている報道や書籍などは、なぜだか不自然なほどに見当たりません。日韓問題を考えるのであれば、在日韓国人の存在は決して小さくはないはずです。日本そして日本人にとってもっとも近い「韓国」とは、日本全国に散らばるコリアタウンであり、在日韓国人なのですから。

日本のメディアや言論知識人は、なぜか彼らのことをほぼ無視しています。もしや在日韓国・朝鮮人には、一切の問題が存在していないのでしょうか？　そして大多数の日本国民も、そのように思っているのでしょうか？　否、断じてそのようなことはありません。

日韓間の問題や日本のグローバル化について考えるにあたって、在日問題は重要な意味を持っていると考えます。日本の未来に関わるこれらの問題について、まずは彼らの住むコリアタウン巡りから考えてみるのはいかがでしょうか。そのとき本書が一助になれば幸いです。

山野車輪

二〇一五年四月二〇日

と朝鮮人』（ツツジ印刷）　権寿根編著『生活と社会科学臨時号 兵庫県朝鮮人運動の歩み（1945-1955年）』（在日本朝鮮社会科学者協会兵庫支部）　兵庫朝鮮関係研究会編『近代の朝鮮と兵庫』（明石書店）　神戸港における戦時下朝鮮人・中国人強制連行を調査する会編『神戸港強制連行の記録』（明石書店）　朝鮮人強制連行真相調査団編著『朝鮮人強制連行調査の記録兵庫編』（柏書房）　兵庫朝鮮関係研究会著『在日朝鮮人90年の軌跡　続・兵庫と朝鮮人』（神戸学生青年センター出版部）　むくげの会編『新コリア百科』（明石書店）　姫路市史編集専門委員会編『姫路市史第十三巻上』　兵庫朝鮮関係研究会編『地下工場と朝鮮人強制連行』（明石書店）　朴鐘鳴編『京都のなかの朝鮮』（明石書店）　朝日新聞社編著『イウサラム（隣人）ウトロ聞き書き』（議会ジャーナル）　ウトロを守る会編『ウトロ地上げ反対!』（かもがわ出版）　京都市総務局国際化推進室『京都市在住韓国・朝鮮人生活史・意識調査報告書（抜粋版）』　全国在日朝鮮人教育研究協議会京都編『在日のいま』　京都市国際交流協会編『京都に生きる在日・韓国朝鮮人』
下関市史編修委員会編『下関市史』
清水唯夫監修『目で見る下関・豊浦の100年』（郷土出版社）　斉藤哲雄『下関駅物語』近代文藝社　水野俊平『韓vs日「偽史ワールド」』（小学館）　熊本日日新聞社編著『図説熊本・わが街』　熊本大学教養学部現代社会研究会『ボシタ祭の歴史戦後編』『週刊現代』（講談社）『噂の真相』（噂の真相）

【各種統計】

国勢調査報告（各年版）／在留外国人統計（各年版）／日本統計年鑑（各年版）／出入国管理統計年報（各年版）

【各種団体公式サイト】

在日本朝鮮人総聯合会（http://www.chongryon.com/）／在日本大韓民国民団 http://mindan.org/）／朝鮮新報（http://www1.korea-np.co.jp/）／西日本新聞 http://www.nishinippon.co.jp/）／神戸新聞（http://www.kobe-np.co.jp/）／朝日新聞　http://www.asahi.com/）／解放新聞（http://www.bll.gr.jp/）／フジテレビ http://www.fujitv.co.jp/）／韓国大阪教会（http://www.osakachurch.or.jp/）／在日本朝鮮人人権協会（http://www.k-jinken.ne.jp/）／あすか信用組合（http://www.asuka-c.jp/ミレ信用組合（http://www.mire.co.jp/）／ハナ信用組合（http://www.hanashinkumi.com/）／京滋信用組合（http://www.keiji-shinkumi.net/）／近畿産業信用組合（http://www1.kinsan.co.jp/）／兵庫ひまわり信用組合（http://www.h-himawari.com/）／鶴橋商店街振興組合（http://www.tsurushin.com/鶴橋市場振興組合（http://www.turuhasi-ichiba.com/）／アメ横商店街連合会（http://www.ameyoko.net/）／台東区商店街連合会（http://www.oh-edo-taito.com/）／東九条マダン（http://www13.big.or.jp/~madang/）／西新井病院（http://www.nishiarai.or.jp/

【参考文献一覧】

吉澤文寿『戦後日韓関係』（クレイン） 呉善花『恋のすれちがい』（角川書店） 中川八洋『歴史を偽造する韓国』（徳間書店） 浅川晃広『在日論の嘘』（PHP研究所） 浅川晃広『在日外国人と帰化制度』（新幹社） 下條正男『日韓・歴史克服への道』（展転社） 路地裏探検隊『焼肉横丁を行く』（彩流社） 金漢一『朝鮮高校の青春』（光文社） 野村旗守＋宮島理＋李策…『ザ・在日特権』（宝島社） 山野車輪『マンガ嫌韓流2』（晋遊舎） 朴一他『「マンガ嫌韓流」のここがデタラメ』（コモンズ） 『諸君! 2006年6月号』（文藝春秋） 『TAEKWON V LIMITED EDITION DVD』 歴史教科書在日コリアンの歴史作成委員会編『歴史教科書　在日コリアンの歴史』（明石書店） 鄭大均『在日・強制連行の神話』（文藝春秋） 寺島萬里子『キューポラの火は消えず――鋳物の町・川口』（光陽出版社） 『小田原市明細地図（各年版）』（明細地図社） 森田芳夫『数字が語る在日韓国・朝鮮人』（明石書店） 韓光熙『わが朝鮮総連の罪と罰』（文藝春秋） 中岡龍馬『韓国人につけるクスリ』（オークラ出版） 中岡龍馬『韓国人につけるクスリ2打』（オークラ出版） 朴一『「在日コリアン」ってなんでんねん?』（講談社） 『ゼンリン住宅地図』（ゼンリン） 荒川区編『荒川区史』 荒川区民俗調査団編『荒川（旧三河島）の民俗』（荒川区教育委員会） 江東・在日朝鮮人の歴史を記録する会編『増補新版東京のコリアン・タウン枝川物語』（樹花舎） 『枝川町制定六十周年記念誌』（枝川町制定六十周年記念事業事務局） 70周年記念誌編纂実行委員会編『地区制定70周年記念誌　轍』（枝川地区町会自治会連合会） 千葉市史編集委員会編『千葉市史』（千葉市） 千葉県日本韓国・朝鮮関係史研究会編『千葉のなかの朝鮮』（明石書店） 白土貞夫『ちばの鉄道一世紀』（崙書房出版） 川島令三『全国鉄道事情大研究』（草思社） 千葉市史編纂委員会編『絵による図でよむ千葉市図誌』 神奈川のなかの朝鮮編集委員会編『神奈川のなかの朝鮮』（明石書店） ほるもん文化編集委員会編『在日朝鮮人ふるさと考』（新幹社） 神奈川と朝鮮の関係史調査委員会編『神奈川と朝鮮』（神奈川県渉外部） 川村千鶴子『多民族共生の街・新宿の底力』（明石書店） 『新宿御苑』（財団法人国民公園保存協会） 在日朝鮮人生徒の教育を考える懇談会『外国人の子どもたちと名古屋市の学校現場』 日本基督教団中部教区愛知西地区靖国神社問題特設委員会編『愛知県下における「朝鮮基督教会」の歩み』（RAIK） 民団愛知60年史編纂委員会『民団愛知60年史　歴史編』（在日本大韓民国民団愛知県地方本部） 在日コリアン歴史資料館調査委員会編『100年のあかし』（在日韓人歴史資料館） 畑田国男『商店街のヒ・ミ・ツ「姉妹型」東京学』（平凡社） 康熙奉『日本のコリアン・ワールドが面白いほどわかる本』（楽書館） 『上野公園とその周辺<目で見る百年の歩み>』 塩満一『アメ横三十五年の激史』（東京稿房出版） 杉原達『越境する民　近代大阪の朝鮮人史研究』（新幹社） 金賛汀『異邦人は君ヶ代丸に乗って』（岩波書店） 大阪市役所労働組合生野区役所支部編『共生の街から』（兵庫部落問題研究所） 猪飼野郷土誌編集委員会編『猪飼野郷土誌』（猪飼野保存会） 大阪市生野区役所総務課編『生野区50年の歴史と現況』 兵庫のなかの朝鮮編集委員会編『兵庫のなかの朝鮮』（明石書店） 兵庫朝鮮関係研究会編『兵庫

在日の地図　新装改訂版 コリアタウン探訪記

2015年6月1日　初版第1刷発行

著者　山野車輪（やまのしゃりん）
発行人　角谷治
発行所　株式会社海王社
〒102-8405　東京都千代田区一番町29-6
TEL　03-3222-6515（編集部）
TEL　03-3222-3744（出版営業部）
www.kaiohsha.com
編集協力　清談社
装幀　本間達哉（東方図案）
印刷所　図書印刷株式会社

©Sharin Yamano 2015 Printed in Japan

ISBN978-4-7964-0723-6

定価はカバーに表示してあります。

乱丁・落丁の場合は小社でお取りかえいたします。

本書の無断転載・複写・上演・放送を禁じます。

また、本書のコピー、スキャン、デジタル化等の無断複製は著作権法上の例外を除き禁じられています。

本書を代行業者等の第三者に依頼してスキャンやデジタル化することは、
たとえ個人や家庭内での利用であっても、著作権法上認められておりません。

本書の掲載作品はすべてフィクションです。

実在の人物・事件・団体等には一切関係ありません。